Paul McCartney

Wings : une aventure musicale

Collection « **Stars** »
Livres de cinéma et spectacle pour l'école et l'université

Dominique Grandfils

Paul McCartney

Wings : une aventure musicale

GREMESE

Photo de couverture :
Photo Jean-Louis Rancurel (première de couverture)
Illustration pastel Helga Fabrega-Gogniat (quatrième de couverture)

Impression : Grafiche del Liri – Isola del Liri (Fr)

ISBN 978-2-36677-033-9

Sommaire

Avant-propos

Dans la très riche carrière de Paul McCartney, la période Wings restera certainement l'une des plus intenses et des plus riches pour l'artiste. Elle lui a permis de prouver qu'il y avait une vie après les Beatles et que le succès ne lui avait pas tourné le dos.

En mai 2001, Paul McCartney publie une compilation en double cd intitulée « Wingspan ». Il s'agit des meilleures chansons de son groupe Wings qui a illuminé les années 70, après la terrible séparation des Beatles. Un documentaire réalisé par Alistair Donald, le mari de sa fille Mary a été publié pour l'occasion en DVD. Dans le film, Macca explique l'histoire extraordinaire de cette formation avec laquelle il est reparti de zéro pour atteindre à nouveau les sommets.

Après le décès de son épouse Linda, survenu le 17 avril 1998, Paul a été très affecté, mais en dépit de cette affliction, il s'est très vite remis au travail, comme pour revenir à la vie. Après avoir réuni toutes les chansons de sa femme dans le disque « Wide Prairies », en octobre 1998, il est revenu sur l'aventure musicale de Wings. Bien que souvent éreintée par la critique, cette formation aura marqué son époque, sans doute la plus remarquable pour la musique rock. Après l'avènement de grands groupes dans les sixties, les progrès de la technologie ont permis aux plus talentueux de produire des albums fabuleux et de proposer des concerts d'anthologie. Tout le talent de

McCartney a exulté durant cette période comme pendant ses années avec les Fab Four. Sur la durée, il est incontestablement l'ex-Beatle qui a connu le plus de succès. Il le doit à son talent et à celui des musiciens qui se sont succédé au sein de la formation, tout comme à Linda, qui bien qu'inexpérimentée musicalement, devint un élément essentiel de Wings.

Quand il présente le projet « Wingspan » au Festival de Cannes, le 9 mai 2001, Paul raconte que ce groupe représentait tout l'opposé de ce qu'il avait vécu avec les Beatles. À l'époque, ils étaient quatre garçons avec des idéaux différents. Avec les Wings, il recouvrait une certaine harmonie, comme si ce groupe faisait partie intégrante de sa famille. C'était vraiment cela, une aventure familiale, avec femme, enfants, animaux et musiciens. Un peu de drogue pour pimenter le tout et voici la recette du bonheur musical retrouvé ! Une aventure qui dura près de dix ans, soit plus longtemps que la carrière discographique des Beatles et qui marqua à jamais les fans du musicien.

Paul n'a pas oublié cette épopée et, depuis qu'il a repris le chemin des tournées, il ne cesse de puiser dans le répertoire de Wings, pour le plus grand bonheur de son public qui joint les deux mains en forme d'ailes en signe de joie.

En parcourant l'histoire de Wings, nous effectuons une plongée dans la décennie des seventies, celle qui fut sans doute la plus intéressante et la plus riche en émotions musicales. Cette période fut également rythmée par les nombreuses rumeurs autour de la reformation des Beatles. Attendue, espérée et finalement rendue définitivement impossible après le décès tragique de John Lennon, le 8 décembre 1980.

Le coup du bélier

Début octobre 1970, la famille McCartney se rend à Southampton pour embarquer à bord du paquebot France à destination de New York. L'idée de partir en voyage à bord de ce prestigieux navire a germé alors que le couple se trouvait en villégiature sur la Côte d'Azur. Pendant la longue traversée qui dure cinq jours, Paul a le temps de faire un point sur ces derniers mois qui ont été bien pénibles pour lui. Au moment où il publia son premier album enregistré en solitaire, le 10 avril dernier, Macca a pris la responsabilité d'officialiser la séparation des Beatles. Celle-ci était effective depuis l'automne 1969 et la décision de John Lennon de quitter le groupe, mais le secret avait été gardé pour ne pas compromettre les intérêts financiers de l'empire des Fab Four. Mais, les dés étaient jetés et rien ne pouvait sauver la formation qui avait révolutionné la musique populaire.

Car Paul a tout connu avec cet orchestre. Les années de galère et de doute, avec quelques voyages à Hambourg pour devenir des forçats de la scène, des auditions ratées et les petits spectacles dans la province anglaise. Puis le succès fulgurant dès le premier album avec une kyrielle de numéros un, de disques d'or, de cohortes de jeunes filles hurlantes, de concerts triomphaux et même la reconnaissance suprême avec la remise de la MBE, médaille de Membre de l'Empire Britannique, des mains de la Reine Elisabeth II. Le bassiste n'avait que 23 ans ce

16 octobre 1965 et allait encore vivre d'incroyables expériences, avec une ultime tournée mouvementée et risquée à cause des menaces de mort proférées par quelques américains puritains choqués par John Lennon qui avait déclaré que les Beatles étaient plus populaires que le Christ. Les quatre garçons dans le vent se sont alors concentrés sur la musique et ont livré un chef-d'œuvre en juin 1967 : « Sgt Pepper's Lonely Hearts Club Band ». La pop music était née, mais les problèmes allaient survenir après le décès tragique de leur manager Brian Epstein, le 27 août 1967. Orphelins de leur impresario et sous la dépendance de diverses drogues, les musiciens continuèrent à livrer des chansons légendaires, mais les tensions survinrent rapidement et l'ambiance devint pesante jusqu'à l'ultime enregistrement de « Abbey Road », à l'été 1969, et la décision irrévocable de Lennon de saborder les Beatles.

McCartney a bien failli ne jamais s'en remettre. Il a pensé pendant quelque temps qu'il était fini, que ce soit comme chanteur, parolier ou compositeur. Mais grâce à l'énergie de Linda et à son incontestable talent, la musique a repris l'ascendant. Avec « McCartney », son premier disque solo, il a prouvé qu'il pouvait s'émanciper des Fab Four et envisager la suite de sa carrière. Pendant l'été 1970, le musicien s'est ressourcé dans sa ferme écossaise du Kintyre où il a appris à tondre les moutons sous les yeux de ses filles Heather et Mary et de son petit dalmatien Lucky. Il a également passé de longues heures à labourer les champs sur son tracteur. C'est sans doute dans ces moments privilégiés qu'il a eu l'inspiration de la chanson *Heart Of The Country*. Il a apprécié ce changement de vie, loin du tumulte de la ville et ce retour à la nature. Mais, il est temps pour le jeune homme de revenir à sa passion : la musique. Pas question cependant de renouveler pour le moment l'expérience du premier opus enregistré en solitaire et qui n'était qu'un coup d'essai brouillon. Macca souhaite recruter des musiciens pour l'épauler dans l'élaboration de ses nouvelles compositions. Il a également décidé de s'exiler vers New York, la ville de son épouse Linda, où il pense pouvoir travailler plus sereinement.

La traversée est agréable et rythmée par les repas pris à

bord avec un personnel aux petits soins qui porte le smoking pour le service. Un blanc pour le service du midi et un noir pour celui du soir. Le navire possède de superbes salons où il est agréable de se reposer, une vaste salle de cinéma et même une belle chapelle pour se recueillir ou assister aux offices religieux. Les portes des cabines de première classe sont ornées d'un écusson qui représente une région de France.

À peine arrivé dans la Big Apple, Paul fait venir quelques batteurs dans un local assez crasseux situé dans les sous-sols d'un immeuble de la 43e rue. Il n'a jamais organisé d'audition par le passé, à l'exception de quelques séances improvisées en 1960, afin de chercher un batteur pour les Beatles. C'est donc une grande première pour lui. Les musiciens, qui ignorent pour quel artiste ils auditionnent, ont parfois du mal à reconnaître l'ex-Beatle. Denny Seiwell fait son apparition, il attire l'attention du couple McCartney. Il est bien plus jeune que les autres candidats, même s'il possède une solide expérience acquise à l'armée, puis auprès de James Brown ou John Denver. Il s'installe donc à la misérable batterie installée pour l'occasion et commence à jouer. Paul se contente de l'écouter et Denny assure remarquablement : il possède, en outre, une voix de basse très intéressante. Le natif de Leighton en Pennsylvanie décroche finalement le job, haut la main.

Après le batteur, il faut désormais dénicher un bon guitariste. Linda décroche le téléphone et contacte quelques virtuoses présélectionnés. Parmi ceux-ci figure David Spinozza. Malgré ses 21 ans, il est ce qu'on appelle dans le métier une pointure. Ses tarifs s'élèvent déjà à 150 dollars pour trois heures de sessions.

Spinozza est surpris par l'appel de Madame McCartney. Dans un premier temps, il ne sait même pas à qui il a affaire. Quand il comprend qu'il est invité à rejoindre le célèbre musicien en studio, il accepte de faire le déplacement. Le soliste qui porte une très impressionnante chevelure afro déchante vite quand il découvre qu'il doit passer l'audition comme les autres musiciens. Quand vient son tour, Paul lui joue un blues, un solo et un morceau acoustique, et il lui demande de reproduire la même chose. Spinoza s'exécute sans difficulté avant de rentrer chez lui. Très vite, Linda lui téléphone à nouveau pour l'informer qu'il a décroché le poste et qu'il devra enregistrer pendant plusieurs jours. David annonce d'entrée qu'il a d'autres engagements et qu'il ne pourra rester que quelques jours. L'épouse de Macca, qui a donc pris l'initiative de gérer les ressources humaines de cette session, s'en offusque. Quand on travaille pour McCartney, on peut bien laisser ses autres activités de côté !

L'enregistrement débute aux studios CBS, sur la 52e rue. Tim Geelan, assisté de Ted Brosnan, enregistre les premières prises de *Another Day*, le 12 octobre 1970. Puis, ils travaillent sur *3 Legs* et *Eat At Home*, le 16. *Get On The Right Thing* est mise en boîte pendant ces premières séances. Macca n'a pas l'habitude de travailler directement avec d'autres musiciens. Pendant des années, il a partagé l'intimité des studios avec John, George et Ringo et il doit désormais faire passer ses idées à des inconnus. Autre difficulté, le patron ne connaît toujours pas le solfège et ne peut donc pas retranscrire ses compositions. Il est donc contraint de chantonner ses mélodies ou de jouer les parties de guitare pour se faire comprendre. L'ex-Beatle a bien préparé ses démos. Il sait exactement ce qu'il veut et le résultat escompté. Seiwell trouve le procédé assez sympathique. Spinozza a plus de mal à adhérer. Le guitariste constate rapidement qu'il est relégué au rôle de faire-valoir et qu'il n'aura aucune opportunité d'apporter une touche de créativité. Il parvient à glisser quelques suggestions à McCartney, mais celui-ci n'en gardera que deux ou trois en les adaptant à son style. David est également surpris que son employeur n'utilise pas son instrument de prédilection : la basse. Paul attend en effet d'enregistrer ses parties quand les autres musiciens sont partis, ce qui n'est pas une manière très académique de procéder. Denny, le batteur, ne sait pas trop ce que les chansons enregistrées peuvent donner car il manque encore beaucoup d'éléments pour entendre le résultat final.

Si tout se passe bien à l'intérieur des locaux, la situation est plus compliquée à l'extérieur. Une vingtaine de jeunes fans suivent constamment la famille McCartney dans tous ses déplacements. Même si le musicien ne se rase plus depuis quelques jours, les admiratrices le reconnaissent sans peine et les effets de la Beatlemania ne sont pas près de se dissiper. Linda veille d'ailleurs à ne pas renouer le contact avec ses anciens collègues et amis de la presse musicale locale. Elle contacte cependant son ami Danny Fields qu'elle a connu quand il travaillait pour le magazine Datebook et qui est devenu attaché de presse pour Elektra et Atlantic. La jeune femme souhaite que Paul rencontre ce personnage dont elle lui a tant parlé. Le couple se rend donc sur la 20e rue pour passer du bon temps et la discussion va s'orienter naturellement sur le travail de photographe de Linda. Avant de se marier, Mademoiselle Eastman avait réalisé des clichés des Rolling Stones, Jimi Hendrix, Janis Joplin ou Jim Morrison et, bien évidemment, des Beatles. Son ami Danny trouve que ce serait une idée formidable de rassembler toutes ces prises mémorables dans un bel ouvrage. Macca se montre très enthousiaste également et le concept va alors germer progressivement dans leurs esprits.

Chaque jour, à 9 heures, le couple McCartney arrive au studio avec les enfants, Heather et Mary qui n'a que quelques mois. Il n'est pas rare de voir le bébé ramper sous la console du technicien qui s'en amuse et joue parfois les nounous de substitution. Le très professionnel guitariste Spinozza a plus de mal à accepter cette situation qu'il juge inappropriée. Les trois musiciens s'affairent donc dans la cabine pendant que Linda prépare le thé avec les marmots derrière les techniciens. Au bout de quelques jours, David quitte le studio vers 16 heures pour aller enregistrer des jingles pour la radio dans un autre studio, alors qu'il est censé travailler jusqu'à 18 heures. Paul, surpris par cette attitude peu élégante, ne réagit pas, mais alors que la situation semble perdurer, il décide de trouver un autre guitariste.

Après avoir pris part à quelques chansons, Spinozza est prié de ne pas revenir au studio et va pouvoir aller honorer d'autres contrats. Paul, en outre, a peu apprécié que le musicien soit dérangé par la participation de Linda à l'enregistrement des chœurs et par le fait que celle-ci ait finalement son mot à dire dans l'élaboration de l'album. Mais l'ex-Beatle est bien décidé à intégrer son épouse dans son univers musical.

En attendant un nouveau soliste, McCartney et Seiwell improvisent un morceau, le 22 octobre après le déjeuner. L'ex-Beatle est déchaîné à la guitare et Denny suit le tempo avec brio sur une pièce qui décoiffe. Ce bœuf donnera naissance à la chanson *Rode All Night*.

L'épouse de Macca a bien évidemment une solution de rechange et rappelle alors Hugh McCraken, un autre guitariste qui a travaillé avec BB King et qui n'avait pu se rendre à l'audition car il était en session en Floride, avec Aretha Franklin. Le courant passe bien entre les deux hommes. Le travail se poursuit donc aux CBS Studios, avec *The Back Seat Of My Car*, un titre qui avait été répété pendant l'enregistrement de « Let It Be », mais finalement non conservé par les Beatles. *Long Haired Lady*, qui est l'assemblage de deux chansons dont la seconde est *Love Is Long,* et *Hey Diddle* sont captées le 26 octobre 1970, puis *Sunshine Sometimes*, le 29.

Le 5 novembre, le trio travaille sur *Monkberry Moon Delight* que Paul aurait composé en pensant à Screamin Jay Hawkins, interprète fantasque de rhythm and blues. Celui-ci reprendra d'ailleurs le titre, en 1973. Il se dit que Macca aurait enregistré 90 prises avant de trouver la bonne formule. Au niveau du texte, il s'est vraiment lâché et a exploré des univers totalement surréalistes pour la première fois. En fait, il cherche encore des directions et ne s'interdit rien. *Too Many People*, dont le texte égratigne l'engagement politique de John Lennon, est produite le 10 novembre.

Pour la chanson *Uncle Albert / Admiral Halsey* qui est enregistrée le 6 novembre, c'est McCracken qui va demander à son patron de lui faire confiance pour la partie de guitare. En revanche, Paul suggère à Seiwell de ne pas jouer avec un rythme régulier, mais de trouver quelque chose de plus mélodieux pour s'adapter aux voix. Toujours pour ce morceau, pour la partie « téléphonée », c'est la voix de Paul qui a été enregistrée avec des filtres pour donner l'impression d'une communication. La transition des deux parties qui composent la chanson sera assurée par un son de tonnerre et de pluie. Les techniciens ont eu toutes les peines du monde à les reproduire. En 1970, les effets spéciaux et autres samples n'ont pas encore fait leur apparition…

Libéré de ses ex-partenaires, McCartney eut ensuite la mauvaise surprise de découvrir qu'il était encore lié juridiquement à son ancien groupe et que tous ses revenus restaient donc bloqués par Allen Klein, le manager dont il avait vigoureusement contesté la nomination. Le musicien n'a jamais supporté que l'homme d'affaires prenne vingt pour cent des gains du groupe et gagne ainsi plus de cinq millions de dollars chaque année. Devant ce blocage bien embarrassant, Paul n'eut d'autre choix que d'engager une action en justice pour dissoudre l'entité Beatles afin de recouvrer sa totale liberté. Comme un symbole, cette procédure débute à Londres, le 31 décembre 1970, l'ultime jour de cette douloureuse année pour le musicien.

En janvier 1971, loin du tumulte de New York et des prétoires, Paul McCartney et sa famille se reposent dans leur ferme écossaise près de Campbeltown, avant de retourner par avion à New York afin de poursuivre les sessions.

McCartney, qui arbore désormais une belle barbe, va s'installer fin janvier, aux studios A&R situés sur la 7e avenue. Il est alors persuadé que les meilleurs studios d'enregistrement se trouvent bien à New York. Même si, avec le recul, il reconnaîtra que rien ne vaut le studio n° 2 d'Abbey Road. L'endroit est sans doute l'un des mieux équipés de la Big Apple pour enregistrer. Derrière sa console Altec, Phil Ramone supervise la session avec Dixon Van Winkle, un jeune technicien.

Ramone n'est pas un novice. En 1965, il a obtenu un premier Grammy Award pour son travail avec Stan Getz et Joao Gilberto. Il a également collaboré avec Burt Bacharach. Quand il rencontre le technicien, Paul lui raconte qu'il prenait parfois le pseudonyme de Paul Ramon quand son groupe précédent s'appelait encore Silver Beatles. La conversation inspire la chanson *Ram On* qui donnera son nom au futur album et qui sera enregistrée le 22 février 1971.

Au bout de quelques jours, Ramone et Paul vont avoir un différend au sujet du planning des séances d'enregistrement. Le producteur va abandonner le projet et le musicien va demander à Van Winkle, l'assistant, de prendre les commandes. Cela ne fait que six mois qu'il travaille dans les lieux mais il semble déjà très à son aise. Il faut mixer les chansons du single qui va être publié dans quelques jours. Pour *Oh Woman, Oh Why* qui figurera sur la face B, le bassiste décide d'utiliser un pistolet pour reproduire le bruit d'un coup de feu. Il tire donc à plusieurs reprises quelques balles à blanc dans une pièce.

Le 19 février 1971, la famille McCartney est de retour à Londres pour se rendre à la Haute Cour de Justice. Les débats sur la dissolution des Beatles débutent dans une ambiance pesante dans le prétoire. Allen Klein, le manager du groupe, a adressé une lettre au juge dans laquelle il indique que McCartney ne l'a jamais accepté en tant qu'impresario, mais qu'il n'a pas rechigné à empocher les bénéfices générés par ses activités. La défense de Paul est plus simple. Il démontre que les productions des quatre ex-Beatles n'ont plus rien à voir avec ce qu'ils faisaient ensemble quelques mois plus tôt. Macca ne manque pas de souligner que dans sa récente chanson *God*, John Lennon chante « I don't believe in Beatles » (Je ne crois pas en les Beatles). Ce dernier a d'ailleurs déclaré au magazine Rolling Stone, en décembre 1970 que les Beatles étaient les plus grands bâtards sur Terre. Macca reproche également à Klein d'avoir voulu retarder la date de sortie de son premier album solo, d'avoir fait retravailler sa chanson *The Long And Winding Road* par Phil Spector sans lui avoir demandé son avis ainsi que le transfert des droits du film « Let It Be » vers United Artists sans son aval. À la sortie du tribunal, le couple McCartney est attendu par une foule de photographes et de fans. Paul est dévasté par cette affaire et ne se remet pas d'avoir dû traîner ses trois meilleurs amis devant une cour de justice. Il est temps de repartir à New York pour reprendre le travail pour le prochain album. Rien de tel que la musique pour se vider la tête, et oublier ces tracas et la frustration de voir l'aventure Beatles se terminer ainsi.

Quand l'une des premières chansons réalisées, *Another Day* est commercialisée en single, aux États-Unis, le 22 février 1971, on découvre clairement la voix de Linda. Une grande première et un sacré revirement pour Paul qui s'était violemment opposé à la présence de voix féminines sur la production de « Let It Be » par le fantasque Phil Spector.

Another Day ne figurera pas sur l'album qui suivra, mais atteindra la seconde place des charts britannique et la cinquième aux États-Unis. D'autres chansons élaborées à New York ne trouveront pas leur place dans le futur opus. Il s'agit de *Dear Friend*, *Get On The Right Thing* et *Little Lamb Dragonfly* qui apparaîtront dans de futures productions et de *A Love for You, Rode All Night, When the Wind Is Blowing, Sunshine Sometime* et *Hey Diddle* que les fans retrouveront sur des disques pirates, tout comme *Rode All Night*, l'incroyable jam de plus de 8 minutes entre Paul à la guitare et Denny à la batterie.

Paul veut utiliser un orchestre de cordes pour trois chansons : *Uncle Albert / Admiral Halsey*, *Long Haired Lady* et *The Back Seat Of My Car.* Il a donc fait appel au producteur George Martin pour écrire les arrangements comme il le faisait avec les Beatles, lequel a accepté avec plaisir, mais il regrette que l'enregistrement se déroule à New York, au studio A&R. Macca s'amuse à diriger lui-même les musiciens tel un grand chef d'orchestre.

Le 12 mars, McCartney remporte la première manche de cette bataille judiciaire qui sera longue et complexe. Selon des fans présents, les trois autres Beatles se seraient rendus à la maison de Paul, à Cavendish, dans la Rolls de John. Ce dernier aurait escaladé le mur d'enceinte de la propriété et aurait, de rage, jeté deux briques dans les fenêtres.

Pour le mix de son album, Paul a traversé les États-Unis et s'est installé au Sound Recorders Studio de Los Angeles, dès la fin du mois de février 1971. Alors qu'il a prévu de travailler avec James Guercio qui a déjà produit Frank Zappa et Chicago et Armin Steiner, il va finalement collaborer avec Eirik Wangberg qu'il va rapidement surnommer The Norwegian (le Norvégien). Le monde est bien petit puisque le technicien avait participé au mixage de la chanson *Vega-Tables* des Beach Boys à laquelle McCartney avait contribué, le 11 avril 1967, en mâchant quelques carottes et céleris. Le jeune homme passe la matinée à élaborer manuellement les bandes à peaufiner, afin que tout soit prêt quand le couple McCartney arrive dans l'après-midi. Pour *Smile Away* dont les bases avaient été captées le 16 novembre 1970 à New York, huit pistes de basse sont finalement enregistrées. Avec une seule prise, le résultat n'était pas concluant. Le mixage d'Eirik, qui a supervisé l'ensemble et que la star qualifiera d'alchimiste de la musique, a apporté plus de distorsion. L'ex-Beatle, qui commence à saturer sur la production du disque, lui laisse une totale liberté technique et le jeune homme s'éclate vraiment dans ce processus de créativité. Macca n'aura pas à s'en plaindre, car le résultat est impeccable. Il lui laissera même le soin de réaliser les séquences finales de l'album et le mixage mono destiné aux radios qui diffusent en ondes courtes (un tirage promotionnel de 1000 disques en mono sera destiné à ces stations). Le Norvégien n'en reviendra pas de bénéficier de la confiance absolue de la star. À l'avenir, McCartney ne donnera plus autant de prérogatives à ses collaborateurs.

Une nouvelle chanson a été créée et elle va être mise en boîte à L.A. Pour *Dear Boy*, le couple va enregistrer des harmonies en « quatre dimensions ». Paul sait très bien ce qu'il souhaite obtenir. Il veut retrouver un son à la « Beach Boys » et Linda peut tenir une note et chanter juste. Elle l'a prouvé à son mari pendant l'enregistrement de la chanson *Let It Be* en interprétant une vocalise haute, au cours d'une nuit à Abbey Road. Le musicien n'a pourtant jamais travaillé vocalement avec une femme d'une manière aussi poussée. Le résultat en surprendra plus d'un… Elton John reconnaîtra, plus tard, que le travail sur ce titre est fabuleux. Après les séances, Paul et Linda déambulent dans les rues de L.A. à bord d'une gigantesque Cadillac verte puis rentrent dîner dans leur superbe maison au bord de l'océan Pacifique.

Le 13 mars, le couple McCartney, accompagné par le batteur Denny Seiwell, se rend à la cérémonie des Grammy

Awards qui va couronner l'album de Simon et Garfunkel « Bridge Over Troubled Water ». Ils ont longuement hésité avant d'aller chercher une récompense pour les Beatles. Mais après bien des tergiversations, ils ont fini par s'y rendre. Paul va donc recevoir un trophée pour la bande originale de « Let It Be » des mains du célèbre acteur John Wayne. Pour l'occasion, il laisse sa rancœur au placard et fait bonne figure devant le public. Portant un costume bleu et un improbable pull jaune sur une chemise rouge avec Linda accrochée à son bras, le musicien quitte la petite table du fond de la salle où il s'était installé avec une bouteille de whisky et traverse toute la salle. Quand le couple monte sur scène, le public constate que le ventre de Madame McCartney s'est considérablement arrondi. Une nouvelle naissance est donc attendue dans la famille. Macca reçoit trois trophées en forme de phonogramme puisque les deux autres sont destinés à John Lennon et George Harrison qui ont composé les chansons de la bande originale. D'une sobriété confondante, Macca se contente de lancer un « Merci, bonne nuit ! ». Il n'a sans doute pas envie de s'étendre sur son ancien groupe ou de remercier quelques personnes de l'entourage du groupe. Le 15 avril suivant, la quarante troisième édition des Oscars honorera la chanson titre du film d'une précieuse statuette et c'est Quincy Jones qui récupérera le trophée au nom du groupe.

Le 20 mars, de l'autre côté de l'Atlantique, le journal Daily Mirror va lancer la rumeur selon laquelle les Beatles vont remplacer Paul par l'Allemand Klaus Voormann, ami du groupe depuis leur passage à Hambourg et qui a déjà collaboré avec John Lennon. La société Apple qui gère les intérêts des musiciens démentira quelques jours plus tard.

Après la rigueur de l'hiver new-yorkais, il est bien agréable de se retrouver sous le soleil californien et de profiter de la maison qui borde l'océan Pacifique. Les musiciens écoutent des disques de reggae au bord de la piscine avant d'aller se restaurer à Santa Monica. Mais l'équipe est bien là pour travailler. Quelques overdubs sont nécessaires pour compléter les pistes captées à New York, mais seul le batteur Denny Seiwell a fait le déplacement depuis la côte est. Ainsi pour *Eat At Home*, on révise une partie de guitare et quelques voix. Sur *The Back Seat Of My Car*, ils ajoutent une nouvelle basse, quelques guitares. Ils superposent le ad lib de la fin de la chanson syllabe par syllabe. Un travail de fourmi qui va s'avérer payant. Pendant une séance de mixage, Eirik fait écouter le résultat final de *Long Haired Lady* à Paul. L'ex-Beatle pose ses bras sur les épaules du Norvégien et écoute sa voix mêlée à celle de Linda. L'émotion monte et soudain, il se met à pleurer. Désespéré par la séparation des Beatles, quelques mois plus tôt, McCartney sait désormais qu'il peut toujours réaliser de grandes chansons. Même s'il ne peut affirmer qu'il n'a pas pensé à son ancien groupe en composant ces chansons, il s'est toutefois senti vraiment libéré. Et déjà, l'idée de créer un nouveau groupe germe dans son esprit.

Le 12 mai, Paul et Linda se rendent en France, à Saint-Tropez pour assister au mariage du chanteur des Rolling Stones, Mick Jagger avec Bianca Perez Morena de Macías. Le couple retrouve Ringo Starr et son épouse Maureen. Rien de tel qu'un heureux évènement pour détendre l'atmosphère entre deux ex-Beatles, même si de nombreux badauds et photographes sont venus troubler la quiétude de la station balnéaire pour admirer les jeunes mariés habillés par Yves Saint Laurent. La fête se prolonge ensuite au Café des Arts, au cœur de la célèbre place des Lices. Ironie de l'histoire, John Lennon et Yoko Ono arriveront sur la Côte d'Azur deux jours plus tard, pour assister au Festival de Cannes.

Il va bien falloir désormais essuyer le feu des critiques. Le 17 mai 1971, « Ram » est publié aux États-Unis, puis le 28 mai en Grande-Bretagne. La pochette fait apparaître Paul tenant un bélier par les cornes. La photo a été prise à l'extérieur de la ferme écossaise des McCartney. Le musicien a aimé l'idée de cet animal qui avance avec force en poussant avec ses cornes. D'autres clichés pris pendant les séances complètent la couverture. Ils sont placés sur des dessins que Macca a lui-même créés. Enfin, on trouve la mention «L.I.L.Y » pour Linda I Love You et une illustration de deux scarabées qui copulent. Ce clin d'œil aux Beatles ne restera pas sans réaction.

« Ram » est donc l'œuvre de Paul et Linda McCartney qui apparaît dorénavant comme une véritable partenaire. Non seulement la jeune femme chante avec son époux, mais elle aurait co-écrit sept chansons de l'album qui reflètent bien leur style de vie. Quand Denny Seiwell reçoit le disque, il l'écoute une dizaine de fois et n'en croit pas ses oreilles d'avoir enregistré cet excellent opus. Les critiques sont plus mitigées. Macca est furieux quand il lit la chronique de Rolling Stone qui indique qu'il a réalisé un disque miteux. John Landau a écrit que « Ram » était incroyablement inconséquent et monumentalement inutile. Il jette le magazine à terre et refuse de lire d'autres horreurs pendant plusieurs semaines. Pourtant, Paul avait soigné la promotion de son second opus. Il avait adressé à quelques privilégiés un disque inédit intitulé « Brung To Ewe by » qui est composé de morceaux réalisés à Los Angeles avec Eirik Wangberg (1000 copies éditées). L'effort n'est guère apprécié par les professionnels qui le trouvent bâclé.

Il n'y a pas que la presse qui tire à boulets rouges sur Paul. Ses anciens partenaires, à l'exception de Harrison qui se refusera à tout commentaire, n'hésitent pas à le démolir. Ringo estime qu'il n'y a pas une chanson valable dans cet ensemble et que Paul a perdu son temps. Mais c'est surtout John qui va s'acharner sur ce disque, car il y a relevé beaucoup d'attaques personnelles.

Sur *Too Many People*, Lennon, à raison, prend pour lui cette attaque des gens qui prêchent et cet « heureux break » qu'il aurait provoqué. Macca ne s'est pas gêné de chanter qu'il en avait assez de l'entendre lui dire ce qu'il fallait faire alors que leurs chemins s'étaient séparés. Il n'a plus de compte à lui rendre. John est également choqué par *Dear Boy* qu'il analyse comme un règlement de compte personnel. Il n'en est pourtant rien. Le titre est dédié à l'ex-conjoint de Linda, Joseph Melville See, dont elle avait divorcé en juin 1965. Paul explique à ce cher garçon qu'il ne connaît pas la chance qu'il a eue de rencontrer une personne aussi formidable que Lin et de l'avoir laissé filer.

Lennon n'est pas du genre à encaisser les coups sans réagir. Il compose sa réponse *How Do You Sleep ?* et ne fait pas, pour l'occasion, preuve de retenue, même si Yoko et Allen Klein l'ont bien aidé à rédiger le brûlot. Il écrit : « La seule chose que tu as faite est hier (*Yesterday*), désormais, tu n'es plus qu'un autre jour (*Another Day*). » Clin d'œil acide au hit passé de Macca et à sa chanson actuelle. Il débute l'enregistrement de son nouvel album « Imagine » dès le 23 juin 1971. George Harrison participe activement aux sessions. La moitié des Beatles est reconstituée. À la fameuse question : « Comment dors-tu la nuit ? », Paul aura envie de lui répondre en chanson : « Plutôt bien. Merci ! ». Mais pour ne pas attiser les rancœurs, il s'en abstiendra.

Quelques jours plus tôt, Paul était de retour aux studios mythiques d'Abbey Road, où les Fab Four ont produit la plupart de leurs albums. Une version instrumentale de « Ram » a été enregistrée sous la conduite de Richard Hewson qui a signé les arrangements pour l'orchestre. Macca n'y a pas participé, car il a eu l'idée qu'un personnage imaginaire aurait souhaité reprendre ses chansons. Il lui trouvera même un nom : Percy Thrillington. Il apprécie de rester dans l'anonymat et de réaliser des choses en secret. Il estime d'ailleurs que les gens en savent déjà beaucoup trop sur lui.

Malgré l'animosité ambiante, « Ram » rencontre un beau succès auprès du public. Le très british *Uncle Albert / Admiral Halsey* devient même numéro un aux États-Unis. Dans ce titre, Macca rend hommage à son oncle Albert, un sacré personnage qui buvait énormément et aimait monter sur la table pour lire des passages de la Bible. Quant à l'amiral, c'est une personne fictive sortie de l'imagination du musicien.

L'idée de reformer un groupe a fait son chemin. Mais que faire ? Sélectionner quelques musiciens réputés pour une super formation ? Les autres chanteurs ont tendance à recourir à cette solution trop simpliste pour l'ex-Beatle qui préfère prendre des risques. Paul a donc demandé à Hugh McCraken et Denny Seiwell de venir le retrouver dans sa ferme écossaise de Camplbeltown pour leur faire part de son projet. Le batteur était en studio avec Billy Joel, un jeune débutant, qui enregistre son premier album « Cold Spring Harbor ». Les deux hommes arrivent séparément avec leurs épouses. Denny a loué une voiture depuis Glasgow et a emprunté la longue route qui mène vers la région du Kintyre, un endroit magnifique, entre mer et nature et bien loin de l'environnement new-yorkais. Le musicien a bien des difficultés à se repérer et à comprendre l'accent terrible des autochtones. Quand le véhicule s'approche de la ferme des McCartney, celui-ci n'apprécie guère le chemin caillouteux et le batteur devra ainsi en changer plusieurs fois avant d'opter pour une jeep plus appropriée. Après une journée d'adaptation Holly McCraken et Monique Seiwell, l'épouse française du batteur, sont priées de rester à l'hôtel pour laisser leurs conjoints travailler avec le couple McCartney. Il semblerait également que Linda soit jalouse de la conjointe du guitariste américain. C'en est trop pour Hugh qui apprécie plus que modérément le confort spartiate de la maison du patron. Il décide de retourner à New York très rapidement. Moins précieux, Denny décide de tenter l'aventure et s'installe dans une ferme voisine.

Dans leur ferme de High Park, les McCartney ont à peine plus de commodités. Le sol est recouvert d'immondices après le passage des animaux divers (chats, chiens, moutons). Il faut aller chercher l'eau au puits, et le seul élément de luxe semble être un poste de télévision. Linda aimerait bien que toutes les jeunes filles qui la détestent depuis qu'elle a épousé le Beatle Paul viennent voir dans quelles conditions elle vit. Loin de l'image de conte de fée que les fans imaginent.

Paul doit donc trouver un guitariste. Il se souvient alors de Denny Laine qu'il avait connu en juillet 1963 quand son groupe Denny & The Diplomats avait partagé l'affiche avec les Beatles. Laine, dont le véritable patronyme est Brian Hines, avait ensuite connu le succès en 1965, avec les Moody Blues et la chanson *Go Now* qui avait atteint la première place des charts britanniques. Il quitta le groupe en 1966, avant que celui-ci ne connaisse le véritable succès et vécut alors quelques années de galère.

Denny travaille vaguement sur un projet d'album solo quand il reçoit un appel de Paul McCartney qui lui propose donc de joindre son nouvel orchestre. Le musicien ne réfléchit pas trop, accepte de bon cœur cette proposition. Il retrouve Paul, le 25 juillet, à Londres et le nouveau groupe se rend immédiatement aux studios Abbey Road. Macca a réservé le studio n° 2 pour 4 jours et a décidé de répéter et d'enregistrer très vite quelques chansons.

Denny est aux anges. Il va enfin pouvoir travailler avec quelqu'un à qui il n'aura pas besoin de tout expliquer. Un musicien qui le comprendra. Avec Laine, Macca a trouvé un collaborateur idéal qui maîtrise merveilleusement la guitare, mais également la basse et les claviers. Autre avantage, le musicien ne représentera pas une menace au niveau de la popularité dans le groupe. En résumé, le partenaire idéal pour démarrer une nouvelle aventure. Seule ombre au tableau, la compagne de Denny est Maggie McGivern, un jeune mannequin avec qui McCartney a eu une relation pendant plusieurs mois. Il l'avait connue alors qu'elle travaillait chez Marianne Faithfull, en 1966. Leur relation s'est achevée quand Linda est venue s'installer définitivement en Grande-Bretagne. La jolie brune a rencontré Laine au début des seventies et cela est assez incongru de revoir Paul dans ces circonstances. Le jour des retrouvailles, l'ex-Beatle la prend dans ses bras et l'étreint longuement avant que quelqu'un ne lui tape sur l'épaule. C'est Linda qui se demande qui peut bien être cette jeune femme. Son mari lui présente alors Maggie et Linda lui dit qu'elle a évidemment entendu parler d'elle. Inutile de préciser qu'à partir de ce moment, l'atmosphère deviendra glaciale et la compagne de Denny ne sera pas la bienvenue chez les McCartney. La liaison entre l'ex-Moody Blues et le mannequin ne durera que quelques mois, ce qui évitera quelques tensions au sein du nouveau groupe.

Avec le salaire de 70 livres par semaine que leur propose leur nouveau patron, les deux musiciens de Wings ne risquent pas de rouler sur l'or. C'est bien loin de ce que peut gagner Seiwell pour une session à New York. Aucun contrat officiel ne peut être signé tant que l'ex-Beatle est encore lié à Apple, mais la situation pourrait évoluer favorablement. (En attendant,

Paul doit repeindre le toit de la ferme écossaise. Avec son échelle, il n'hésite pas à prendre de la hauteur et à le recouvrir de peinture verte.)

Le 1er août, se déroule un évènement musical sans précédent à New York. George Harrison a, en effet, organisé deux concerts de charité pour le Bangladesh. Le pays est ravagé par la famine et le musicien a eu l'idée avec son ami Ravi Shankar de rassembler quelques copains pour ramener des fonds. Ces shows marquent véritablement le grand début des concerts caritatifs. Si Ringo Starr a répondu présent, Lennon et McCartney manquent à l'appel. John préfère prendre du bon temps aux Iles Vierges. Version officielle, car il se dit que George aurait demandé à ce que Yoko ne monte pas sur scène d'où une fin de non-recevoir de la part de Lennon qui avait fait spécialement le déplacement. Quant à Paul, il ne pouvait tout simplement pas accepter l'invitation. La procédure judiciaire est alors encore en cours, et participer à un spectacle avec ses anciens acolytes pourrait paraître assez curieux. Mais surtout, Macca ne veut pas croiser Allen Klein, le manager des Beatles qui s'est occupé de l'organisation des concerts. L'affiche du Madison Square Garden aura quand même belle allure avec Bob Dylan, Eric Clapton, Leon Russell, Klaus Voormann et Billy Preston.

Le 3 août 1971, McCartney annonce à la presse qu'il vient de former un nouveau groupe, mais que celui-ci n'a pas encore de nom. Denny Seiwell a quelques difficultés à obtenir un visa de travail, car l'administration britannique voit d'un mauvais œil qu'un musicien américain vienne prendre l'emploi d'un citoyen local. Paul devra se justifier en arguant du fait qu'aucun batteur du pays ne lui convient et que seul Seiwell fait véritablement l'affaire.

La veille, le single *Uncle Albert / Admiral Halsey*, avec en face B *Too Many People*, vient d'être commercialisé aux États-Unis. Il lui faudra un bon mois pour atteindre la première place des charts US. Une curiosité pour une chanson aux sonorités typiquement britishs, alors qu'en Grande-Bretagne, la maison de disques a préféré sortir le 45 tours *The Back Seat Of My Car* avec *The Heart Of The Country* sur la deuxième face.

Un choix vraiment moins pertinent puisque le titre ne fera pas mieux que 39e du hit UK. Un moindre mal puisque « Ram » atteindra la première place des charts britanniques et la seconde de l'autre côté de l'Atlantique.

L'orchestre se retrouve donc en Écosse pour répéter les titres d'un futur premier album. Ils travaillent dans l'espace que Paul a aménagé dans sa ferme de Campbeltown et qu'il a baptisé Rude Studios, un hangar sans confort à l'image des autres bâtiments.

Inspiré par l'expérience récente de Bob Dylan qui a enregistré son disque « Nashville Skyline » en seulement une semaine, en 1969, Macca décide de relever le même challenge pour garder la fraîcheur du groupe. Quand les chansons sont bien rodées, le quartette se retrouve au studio 1 d'Abbey Road et les restitue en seulement trois jours. Alan Parsons et Tony Clark sont surpris par la manière dont Paul travaille avec Laine. Il lui donne beaucoup de directives sur la façon de jouer, et les deux techniciens ont le sentiment que le pauvre guitariste doit se sentir comme une véritable marionnette. Denny a simplement beaucoup de respect pour Paul et sait également la pression que celui-ci a sur les épaules après avoir fait partie du plus grand groupe de l'histoire de la musique pop.

Le 28 août, le Melody Maker publie une interview de George Martin, le producteur des Beatles qui affirme que Linda n'est pas la remplaçante de John Lennon, pas plus que Yoko n'est celle de Paul McCartney. Le couple Lennon semblera assez affecté par ces déclarations. Trois jours plus tard, ils partent pour New York. John ne se doute certainement pas qu'il ne remettra jamais les pieds dans son pays.

Le 9 septembre, l'album « Imagine » de Lennon est commercialisé aux États-Unis. À New York, John multiplie les interviews et n'épargne pas son ex-acolyte en justifiant sa chanson *How Do You Sleep?*. Selon lui, il suffit d'écouter l'album « Ram » pour y entendre des attaques de Paul à son encontre. Sa réplique était donc inéluctable. Quant à McCartney, il regrette amèrement que cette « querelle » soit devenue aussi publique.

Le 13 septembre 1971, McCartney est inquiet. Son épouse Linda vient d'être transportée au Kings College Hospital, sur Denmark Hill, à Londres pour accoucher. L'affaire se présente mal. Une césarienne est nécessaire et le pronostic vital est engagé à la fois pour la mère et le bébé. Macca décide de ne pas quitter son épouse un seul instant et, comme il l'avait fait deux ans plus tôt pour la naissance de Mary, il fait installer un lit de camp dans la chambre. Finalement, Linda se remet de l'intervention et le bébé qui pèse moins de 3 kilos est placé en couveuse. Pendant ces moments d'intense solitude, Paul a beaucoup prié et s'est mis à penser aux ailes d'un ange. Le nom Wings apparaît alors comme évident pour le nouvel orchestre. Quant à la petite fille qui vient de voir le jour, elle se prénommera Stella comme les deux grands-mères de Linda.

Trouver le prénom adéquat à un enfant ou à un groupe n'est vraiment pas chose aisée et c'est toujours une grande responsabilité. Dans sa réflexion pour trouver un nom de groupe, Paul s'était vu suggérer the Dazzlers, que l'on pourrait traduire par « les éblouissants ». Il a pensé également à Turpentine, qui veut dire térébenthine. Un nom pas si saugrenu pour un groupe qui va décaper, mais pas très heureux. En définitive, Wings conviendra parfaitement.

Après quelques semaines de repos à Campbeltown en Écosse, Macca transfère sa petite famille dans la maison londonienne, en novembre 1971. Il est bientôt temps de lancer ce nouveau groupe.

L'envol des Wings

La presse musicale a déjà annoncé que le nouveau groupe de Paul McCartney s'appelait Wings et qu'il se produirait en concert prochainement. Le 8 novembre 1971, une soirée est organisée à Londres pour lancer officiellement cette nouvelle aventure musicale. Elle se déroule à l'Empire Ballroom, sur Leicester Square. Macca a personnellement rédigé les invitations à la main et ses amis ont majoritairement répondu présent. Jimmy Page, Elton John, Keith Moon et John Entwistle des Who, Ronnie Lane, Ronnie Wood, Ian McLagan et Kenny Jones des Faces figurent parmi la liste des participants. Le père de Paul, Jim McCartney a également fait le déplacement avec sa seconde épouse Angela. Pour l'occasion, les chansons du disque du groupe sont diffusées pour la première fois en public. Paul accueille ses invités dans un étonnant ensemble écossais vert et gris sous lequel il porte un sous-pull, alors que Linda porte un ensemble rouge avec des colombes blanches. L'extravagante mode des Seventies a donc déjà fait des ravages puisque Denny Laine est vêtu d'une veste rouge sur un pantalon et une veste à carreaux et seul Seiwell a plutôt fait dans la sobriété en arrivant habillé en noir avec une jaquette grise. Plus tard dans la soirée, on verra l'ex-Beatle danser avec Linda, au son de la musique.

Le 13 novembre 1971, le groupe Wings apparaît pour la première fois en couverture du Melody Maker. La semaine suivante l'hebdomadaire publie une interview de Paul intitulée « Pourquoi John Lennon n'est pas cool. ». Dans celle-ci, il réitère son souhait de voir les quatre Beatles signer enfin le document qui rendra à chacun sa liberté contractuelle. Il précise que ni Allen Klein, Linda et Yoko ne devraient être présents à cette réunion. Il souligne également qu'il apprécie le disque de John « Imagine », alors que ce n'était pas le cas avec les albums précédents. Quant à la chanson *How Do You Sleep ?*, il réplique que John a écrit que la seule chose qu'il ait fait était *Yesterday*, mais il sait très bien que Lennon n'en pense pas un mot. Quelques jours suffisent à John pour réagir. Le 4 décembre, une lettre publique est adressée dans les mêmes colonnes du Melody Maker. Il rappelle à Paul qu'il ne se déplacera jamais sans Yoko car il forme une entité unique et lui reproche une foule de griefs, mais surtout celui d'avoir affirmé qu'il n'était pas cool. Ces querelles mesquines atteignent leur paroxysme. Dans l'intérêt de tous, il est grand temps que cela cesse.

Le grand public découvre donc le premier opus des Wings : « Wild Life » qui est publié le 7 décembre 1971. Sur la pochette, on voit une photo du groupe à la campagne. Paul est dans l'eau d'un étang alors que Linda et les deux Denny sont perchés sur une branche d'arbre. On peut également noter que le logo Apple Records n'apparaît pas sur le disque. Paul s'y opposait farouchement et a obtenu que la fameuse pomme ne figure pas sur les labels de « Wild Life ». Encore une victoire sur Allen Klein ! Le nom de l'ex-Beatle n'est pas mentionné sur le recto de la pochette. Le groupe fait profil bas et ne souhaite être jugé que sur la musique qu'il propose.

Le verso va choquer le couple Seiwell. Il comporte un texte signé par un personnage imaginaire, Clint Harrigan qui raconte la genèse du groupe et précise que Denny est arrivé en avion en portant son épouse qui était ivre. Ce qui n'est jamais arrivé réellement. La pauvre Monique est anéantie quand elle découvre le 33 tours et Denny va protester auprès de Paul. Linda, qui a eu l'idée de cette plaisanterie de mauvais goût, se retrouve dans une position inconfortable, mais le mal est fait puisque le disque est commercialisé.

Comme beaucoup de nouveaux combos qui débutent, Macca et ses acolytes ont décidé de reprendre une chanson déjà connue. Ce sera *Love Is Strange*, créée par Mickey et Sylvia en 1956. Les deux artistes de rhythm and blues affirment avoir composé le titre, mais le guitariste Bo Diddley prétend en avoir écrit les paroles. C'est certainement la version des Everly Brothers, qui a fortement inspiré le jeune McCartney, qui a été l'élément déclencheur de cette reprise. Il a été décidé d'introduire une connotation très reggae au morceau. Paul et Linda ont découvert la Jamaïque pendant des vacances récentes et ils ont apprécié le style musical local qui n'avait pas encore percé en Europe.

Parmi les compositions originales, on trouve *Mumbo*, un rock énergique sur lequel Macca éructe des paroles incompréhensibles. Le morceau a été enregistré en une seule prise. Dommage que le groupe n'ait pas travaillé davantage ce titre avec un vrai texte. En revanche, le travail effectué sur *Tomorrow* est bien plus clair. Il s'agit là d'une vraie chanson sur laquelle on retrouve toute la palette musicale de l'ex-Beatle. Denny Seiwell a d'ailleurs bien conscience qu'il s'agit du titre le plus abouti du groupe qui deviendra le préféré du père de Linda, Lee Eastman. Il y a cette longue ballade *Some People Never Know* qui est chantée avec Linda, et qui pour l'occasion assure merveilleusement. Paul joue la basse, la guitare et des claviers. Le véritable et ultime duo discographique des époux McCartney s'intitule *I Am You Singer* et s'avère être une bluette assez simpliste qui ne manque certes pas de charme, mais qui irritera les détracteurs du musicien. Sans doute peu convaincu par l'expérience, il n'enregistrera plus de cette façon avec Linda. Quant à *Wild Life*, qui donne son nom à l'album, elle a été inspirée à la suite d'une visite du parc national d'Ambosali, près de Nairobi, en 1966. Paul se trouvait en vacances au Kenya, avec Mal Evans, l'assistant des Beatles, pour un safari-photo. Il avait été frappé par cet endroit où les touristes venaient chasser, mais dans lequel les fauves avaient le droit de passage sur les hommes. L'amour des animaux est un des points communs qui unit le couple McCartney et qui se développera au fil des années.

Les premières critiques sont assez rudes. Le reproche majeur qui revient fréquemment est que ce disque a été produit beaucoup trop hâtivement et qu'un peu plus de travail aurait été bien bénéfique aux chansons. Les critiques se demandent aussi ce que vient faire un titre comme *Bip Bop* qui ne mène à rien, comme le fera remarquer son auteur longtemps après, même si certains fans ne cachent pas une certaine affection pour cette pièce. Paul reconnaîtra bien plus tard qu'il faut vraiment l'aimer beaucoup pour apprécier ce disque. Si « Wild Life » ne bouleversera pas le monde de la musique, il saura finalement trouver son public.

Paul et Linda sont malgré tout décidés à défendre ce premier essai des Wings. Ils s'envolent vers les États-Unis pour en assurer la promotion. Le 15 décembre 1971, ils sont invités par la radio WCBS-FM. Pendant l'émission, Paul diffuse un acétate de l'inédit *Great Cock And Seagull Race*, un titre enregistré pendant les sessions de « Ram » sur lequel le groupe vient d'ajouter quelques overdubs, mais qui n'a pas été conservé. Pendant une autre émission, il offre, avec son épouse, une belle ballade inédite intitulée *Bluebird*.

Macca profite de son séjour new-yorkais pour enfin rencontrer John Lennon. L'entrevue est d'autant plus facilitée que le bassiste a eu la bonne idée d'inclure dans « Wild Life » la chanson *Dear Friend* qui avait été enregistrée pendant les sessions de « Ram ». Il s'agit d'une véritable tentative de réconciliation toute en subtilité.

« Est-ce vraiment ta limite ? Tout cela signifie vraiment tant de choses pour toi ? Es-tu effrayé ou est-ce la vérité ? ».

L'amitié reprend le dessus et les deux hommes sont d'accord pour se sortir de ces problèmes judiciaires et tenter de retrouver des relations plus cordiales.

Dans les référendums de fin d'année, le public plébiscite l'album « Imagine » de Lennon et le single *My Sweet Lord* de George, même si celui-ci a plagié la chanson des Chiffons *He's So Fine*. Mais Macca n'a pas dit son dernier mot. Il profite à nouveau du soleil de la Jamaïque pour se ressourcer, acheter quelques disques de reggae et envisager la suite de l'aventure.

L'année 1972 marque l'arrivée de Henry McCullough, qui a joué avec le Grease Band de Joe Cocker. Il a d'ailleurs œuvré pendant le mythique concert de Woodstock, en août 1969. Il a également participé à l'enregistrement du disque « Jesus Christ Superstar », en 1970. Le guitariste a été sollicité par son ami Denny Laine qui l'avait d'ailleurs invité à la soirée de lancement des Wings en novembre. Quand Paul a demandé à Denny s'il connaissait un bon soliste pour rejoindre les Wings en vue d'une première tournée, celui-ci a immédiatement pensé à ce grand gaillard irlandais qu'il avait découvert au Cotton Market quand Denny Cordell était le producteur de Joe Cocker. Il est indispensable d'utiliser un second guitariste en concert, car il n'est vraiment pas aisé pour l'ex-Moody Blue de garder intact l'impact rythmique quand il réalise un solo. Le fait d'avoir deux musiciens qui s'entendent bien permettra une multitude de combinaisons.

Après avoir démarré les répétitions dès le 17 janvier 1972, au Scotch of St James Club de Londres, Paul a demandé au guitariste de rejoindre le groupe dès le 24. Le groupe travaille déjà sur de nouvelles compositions comme *Mary Had a Little Lamb*, *Soily* ou *Little Woman Love*, mais perfectionne également son répertoire en vue d'une future tournée.

Le 29 janvier, Paul et Linda sont de nouveau à New York. Le lendemain, Macca accorde une interview à la radio KHJ. Il vient d'apprendre que vingt-six personnes ont été abattues par l'armée britannique, à Derry, en Irlande du Nord. Il est scandalisé par la nouvelle et le fait savoir aux journalistes qui l'interrogent. Le ton virulent de l'ex-Beatle effraie les responsables de la station qui vont censurer ses propos. McCartney, très touché par l'évènement, décide d'enregistrer immédiatement une chanson en l'honneur du peuple irlandais. Pour ne jamais oublier ce dimanche sanglant.

Le 1er février, il retrouve ses musiciens aux studios Island de Londres et met en boîte *Give Ireland Back To The Irish*. On ne peut être plus réactif. Les Wings restent à Londres et investissent l'Institut des Arts Contemporains pour quelques répétitions, car ils ont décidé de partir en tournée. L'endroit est très agréable et possède une cafétéria où l'orchestre peut déjeuner. McCartney souhaite repartir de zéro comme un groupe de débutants. Ils vont donc se produire à l'improviste dans des campus d'université pendant quelques jours. Pour Linda, c'est le véritable baptême du feu. Si en studio, elle se contente d'assurer au chant, elle va devoir le faire en public et de surcroît jouer des claviers. La jeune femme est terrifiée, mais elle s'applique pendant ces quelques jours de travail. Elle n'oublie jamais son cahier sur lequel elle a noté tous les accords des chansons.

Le mardi 8 février, les Wings prennent la route vers le nord de l'Angleterre, à bord d'un minibus avec femmes, enfants, les chiens et deux roadies qui suivent dans un camion de location qui contient le matériel. Quand, ils arrivent à l'université de Nottingham, vers 17 heures, un des techniciens de Paul va demander dans l'établissement s'ils souhaitent accueillir un concert du groupe. Rassurés qu'il ne s'agit pas d'un canular, la réponse est positive et enthousiaste, et rendez-vous est pris pour le jour suivant à l'heure du déjeuner.

Le lendemain, 700 étudiants sont présents pour assister au show. Après avoir payé 50 pence, ils entrent dans la salle pour découvrir ces fameux Wings. Le répertoire est très limité avec un album et un single. Le groupe interprète *Blue Moon Of Kentucky*, *Help Me*, *Say Darling*, *Wild Life*, *Bip Bop*, *Henry's Blues*, *My Love*, *Long Tall Sally*, *Seaside Woman*, *Some People Never Know*, *Smile Away, Give Ireland Back To The Irish*, *The Mess* et *Lucille*. Paul refuse catégoriquement de reprendre ses chansons du catalogue Beatles. La plaie n'est pas encore refermée et la procédure judiciaire est encore en cours. Mais le musicien est heureux. Il ne s'était pas produit en concert depuis le 29 août 1966 au Candlestick Park de San Francisco. Une éternité ! De surcroît, Macca récupère enfin un peu d'argent grâce au spectacle, puisque tout ce qu'il gagne par l'intermédiaire d'Apple est bloqué. Le soir, après le show, les musiciens ouvrent une bouteille de vin et partagent la maigre recette en fumant un joint. Tout ne se passe pas toujours idéalement bien, comme quand la police débarque dans l'hôtel où le groupe a élu domicile pour vérifier si les chauffeurs ne sont pas homosexuels car ils ont dû prendre une chambre commune par manque de place. Le responsable des lieux avait eu de sérieux doutes sur les mœurs des jeunes gens car c'est encore un délit en Grande-Bretagne (la légalisation de l'homosexualité ne sera établie qu'en 1980).

Pour son deuxième concert, le groupe a prévu de se produire à Leeds. Quand il découvre que leur arrivée a été un peu trop annoncée et que l'effet de surprise s'en trouve émoussé, McCartney décide de renoncer à se produire dans la ville du Yorkshire et prend la direction de York, à une quarantaine de kilomètres au nord. Si, pour sa première, Linda ne s'était pas trop mal débrouillée, le second show va être plus compliqué. Elle est soudain prise d'un trac qui la paralyse et l'empêche de jouer des claviers. Paul, de son côté oublie les premiers accords de la chanson *Wild Life*. Les aléas d'un orchestre débutant. Le public se montre indulgent et les encourage afin que tout se passe pour le mieux. Dans l'après-midi, les Wings apprennent que leur prochain single *Give Ireland Back To The Irish* qui doit être commercialisé dans quelques jours sera censuré par la BBC. La radio nationale n'a guère apprécié le message politique de la chanson et ne la diffusera donc pas sur ses antennes. Il en sera de même pour la télévision. Les diffuseurs indépendants comme ITV, ATV, Radio One et Radio Luxembourg décident également de ne pas passer le titre. Un véritable boycott pour Macca, ce qui constitue une grande première pour l'artiste. Malgré ces revers, la multinationale EMI ne renonce pas à sortir le 45 tours. Après tout, la censure peut devenir la meilleure des publicités.

Les Wings poursuivent leur mini-tournée qui passe par Hull, Newcastle et Lancaster. Linda donne ses premières impressions au Melody Maker. Après quelques jours, elle commence à se sentir à l'aise et apprécie l'organisation de cette aventure. Le 16 février, le groupe revient à Leeds pour un concert qui, cette fois, n'a pas bénéficié de médiatisation. Le lendemain, alors que la représentation de Sheffield se prépare, la Haute Cour de Londres rejette une requête de l'éditeur Northern Songs visant à contrer celle de Paul qui souhaite que toutes les chansons qu'il compose sans John Lennon ne soient pas concernées par le contrat signé en 1965. C'est une petite victoire pour l'ex-Beatle qui n'en a pas fini avec les tracas judiciaires. Le même jour, Allen Klein qui a pris note du rapprochement entre Lennon et McCartney annonce que les trois autres Beatles vont faire une offre à Paul pour les 25 % qu'il détient dans la société Apple. La proposition ne laisse pas Paul insensible. Une nouvelle avancée dans le réchauffement des relations entre les quatre musiciens.

Après Manchester et Birmingham, les Wings arrivent au Pays de Galles, à l'université de Swansea. À 17 heures, Paul demande si le groupe peut se produire en concert. Après l'accord des responsables, une file d'attente de 800 personnes s'est déjà formée à l'extérieur du bâtiment. Le lendemain, le dernier show est donné à Oxford. Le pari de réaliser une tournée sans manager, sans agent et avec seulement deux techniciens est réussi. Après cette expérience, Paul avoue qu'il ne voulait pas monter sur scène et faire face à cinq rangées de journalistes qui auraient fini par dire qu'il n'était finalement pas si bon qu'avant. Il souhaitait surtout revenir à ce statut amateur pour essayer de réapprendre son métier de performer.

Le 25 février 1972, le single *Give Ireland Back To The Irish* est enfin commercialisé. Malgré la censure, il atteindra la quinzième place des charts britanniques. Le célèbre DJ de Radio One, John Peel avoue son malaise au sujet de la position de la BBC. Pour lui, le fait d'interdire la diffusion du disque est un acte politique encore plus fort que le message du disque lui-même. Même Denny Laine n'est pas très emballé par ce brûlot politique. Il ne pense pas qu'on puisse changer les choses par la musique. Il n'apprécie guère les allusions de certains membres du public britannique qui peuvent se montrer choqués par *Give Ireland Back To The Irish*. Même le frère d'Henry McCullough qui réside en Irlande du Nord se fera tabasser, un soir, à cause d'elle. Paul explique qu'il est citoyen britannique et que dès qu'il a eu l'âge de comprendre, il pensait déjà vivre dans un bon et horrible pays. Il précise qu'il fut un temps où l'on disait de

Liverpool qu'elle était la capitale de l'Irlande, simplement parce que la population était irlandaise dans sa majorité. Pour l'ex-Beatle, les Irlandais sont comme des frères et il était normal, qu'à son niveau, il tente de s'élever contre cette répression.

Trois jours plus tard, Paul, Linda et les enfants s'envolent pour Los Angeles, tandis qu'à New York, John Lennon rencontre ses premières difficultés avec les autorités américaines. Son visa arrive à expiration et l'administration Nixon souhaite vivement qu'il retourne vivre au Royaume-Uni. Officiellement, on reproche au musicien son arrestation pour détention de drogue, en 1968, mais c'est bien son engagement contre la guerre du Viêt Nam et ses accointances avec des membres du mouvement activiste de Bobby Seale, Black Panthers, qui posent le plus de problèmes. C'est le début d'une procédure administrative qui va durer plus de trois ans. Cela n'empêche pas le musicien de démarrer avec Yoko les sessions d'un nouvel album « Some Time In New York City ».

Dans le même temps, le public découvre le premier album solo de Michael McGear qui n'est autre que le frère de Paul McCartney et qui se cache donc derrière un pseudonyme. Il n'en est pas à son coup d'essai puisqu'il a déjà connu le succès en 1968, avec les Scaffolfd et le hit *Lily The Pink* (repris en français par Richard Anthony sous le titre *Le Sirop Typhon*). L'album s'intitule « Woman » et la photo de pochette représente sa mère Mary McCartney décédée en octobre 1956. Macca a participé à l'élaboration du disque en co-signant le titre *Bored As Butterscotch* de manière anonyme, en étant crédité sous la mention « friend » (ami) – vraisemblablement pour éviter de nouvelles complications juridiques à propos de droits d'édition.

Les Wings se retrouvent le 20 mars, aux studios Olympic à Londres, pour débuter les séances d'enregistrement avec le producteur Glyn Johns qui a travaillé avec les Beatles pendant les séances de « Let It Be ». Paul a dû être impressionné par le travail du technicien sur l'album « Who's Next » et sur « A Nod Is as Good as a Wink... to a Blind Horse » des Faces de Rod Stewart et Ron Wood, qui ont été publiés quelques mois plus tôt. Le groupe développe *Big Barn Bed*, une composition de Paul dont on entendait quelques bribes dans le disque « Ram ». Il y a également *Single Pigeon*, une belle mélodie au piano et *Mary Had A Little Lamb*, une ballade qu'il a composée pour sa fille. D'ailleurs, Heather et Mary participent aux chœurs de cette dernière.

Le 31 mars 1972, le fan-club officiel des Beatles annonce sa fermeture définitive. Paul s'était désengagé de ses activités dès août 1971 et ses trois ex-acolytes l'ont imité en janvier. La fin d'une institution et d'une belle époque et surtout un symbole de plus qui disparaît, ce qui va attrister de nombreux admirateurs du groupe. De son côté, Macca n'a plus le sourire. Le bilan de sa nouvelle société McCartney Productions Ltd. vient d'être dévoilé et la perte sèche s'élève à plus de 9 000 livres sterling pour l'année comptable. Tant qu'il ne recouvrera pas sa liberté contractuelle, le musicien ne pourra pas subvenir à ses besoins. Une issue favorable doit absolument être rapidement trouvée dans cet imbroglio judiciaire. Pour noircir un peu plus le tableau, le simple *Give Ireland Back To The Irish* ne parvient à se hisser qu'à la quinzième place des charts du Royaume-Uni, ce qui est déjà honorable malgré la censure des médias. Quelques jours plus tard, le titre chute à la trentième place, alors que *Back Of Boogaloo* de Ringo Starr s'installe à la seizième place. À New York, John Lennon risque de se faire expulser à tout moment puisque son visa a expiré et ne peut être renouvelé. Il est persuadé d'être victime d'une cabale politique et engage une bataille juridique pour rester aux États-Unis.

Parallèlement à son travail avec Wings, Denny Laine peaufine les chansons de son premier album solo avec le batteur Colin Allen, le guitariste John Moorshead, le bassiste Steve Thompson et quelques choristes. La plupart des titres ont été composés et enregistrés avant la création du groupe de Paul et sa notoriété renaissante pourrait relancer sa carrière solo.

La production du nouvel opus de Wings se poursuit, mais pas vraiment dans la sérénité, puisque le 17 avril, Glyn Johns annonce qu'il quitte le projet. Un désaccord serait survenu à propos de quelques chansons. Le batteur Denny Seiwell regrettera ce départ car il a apprécié la manière dont le technicien a enregistré sa batterie en plaçant les micros à des endroits intéressants, notamment sur le titre *When The Night*. Il lui donnait vraiment l'impression de jouer en live. Désormais seul maître à bord, Paul a du mal à accepter les critiques sur ses œuvres. Johns a peut-être été trop direct dans ses réserves sur certaines pistes. Malgré tout, les deux parties se séparent sans heurt et avec beaucoup de respect mutuel.

Un avant-goût de cette collaboration est livré au public le 12 mai. Le single *Mary Had A Little Lamb* avec en face B *Little Woman Love,* un inédit enregistré lors des sessions de « Ram ». Pas de risque de censure avec une chansonnette bien inoffensive qui va décontenancer plus d'un fan par sa simplicité. Paul est bien déconcertant puisqu'il est capable de bousculer les consciences avec une chanson engagée sur l'Irlande puis de composer une berceuse pour ses filles. Malgré tout, il admettra bien plus tard que ce n'était pas une grande réussite.

Le 15 mai 1972, McCartney débute le mixage de son album au Manor Studios à Shipton On Cherwell dans l'Oxfordshire. C'est le premier studio installé depuis novembre 1971 dans un manoir qui appartient à un certain Richard Branson qui deviendra le puissant patron de Virgin. Dès le 22 mai, les Wings reprennent les répétitions au Scotch Of St James, à Londres, en vue d'une nouvelle tournée. Difficile de se faire un nom alors que la BBC vient de programmer une série d'émissions intitulée « The Beatles Story ». Deux ans après la séparation du groupe, la radio revient déjà sur le phénomène des sixties. Interrogé pour l'occasion, Macca ne cache pas que, pour lui, tout cela ressemble à une nécrologie et qu'il n'apprécie guère toute cette nostalgie.

Le 25 mai, les Wings font une pause pour présenter *Mary Had A Little Lamb*, dans les studios de la prestigieuse émission Top Of The Pops. Quelques jours plus tard, ils réalisent plusieurs petits films promotionnels pour la chanson. Dans l'un d'entre eux, le quintette apparaît dans une grange. Paul est au piano sur lequel on trouve une poule pendant que Linda caresse un petit agneau, héros de la chanson. Elle joue ensuite du bongo pendant que l'animal se promène au milieu des musiciens. Que tout cela est bon enfant, même si McCullough et Seiwell ne sont pas très à l'aise dans cette ambiance champêtre. Le film sera diffusé dans une autre édition de Top Of The Pops, le 29 juin 1972.

Les plans de la nouvelle tournée des Wings sont enfin dévoilés en ce début juin. Le groupe se produira dès le 9 juillet pour quelques dates en France, puis en Allemagne de l'Ouest, en Suisse, au Danemark, en Finlande, en Suède, en Norvège, en Belgique et en Hollande. Paul ne se sent pas prêt pour assurer un véritable tour dans son pays. Il préfère s'aguerrir dans des salles plus modestes en Europe. Linda fait remarquer qu'il faut trouver un photographe puisqu'elle ne pourra immortaliser les grands moments de cette aventure, étant elle-même sur scène. Trevor et Ian, les deux roadies de Wings suggèrent de prendre un certain Captain Snaps qui évolue dans le milieu de la presse underground. Séduit par l'idée, le couple donne rendez-vous au photographe pour un premier contact. Linda est toute surprise de retrouver son collègue de New York, Joe Stevens qui travaillait avec elle au Fillmore East. Elle ignorait qu'il vivait à Londres depuis quelque temps et qu'il avait dû prendre un pseudonyme car il n'a pas de permis de travail. Stevens est bien évidemment engagé et c'est Madame McCartney qui prend la photo de son backstage pass.

Côté juridique, l'horizon s'éclaircit avec la fin du litige avec l'éditeur ATV Music. La compagnie, qui émettait de sérieux doutes quant aux capacités d'auteur et compositeur de Linda McCartney, a renoncé à poursuivre le couple et a proposé un nouveau contrat pour les sept prochaines années. Paul s'est engagé à produire une émission de télévision pour la firme de sir Lew Grade. On peut appeler cela un arrangement à l'amiable qui contente les deux parties.

Le groupe part en Espagne pour répéter. Ils s'installent à Villayojosa, près de Benidorm et d'Alicante, sur la Costa Blanca. Sous le soleil ibérique, l'ambiance est détendue, festive, et tout cela ressemble beaucoup plus à des vacances qu'à des séances de travail. Le patron de l'hôtel Montiboli est surpris de trouver des plateaux contenant de la marijuana dans les chambres, mais il se garde bien d'en informer la police locale. Après trois ultimes journées pour les derniers réglages à Londres, les Wings prennent la route le 7 juillet 1972 pour leur première tournée européenne qui va durer sept semaines. La troupe voyagera dans un autobus à impériale superbement décoré avec un paysage de montagne sous le soleil et qui comporte, bien évidemment, la mention « Wings Over Europe » écrite en lettres rouges sur les façades, alors qu'un énorme logo W, trône fièrement au-dessus du chauffeur. À l'arrière, les noms de chaque membre de l'orchestre ont été inscrits. L'étage supérieur, qui est en plein air, a été aménagé avec des coussins et un parc pour Stella afin que chacun profite de ce bel été. Deux rangées de sièges ont été laissées à l'avant.

Le premier concert se déroule le 9 juillet au Centre Culturel de Châteauvallon, sur la commune d'Ollioules, près de Toulon. Les 2000 spectateurs présents ont déboursé 20 francs (3 euros) pour assister à l'évènement. Avant de monter sur scène, McCartney répond à quelques questions des journalistes. Il précise qu'il n'a pas rencontré les trois autres Beatles et qu'il n'en a d'ailleurs pas très envie.

Le quintette qui a installé un immense tapis sur la scène, débute avec *Bip Bop* de l'album « Wild Life », puis *Smile Away*, *Mumbo*, *Give Ireland Back To The Irish* et l'inédit *1882* qu'il annonce comme une chanson du prochain album. Linda est encore bien nerveuse car les musiciens n'ont guère eu le temps de répéter ou d'effectuer une quelconque balance avant de jouer. Paul laisse alors le micro à Denny Laine qui interprète *I Would Only Smile*, une nouvelle chanson. Macca reprend ensuite *Blue Moon Of Kentucky*, une composition de Bill Monroe de 1947 dont il appréciait la reprise par Elvis Presley et qu'il chantait déjà avec les Quarry Men. Les Wings enchaînent alors trois nouveautés *The Mess*, *Best Friend* et *Soily* avant de poursuivre avec *I Am Your Singer* et *Say You Don't Mind*, une autre mélodie de Laine, de 1967. Puis c'est au tour du guitariste McCullough de se mettre en valeur avec son *Henry's Blues* avant que Linda ne propose sa toute première chanson sur scène *Seaside Woman*. Macca retrouve le piano et le micro pour *My Love*, une superbe ballade extraite des derniers enregistrements. Son épouse a inspiré cette bluette et, dans cette première version live, elle participe aux chœurs. Après avoir présenté le dernier single *Mary Had A Little Lamb*, McCartney revient sur le titre phare de son premier opus solo *May'be I'm Amazed*. Alors qu'il est torse nu sous sa salopette, il annonce dans un mélange franco-anglais approximatif : « Chantez a bit if you know les mots. » Ils terminent le show avec *Wild Life*, l'inédit *Hi, Hi, Hi* et la reprise de *Long Tall Sally* de Little Richard.

Si le public s'enthousiasme pour cette première, la presse locale n'est pas tendre avec Paul. Elle n'a entendu que « d'agréables salmigondis composés de morceaux rapides pour danser chez soi et de morceaux lents pour flirter ». Les journalistes ne décèlent pas vraiment où se situe la création artistique ni même l'intérêt de ce que chante l'ex-Beatle. Plus tard, Robin Denselow, du quotidien britannique The Guardian, écrira que la set list du groupe est solide, mais qu'elle inclut quatre ou cinq chansons trop simplistes, sans doute pour permettre à Linda de les jouer, et que le chant de la jeune femme n'est vraiment pas fameux. Si Paul gommait ces quelques irrégularités, il serait prêt à faire un retour triomphal dans son pays.

Trois jours plus tard, les Wings sont à Juan-les-Pins pour se produire sur la scène du Festival de La Rose d'Or créé en 1962 par Claude Tabet. La famille McCartney se promène dans les rues de la station balnéaire et profite de la piscine de l'hôtel. Puis, le groupe effectue sa performance en plein air et interprète les vingt chansons, comme à Châteauvallon. Mais comme pour le premier show, le public semble déçu de ne pas entendre de titres des Beatles et reste sur sa faim.

Le 13 juillet, le concert se déroule dans le superbe théâtre antique d'Arles. Le public se montre plus attentif et ouvert. Paul le sent et offre un superbe *Long Tall Sally* en rappel. Le lendemain, le spectacle prévu à Lyon est annulé en raison d'un nombre insuffisant de billets vendus. Les Lyonnais ont préféré aller danser dans les bals populaires du 14 juillet plutôt que de découvrir le nouveau groupe de McCartney. On peut également blâmer le manque d'information autour de l'évènement car hormis quelques affiches, il était bien difficile de savoir que l'ex-Beatle se produirait dans la capitale des Gaules. Paul profite de ce revers pour prendre directement la route de Paris.

Le 16 juillet, le bus des Wings stationne dans le quartier de l'Opéra, à Paris. L'orchestre joue un premier concert dans l'après-midi et un second en soirée, mais il reste des places invendues car la publicité autour de la venue de McCartney n'a pas été très efficace et beaucoup de parisiens sont déjà partis en vacances. Huit ans après s'y être produit avec les Beatles, Paul revient en vedette dans le music-hall de Bruno Coquatrix. Dans le public qui vient au spectacle, on retrouve beaucoup de Britanniques et d'Américains qui peuvent se procurer un programme spécial de la tournée. Les 10 pages éditées en noir et blanc contiennent, outre des photos des membres du groupe, la liste des concerts du tour., la présentation de chaque musicien avec leurs caractéristiques, leur sport favori, etc. Ainsi, on peut lire que la bête noire de Macca est le Marché Commun, ce qui, pour un citoyen britannique, n'a rien de surprenant, d'autant que le Royaume-Uni est sur le point d'entrer officiellement dans l'organisation européenne (le 1er janvier 1973). Ce que Paul redoute surtout est que son pays perde de son identité et de ses particularités, comme ses fameux miles alors que le reste du continent calcule les distances en kilomètres. Il dévoile également que son sport de prédilection est la course à pieds et que son artiste préféré est le rocker Wee Willie Harris. Ce chanteur londonien a contribué à l'essor du rock'n'roll dans les fifties et les jeunes Lennon et McCartney d'alors avaient fait la queue pour obtenir son autographe à la fin d'un concert à Liverpool, en 1958. Il apparaît que Linda, tout comme Denny Seiwell, apprécie le reggae et déteste Allen Klein et les intrus, et que les loisirs préférés de Denny Laine sont les femmes et partir en vacances. Dans ces feuillets, on peut lire une brève histoire du quintette, quelques paroles de chansons (*Smile Away*, *Bip Bop*, *Wild Life*, *I Am Your Singer* et *Eat At Home*), la liste des titres qui sont susceptibles d'être joués pendant la tournée et, pour terminer, une interview des musiciens menée par Shelley Turner, engagée pour devenir l'attachée de presse de McCartney.

Macca profite de la tournée pour assurer la promotion du groupe et expliquer ce retour sur scène. Il raconte qu'il lui est vital de chanter devant un public et qu'il a besoin d'exercer un métier. L'argent qu'il possède ne l'empêchera jamais d'être libre. Il pourrait se laisser aller à une vie tranquille, mais il n'en est pas capable. Et Linda non plus ! Il précise également que ce tour ne sera certainement pas fructueux car si on considère le prix des places assez raisonnable et la grandeur des salles dans lesquelles ils se produisent, il est peu probable qu'ils fassent beaucoup de bénéfices. Peu importe, le groupe a voulu combiner le travail et les vacances et de ce point de vue, le pari est réussi. Le leader de Wings ajoute d'ailleurs que ce n'est certainement pas à la suite d'un tel voyage que quiconque fera une dépression nerveuse.

C'est pendant le passage du combo dans l'hexagone que Denny Laine rencontre la jeune Joanne LaPatrie, une jeune Américaine âgée de vingt ans qui virevolte autour des musiciens. Elle a déjà accroché Jimi Hendrix, Jim Morrison et Rod Stewart à son tableau de chasse. Son ami français Philippe Constantin, qui travaille chez Pathé Marconi, lui permet d'approcher le groupe Wings au plus près. Dans un premier temps, son intention est certainement de séduire Paul, mais Linda le surveille farouchement et la groupie se rabat sur l'ex Moody Blue. Jo Jo suivra le reste de la tournée et deviendra sa compagne.

Le 18 juillet, le groupe est à Munich, au Circus Krone, et le lendemain à Francfort. Il se dirige ensuite vers la Suisse, avec Zurich où il reçoit la visite d'Anita Pallenberg, la compagne de Keith Richards des Rolling Stones, avant de faire un passage à Montreux, le 22 juillet. L'orchestre fait alors une pause de dix jours car la tournée met le cap au nord. La famille McCartney s'envole pour New York et l'on retrouve Paul et Linda à la fête d'anniversaire de Mick Jagger qui est donnée le 26 juillet, après le concert des Rolling Stones au Madison Square Garden. Le chanteur souffle ses 29 bougies !

Le 1er août, les Wings se rendent au Danemark, en avion, pour se produire au KB Hallen de Copenhague. Pour l'occasion le début du show a été modifié avec un instrumental et la chanson *Eat At Home* de l'album « Ram ». Ensuite, c'est la Finlande avec Helsinki le 4 et Turku le 5. Pendant cette tournée, Paul n'utilise pas sa célèbre basse Höfner et joue sur une belle Rickenbacker. La basse violon est trop marquée Beatles et le musicien ne souhaite sans doute pas afficher trop de références à son ancien groupe.

Le 7 août, la bande de McCartney arrive en Suède pour jouer au Tivoli Garden, près de Stockholm, puis à Örebro, le lendemain. Pendant le séjour du quintette à Oslo, en Norvège, la journaliste Elga Eliaser est témoin d'une scène inhabituelle. Alors qu'elle accompagne Paul dans les rues de la ville, deux fans s'interposent pour obtenir des autographes. Macca s'énerve, serre les poings et lance un regard furieux aux deux pauvres bougres qui prennent la poudre d'escampette. Le gentil Beatle a donc changé. À trente ans, il n'est plus enclin à se laisser importuner de la sorte. Il a également expliqué à la jeune femme qu'il a été abusé par les hommes d'affaires sans scrupule, dans les sixties et que, désormais, il gère lui-même sa carrière comme bon lui semble.

Les Wings reviennent le 10 août en Suède, au Scandinavium Hall de Göteborg. Ce que Paul ignore, c'est que la police suédoise le surveille très étroitement depuis son retour dans le pays. Les enquêteurs ont été informés que des paquets contenant de la drogue seraient adressés au musicien. Effectivement, ils constatent que Linda vient fréquemment à la réception de l'hôtel pour vérifier si du courrier n'est pas arrivé. Le pli délictueux finit bien évidemment par arriver et est immédiatement intercepté par les autorités suédoises. Il contenait deux boîtiers de cassette audio remplis de marijuana que Linda avait demandée à Londres. Cependant, les policiers ont la délicate attention de laisser les Wings terminer leur concert.

Paul, Linda et Denny Seiwell sont arrêtés dès leur sortie des loges. La secrétaire Rebecca Hinds est également priée de venir s'expliquer dans les locaux de la police qui a donc découvert près de 200 grammes de marijuana. Après plus de trois heures d'interrogatoire, les trois suspects finissent par avouer qu'ils consomment bien de la drogue et que c'est quasiment une addiction. Macca avait organisé un système d'envoi postal qui lui permettait de recevoir des substances illicites à chaque ville étape de sa tournée.

Bien que la possession de marijuana soit considérée comme illégale sur le territoire suédois, la sanction de la justice locale sera assez clémente. Des amendes sont requises : 1000 dollars pour Paul, 600 pour Denny et 200 pour Linda. Les Wings peuvent poursuivre leur tournée et arrivent à Odense, au Danemark, dès le lendemain de leur interpellation. En Grande-Bretagne, les photos de l'arrestation de l'ex-Beatle, prises par Joe Stevens qui suit toute la tournée, font la une du Daily Express. À l'issue du spectacle, Macca se justifie devant les journalistes. Il confirme qu'il aime fumer de l'herbe plutôt que de s'enivrer avec du whisky et que c'est pour cela que des personnes lui en envoient par courrier postal. Bien qu'il ait assuré que désormais, il ne fumerait plus de substances prohibées, McCartney n'est pas décidé à se passer de sa drogue douce. Son équipe prend toutefois toutes les précautions nécessaires pour ne pas passer un poste-frontière avec de la marchandise compromettante.

Après des concerts à Aarhus, au Danemark et à Hanovre, en République Fédérale d'Allemagne, les Wings débarquent en Hollande, à Groningue, le 17 août. Pour la série de concerts bataves, Paul a loué le studio mobile des Rolling Stones pour enregistrer les performances du groupe. À l'issue du show, Linda confie au journaliste Robert Ellis qu'elle se sent en progrès et plus confiante qu'au début de la tournée.

Le 20 août 1972, Amsterdam accueille McCartney qui, pour l'occasion, a accepté l'invitation de la radio VPRO pour une interview. Au cours de celle-ci, il révèle qu'il ne regrette absolument pas la séparation des Beatles qui lui a permis de réaliser des tas de choses qu'il n'aurait jamais pu entreprendre. Si, pour les journaux, les Fab Four représentaient une sorte de légende, pour lui, ce n'étaient que des musiciens… un groupe. Il affirme également que les Wings ont reçu un accueil très chaleureux à Paris, lors de leur passage à l'Olympia. Le meilleur en tout cas, selon lui.

Après un passage au Ciné Roma d'Anvers, en Belgique, la tournée se termine à Berlin, le 24 août. Paul reçoit alors une invitation de John Lennon qui organise avec Yoko un concert de charité baptisé « One To One » au Madison Square Garden, le 30 août. Pour les mêmes raisons qui l'avaient poussé à décliner l'offre de George Harrison pour les concerts en faveur du Bangladesh, il va refuser l'offre de son vieux complice. Pas question de participer à un événement avec la présence d'Allen Klein qui tirerait les ficelles en coulisses. John fait tout de même venir quelques invités prestigieux : Stevie Wonder et Roberta Flack. Contrairement à Macca, il n'hésite pas à revisiter le répertoire des Beatles et reprend *Come Together.*

À l'issue de la tournée, Paul avoue qu'il était assez inquiet de partir sur les routes du continent et de se présenter devant le public pour la première fois en solo. Le souci qui le rendait le plus nerveux, c'est évidemment le public qui attendait les chansons des Beatles, mais il n'a pas failli à sa promesse. À la fin du tour, il est heureux car il s'est senti plus à l'aise avec tous ces problèmes et concède que cela ne le dérangera pas, à l'avenir, de piocher dans son ancien répertoire. Denny Seiwell se montre très confiant pour la suite de l'aventure. Cette tournée a été harassante, mais elle permit aux membres du groupe de se connaître davantage et se rassembler.

Le résultat financier est, en revanche, bien moins brillant. Le tour d'Europe n'a pas généré de profit et Paul a dû faire face à des dépenses supplémentaires. Ainsi, quand leur bus n'avançait pas assez vite, comme ce fut le cas en Allemagne, des BMW étaient dépêchées à la hâte pour que les musiciens arrivent à temps sur le lieu du concert. Il fallut payer la soixantaine de techniciens qui travaillaient avec eux. Plus les seize personnes pour le studio mobile des Stones... Macca aurait pu également économiser sur les frais d'hébergement, en privilégiant des hôtels de standing moindre à la place des palaces sélectionnés.

Les ailes de la liberté

Alors qu'ils se trouvent à leur domicile londonien, Paul et Linda apprennent, le 19 septembre 1972, que le jardin de leur ferme écossaise du Kintyre a été perquisitionné par la police. Intrigués par l'épisode suédois, les enquêteurs ont tenu à vérifier si le musicien ne cultivait pas de produits illicites. Norman McPhee, le chef de la police et ses bobbies trouvent assez facilement ce qu'ils sont venus chercher : des pousses de marijuana au milieu de quelques plants de tomates. La défense de McCartney consiste à reconnaître qu'il s'intéresse à l'horticulture depuis deux ans et qu'il reçoit beaucoup de graines par la poste. Il ignorait ce qu'il avait mis en terre et c'est une surprise pour lui que cinq plants s'avèrent illégaux. Il devra en répondre devant la justice au mois de décembre.

Quelques jours plus tard, la chienne de Paul, Martha, immortalisée sur une chanson de l'album blanc des Beatles, et qui a donné naissance à huit petits chiots se retrouve sous les projecteurs. Quelques voisins excédés par les aboiements intempestifs de la dizaine de chiens de la propriété londonienne de St John's Wood se sont épanchés dans la presse. L'un d'eux avait même sonné à la porte du musicien, mais n'avait trouvé que Heather, la fille de Linda, âgée de neuf ans. Trois propriétaires décidèrent donc de signer une missive commune à McCartney pour lui intimer de faire cesser ces nuisances. La réponse de Macca fut des plus expéditives : la note se retrouva dans la boîte aux lettres d'un des voisins belliqueux, ornée d'un cinglant « fuck » écrit au stylo rouge ! Avec le temps, ces querelles de voisinages s'estomperont à mesure que les chiens grandiront.

Le 11 octobre 1972, Paul informe les médias qu'on lui a dérobé une de ses guitares. Il s'agit d'un instrument qu'il utilisait sur scène avec les Beatles et qui est donc très précieux à ses yeux. Il va même jusqu'à affirmer qu'il est prêt à la racheter si le voleur veut la revendre. De son côté, Denny Seiwell est reparti à New York pour participer aux sessions du disque de Bill Quateman, un jeune artiste américain. Le batteur n'hésite pas à reprendre son ancien travail car les fins de mois sont difficiles avec son maigre salaire de musicien de McCartney. Paul et Linda sont conviés au studio Trident pour enregistrer quelques voix pour un titre de Carly Simon. L'ex-Beatle connaît bien l'endroit situé au 17 St Anne Court, dans le quartier de Soho, puisqu'il y a enregistré *Hey Jude* et quelques chansons de l'album blanc dont *Martha My Dear*. Mick Jagger a été également invité et confie au producteur Richard Perry qu'il est nerveux de se retrouver avec son ex-rival musical… qui lui aussi appréhende ce moment. Pourtant les deux musiciens sont amis de longue date et finalement l'ambiance va se détendre grâce à Klaus Voormann, l'ami des années Hambourg, qui est devenu un bassiste recherché et qui entretient toujours des rapports chaleureux avec les ex-scarabées. Macca et Lin font les chœurs sur *Night Owl*, une chanson de James Taylor, le mari de Carly qui a été révélé par le label Apple, en 1968. « No Secrets » sera publié en novembre 1972 et ouvrira les portes du succès à Simon, avec notamment le single *You're So Vain*.

Après quelques mois de semi-retraite, il est temps pour les Wings de revenir sur le devant de la scène. En attendant l'album, Paul va présenter un nouveau single avec *Hi, Hi, Hi* et *C Moon* qui ont été enregistrées pendant les séances d'enregistrement du futur 33 tours. Le 25 novembre, Steve Turner réalise les films de promotion des chansons dans les studios de Southern Televison à Northam, près de Southampton. Puis, le

27 novembre, Paul et son groupe reprennent le travail sur le reggae de Linda *Seaside Woman* au studio AIR de Londres.

Le 30 novembre, une réception est organisée entre midi et 14 heures, au restaurant Global Village The Arche, pour la publication du 45 tours prévue le lendemain. Paul se doute-t-il alors que la chanson *Hi,Hi,Hi* va poser un nouveau problème ? En effet, la BBC censure immédiatement le titre qui, selon la radio nationale, a des connotations sexuelles très évidentes. Et en extrapolant un peu, on pourrait y déceler des allusions aux effets de quelques drogues. Macca réfute les allégations des censeurs et précise que les paroles ont été mal interprétées. Ainsi le véritable texte serait « I want to lie on the bed get you ready for my polygon » (je veux m'étendre sur le lit et te préparer pour mon polygone), alors que les diffuseurs ont entendu « I want to lie on the bed get you ready for my body gun » (je veux m'étendre sur le lit et te préparer pour le pistolet de mon corps). Il précise également qu'il s'est inspiré de l'univers de l'écrivain français Alfred Jarry qui avait fondé le collège de Pataphysique. Il l'avait déjà évoqué dans *Maxwell Silver Hammer* sur « Abbey Road ». Dans les deux sens, imagé ou non, l'allusion sexuelle est évidente et le disque sera donc interdit sur les ondes. Cela commence à faire beaucoup pour un homme qui représentait jusqu'alors une sorte de gendre idéal, toujours correct et bien élevé. Des problèmes de drogue et deux singles censurés, pas de doute, c'est un nouveau Paul McCartney qui se présente devant le public. Mais finalement, la censure a l'avantage de faire parler du disque et d'éveiller la curiosité des auditeurs, ce qui est toujours bon en matière de marketing.

Comme la face A du disque est bannie, les radios vont donc passer l'autre morceau intitulé *C Moon*, un reggae dont le titre est inspiré par un passage de la chanson *Wooly Bully* de Sam The Sham & The Pharaohs publiée en 1965. Les paroles sont « Let's not be L7 » avec le L et le 7 qui, accolés, forment un carré (square en anglais qui désigne un ringard). Alors que Paul a pensé à l'association du C avec la représentation graphique d'une demi-lune (un C à l'envers) qui donne un cercle qui, dans son esprit, signifie cool. Après ces préoccupations géométriques, le musicien s'est mis à l'écriture et a gardé l'inspiration jamaïquaine très présente dans son travail depuis ses voyages sur l'île des Caraïbes. Denny Laine avouera plus tard que, dans la référence L7, Paul parlait également d'un trajet de bus de Liverpool. Le single atteindra la troisième place des charts britanniques.

Interrogé par Mark Plummer du Melody Maker, McCartney revient sur la chanson *Mary Had A Little Lamb* que beaucoup ont considérée comme une niaiserie. Il rappelle que nous avons tous été des enfants un jour et que le public jeune a apprécié ce titre, et précise au passage que le single s'est vendu autant que *Tumbling Dice* des Rolling Stones, paru à la même période.

Le 22 décembre 1972, la justice britannique annonce que l'affaire des plants de stupéfiants trouvés dans la propriété écossaise de Paul sera appelée à l'audience du 8 mars 1973. Les avocats de l'ex-Beatle indiquent qu'il plaidera non coupable pour les chefs d'accusation qui le concernent : possession de cannabis et culture de marijuana.

Pour les fêtes de fin d'années 1972, Paul et sa famille sont à Liverpool avec son père Jim. Denny Laine et Henry McCullough ont été invités, les Seiwell étant partis passer quelques jours aux États-Unis. Jim McCartney a quitté la modeste bâtisse de Forthlin Road, en juillet 1964, quand son fils Paul a acheté la belle demeure de Heswall qui porte le nom de Rembrandt et qui surplombe l'estuaire de la rivière Dee, à 25 kilomètres du centre de Liverpool. Une nuit, tout le monde est réveillé par les cris d'Henry et de son épouse irlandaise Shelia qui sont complètement ivres et se disputent violemment. Macca sait que son guitariste a quelques problèmes d'addiction à l'alcool, mais il est choqué par cette scène. Après le Nouvel An, il appelle le batteur Denny et lui raconte les faits en lui indiquant qu'il ne sait pas ce qu'il faut faire. Seiwell n'a pas d'avis tranché sur la question et finalement l'incident sera clos. D'ailleurs, Henry n'hésite pas à déclarer, au cours d'une interview, que le groupe s'est vraiment transformé en une équipe solide. Il précise également que la difficulté est de garder cette unité et qu'il est à cent pour cent dans cet objectif.

Le 13 janvier 1973, Paul et Linda se rendent au Rainbow, à Londres, pour applaudir Eric Clapton. L'ex-guitariste de Cream traverse une période bien pénible et est très diminué par les drogues et l'alcool. Pete Townshend l'a convaincu de jouer à nouveau. Sur scène, il y a de prestigieux musiciens avec le guitariste des Who, Steve Winwood, Jim Capaldi et Ron Wood. Dans la salle, on distingue trois Beatles puisque outre Paul, Ringo et George sont également venus. D'ailleurs, Eric interprète *Badge*, une chanson composée avec son grand ami Harrison. Mais on ne verra pas Macca et ses deux ex-acolytes ensemble au cours de la soirée. Encore un rendez-vous manqué…

Courant janvier, les McCartney et les Wings ont fui l'hiver londonien pour retrouver des températures plus clémentes au Maroc et répéter quelques morceaux. Paul est séduit par le nom du palace de Marrakech où il réside. Celui-ci se nomme La Mamounia et inspirera une nouvelle chanson au compositeur. Le jeune Moustapha Sharif a été contacté par Linda pour servir de guide à la famille McCartney et aux Wings. Quelques années plus tôt, il avait déjà accompagné John Lennon et Yoko Ono dans un périple entre Casablanca et Tanger. Macca souhaite rencontrer des musiciens Gnaouas pour partager une expérience musicale. La rencontre se déroule dans le riad de l'américaine Tina Wyndham, à Marrakech. Mais alors qu'il passe un séjour paisible, Macca reçoit un appel de Londres. Les représentants de la compagnie ATV veulent régler les détails d'un show pour la télévision que le musicien doit produire pour clore le litige qui l'oppose à la compagnie de sir Lew Grade. Un producteur est donc dépêché au Maroc pour présenter le projet de l'émission. Le tournage est prévu pour le 19 février 1973.

Le 9 février, alors que le 45 tours *Hi, Hi, Hi* a atteint la dixième place des charts américains, le frère de Paul, Mike publie un album avec un nouveau groupe Grimms. On retrouve d'ailleurs le trio d'origine des Scaffolds avec Roger McGough et John Gorman dans les Grimms dont le nom est composé par la première lettre de chaque nom de famille des membres du groupe (Gorman-Roberts-Innes-McGear-McGough-Stanshall).

Quelques jours plus tard, Paul et Linda débutent donc les premières séances d'enregistrement de leur show dans les studios d'ATV à Elstree. L'émission comportera des scènes filmées pour illustrer quelques chansons et des extraits de concert. Le 27 février, Macca déclare que son groupe va très prochainement effectuer une première véritable tournée britannique. Au cours de la conférence de presse, il révèle qu'il a parlé à John Lennon et que si le contrat d'Allen Klein n'était pas renouvelé, rien ne s'opposerait à ce que les ex-Beatles se rencontrent. S'il évoque un réchauffement dans les relations avec ses anciens partenaires, c'est parce qu'il sait très bien que le management de l'Américain va bientôt s'arrêter. Il aura donc fallu plus de trois années pour que ses amis se rendent à l'évidence : les suspicions de Paul envers Klein étaient fondées.

Le 8 mars 1973, Paul se rend à Campbeltown afin de se défendre devant le juge pour ses plants de marijuana saisis par la police. Le musicien reconnaît les avoir cultivés, mais il plaide non coupable pour les allégations de possession de drogue. Finalement, Paul et Linda écopent chacun d'une amende de cent livres sterling. Quand il sort du tribunal, Paul répond à quelques journalistes et déclare que la consommation de cannabis devrait être légalisée car elle n'est pas plus dangereuse que l'alcool. Il précise qu'il s'attendait à une peine plus lourde, avec la possibilité de faire un séjour en prison.

Si la sanction semble clémente, les conséquences vont s'avérer être plus embarrassantes pour l'ex-Beatle. L'administration américaine, très attentive aux ennuis judiciaires de Paul, lui interdira un visa d'entrée dans les mois qui suivront. Pas de tournée des Wings au pays de l'Oncle Sam en perspective, ce qui, en termes de progression de carrière, est très préjudiciable.

Deux jours plus tard, les Wings sont filmés dans les studios Hampstead Heath pour le futur show télé. C'est la chanson *Mary Had A Little Lamb* qui est captée. Au même moment, Ringo Starr et le producteur Richard Perry sont à Los Angeles pour les séances du prochain album du batteur. Le 13 mars, Lennon se joint à eux pour le travail sur le titre *I'm The Grea-*

test. Perry demande à John s'il accepterait que George Harrison participe à la session, alors que le guitariste fait déjà son entrée dans les lieux et ne tarde pas à brancher sa guitare. C'est la première fois depuis janvier 1970 que trois membres des Beatles se retrouvent sur la même chanson. Un évènement qui va alimenter les spéculations sur un retour du groupe au premier plan. Encore une fois, certains journaux annonceront une reformation avec, à la basse, Klaus Voormann, présent en Californie pour remplacer McCartney. Pourtant, Richard Perry contacte Paul et lui fait remarquer que ce serait bien qu'il apporte également sa participation. Le musicien accepte et lui demande une date limite car il aime travailler sous pression. Nous sommes samedi et le producteur lui répond alors qu'il lui faut la chanson pour le mardi suivant. Pas de problème pour notre compositeur prolifique qui, dès le lundi soir, lui joue *Six O'Clock* au téléphone.

Le 15 mars, l'enregistrement de l'émission se poursuit aux studios ATV. Paul interprète un medley comprenant *Blackbird*, *Bluebird*, *Michelle* et *Heart Of The Country*. Pour l'occasion, il se réconcilie donc avec son passé en reprenant deux titres du répertoire Beatles. Une initiative qui va ravir les fans. Pendant que son mari chante et joue de la guitare, Linda le photographie et assure les chœurs.

Le 18 mars, les Wings au grand complet sont aux studios Elstree pour enregistrer une prestation live devant un public. Ils surprennent tout le monde en débutant par *The Long And Winding Road* de «Let It Be», puis *May'be I'm Amazed*, *When The Night*, *The Mess* et *My Love*. Denny Laine se présente alors au micro pour son tube des Moody Blues *Go Now*, avant que Paul ne chante *Hi, Hi, Hi* et *Long Tall Sally* en final. Quinze minutes plus tard, alors que le public n'attend plus de rappel, Macca revient sur scène et informe les spectateurs qu'il va falloir recommencer la prestation, car la réaction des fans était trop terne ; cette fois, ils vont devoir montrer plus d'enthousiasme. Certaines jeunes filles n'hésitent alors pas à se lever et à danser, alors que la plupart des jeunes gens restent assis en tailleur pendant que les Wings reprennent leurs morceaux. Dans la soirée, Paul et son groupe participent à une soirée de charité au Hard Rock Cafe de Londres en faveur des personnes dépendantes de la drogue.

Le lendemain, les Wings mettent une touche finale à leur nouvel album dans les studios Abbey Road. C'est le résultat de longs mois de travail. Beaucoup de chansons ont été enregistrées et Paul songe à publier un double 33 tours. Cependant, les responsables d'EMI vont l'en dissuader. Il faudra donc faire une sélection dans la grande collection de titres mis en boîte depuis un an. Dommage, car dans sa version complète, l'œuvre offrait une large palette des sonorités du groupe. Après cette épuration imposée, ce n'est malheureusement plus le cas.

Le 23 mars 1973, le single *My Love* est commercialisé en Grande-Bretagne. Paul est très fier de cette chanson car c'est une magnifique ballade dédiée à son épouse Linda, avec un superbe solo de guitare créé par Henry McCullough, mais aussi parce que c'est le premier titre qui lui appartient réellement. Depuis le début de sa carrière, tout ce qu'il a écrit et composé avec John Lennon ou seul appartenait à une société d'édition (Northern Songs ou ATV), mais cette époque est terminée et Macca va gérer ses propres droits d'auteur. En face B, on retrouve une version live de *The Mess* qui avait été enregistrée à La Haye, aux Pays Bas, en août 1972. La version studio n'apparaîtra finalement pas sur le futur album.

Avec la publication de deux compilations retraçant la carrière du groupe, les Beatles reviennent au premier plan de l'actualité. Un double rouge, qui couvre la période 1962 à 1966 et un autre, bleu, pour les années 1967 à 1970. Ces disques vont connaître un succès retentissant et permettre aux plus jeunes de découvrir la musique des quatre garçons dans le vent. Pourtant, John et Paul se sont montrés peu enthousiastes par ces rétrospectives qui s'avèreront toutefois bien lucratives. De surcroît après le 31 mars 1973, date de la fin du contrat de management d'Allen Klein, qui n'a donc pas été renouvelé. Macca est donc débarrassé de cet agent imposé par ses partenaires, qui lui a compliqué l'existence pendant quatre longues années. Il était temps car les résultats de la société de production de

McCartney affichent des pertes, pour la troisième année consécutive. Elles sont évaluées à plus de 50 000 livres sterling pour l'exercice précédent.

Le 1er avril, c'est la fin du tournage du show TV. Les Wings jouent le medley composé de *Little Woman Love/C Moon*, *My Love* et *Live And Let Die*. Cette dernière chanson va figurer sur la bande originale du prochain James Bond « Vivre et laisser mourir » avec pour la première fois dans le rôle du célèbre agent 007, Roger Moore. Paul avait déjà été contacté en 1971, pour écrire le thème de « Diamonds Are Forever », le dernier opus avec Sean Connery, mais l'ex-Beatle avait décliné l'offre car il considérait qu'il ne pouvait composer la chanson que si elle était interprétée par son groupe Wings, qu'il venait à peine de former. Mais à l'époque, les producteurs pensaient que le générique devait être impérativement chanté par une femme et les négociations s'étaient interrompues. Il faut également préciser que McCartney devait bâtir une nouvelle carrière, après avoir connu tous les succès avec les Fab Four ; il était sans doute prématuré, et risqué, de se lancer dans un tel projet.

Pour la production de *Live And Let Die*, Paul a recours au savoir-faire de George Martin. Les deux hommes se connaissent bien. Le premier a fait signer les Beatles et a produit la plupart de leurs albums. Depuis la séparation du groupe, ils n'ont plus vraiment travaillé ensemble, si ce n'est pour les arrangements de cordes de « Ram ». Macca fuit depuis plusieurs années tout ce qui a un rapport avec ses ex-compères de Liverpool. Martin a déjà œuvré sur un James Bond, puisqu'il avait enregistré le titre *Goldfinger* de Shirley Bassey, en 1964, dans les studios situés à Abbey Road.

Paul aussi a déjà travaillé pour le cinéma. En 1966, il a composé la bande originale du film des Boulting Brothers, « The Family Way ». Il avait déjà obtenu l'aide de George Martin pour les arrangements. Pour James Bond, Macca s'est procuré le livre « Live And Let Die » de Ian Fleming afin de s'imprégner de l'histoire. Il l'a dévoré en une seule journée. Le soir même, il débute l'écriture de la chanson. Elle sera achevée en 3 jours. Dans ce titre, on trouvera toutes les facettes musicales de

McCartney, une mélodie romantique au piano, et une rythmique puissante qui se marient parfaitement. Au milieu du morceau, il décide d'ajouter un pont, composé par son épouse Linda. C'est une sorte de reggae dont le couple McCartney raffole. Pour donner au titre un son digne d'une production 007, il faut mettre le paquet. George Martin a donc convoqué son orchestre de cordes et de cuivres dans le studio.

Denny Seiwell entre dans la cabine où est installée sa batterie. Les meilleurs musiciens classiques se trouvent devant lui et la séance ne va pas s'éterniser. Après une ou deux prises pour s'assurer que les notes sont harmonieuses, *Live And Let Die* est enregistrée.

Macca apprécie le fait d'avoir travaillé sur commande pour le film. Et surtout pour un James Bond. Il ajoute qu'il est persuadé que Roger Moore sera parfait dans le rôle de l'agent 007. Mais, quand Martin fait écouter *Live And Let Die* au producteur canadien Harry Saltzmann, celui-ci pense qu'il ne s'agit que d'une maquette de travail. Dans son esprit, la chanson devait être enregistrée par une chanteuse. Et pourquoi pas l'Américaine Thelma Houston qui est une jeune interprète prometteuse. L'ex-producteur des Beatles parvient alors à convaincre Saltzmann que le morceau est parfait ainsi pour la bande originale du film et que, surtout, il doit être interprété par McCartney lui-même. Une sorte de compromis est trouvée. Une autre version de la chanson sera enregistrée par B.J. Arnau. La chanteuse et actrice apparaît dans le film, dans la scène du cabaret.

Après avoir enregistré leur passage à l'émission Top Of The Pops avec la chanson *My Love* et assisté à la première du film « Lady Sings The Blues » de Sidney J. Furie (avec Diana Ross et qui retrace la carrière de la chanteuse Billie Holiday), la famille McCartney part, le 13 avril 1973, pour quelques jours dans les Caraïbes. Le 16, Macca revient à Londres pour retrouver Ringo en studio. Ils collaborent pour la première fois depuis le split des Beatles. Macca lui a donc concocté la chanson *Six O' Clock,* qu'ils ont finalement décidé d'enregistrer ensemble. Il faudra 15 prises pour ce morceau, sur lequel figurent

Linda, Klaus Voormann, Vini Poncia et Paul, qui ajoutera également un solo de kazoo sur le titre *You're Sixteen*. Ringo aura donc réalisé la prouesse de rassembler les quatre Beatles sur un même projet, sans, toutefois, les réunir dans la même pièce ou sur un même titre. Un sacré progrès après des mois de discorde.

Dans la soirée, ABC diffuse pour la première fois le « James Paul McCartney Show », aux États-Unis. Il commence avec la chanson *Big Barn Bed* jouée live devant des rangées d'écrans de télévision sur lesquels apparaît une brève présentation de chaque musicien. Un passage du show a été tourné à Liverpool, au Chelsea Reach, un pub, en présence d'une partie de la famille McCartney : Jim, le père et les tantes Gin et Dilys, mais également Gerry Marsden, le leader de Gerry & The Pacemakers, autre grand groupe local. La joyeuse troupe boit des bières et chante de vieilles rengaines comme *April Showers*, *Pack Up Your Troubles* and *You Are My Sunshine*. Denny Seiwell se souvient qu'à l'issue du tournage à Liverpool, ils étaient tous tellement ivres qu'un chauffeur avait dû les ramener à Londres, en limousine. Le batteur avait insisté pour conduire alors que son état le lui interdisait, pendant que Laine et McCullough n'arrêtaient pas de fumer à l'arrière. Un véritable cauchemar qui n'eut cependant pas de conséquence fâcheuse. Sur le titre *Gotta Sing Gotta Dance*, Paul danse avec une troupe de jeunes femmes, tel un véritable showman. La chanson avait été créée pour l'ex-mannequin Twiggy, qui devait également se produire au cours d'un show télévisé, mais il fut malheureusement annulé. Bien qu'il ait toujours eu un faible pour les comédies musicales, McCartney précisera qu'il ne souhaite absolument pas se lancer dans ce registre, même s'il a pris du plaisir à le faire. Les spectateurs pourront ensuite s'amuser avec les interprétations de quelques chansons des Beatles par des passants interceptés dans les rues anglaises. Une preuve irréfutable que le répertoire des Fab est dans toutes les têtes.

Après la séquence du concert des Wings, Paul interprète sa chanson fétiche des Beatles : *Yesterday*, très appréciée des téléspectateurs. Libéré d'une partie de ses soucis, il ne voit plus d'inconvénient à rejouer ces morceaux mythiques. Les critiques ne sont pas très tendres avec ce show. Le Melody Maker le trouve un peu trop mou et estime qu'il donne dans un excès de romantisme. D'autres relèveront une production désastreuse, alors que le programme n'est finalement pas inférieur à la majorité des émissions similaires. John Lennon précise, lui, qu'il en a adoré quelques passages, notamment le début, mais que la séquence du pub à Liverpool l'a mis mal à l'aise. Mais il concède que Paul est un très grand professionnel.

Le 21 avril 1973, le Melody Maker publie une double page : « Wings, anatomie d'un groupe hot ». L'article annonce la publication du nouvel album « Red Rose Speedway » et l'imminente tournée britannique. Comme une prémonition, le guitariste Henry McCullough déclare que Paul doit avoir plus d'intérêt pour les Beatles que pour les Wings, et que ce nouveau combo ne durera pas éternellement. Nul doute que cette confidence a jeté un froid dans l'équipe.

Le 30 avril, « Red Rose Speedway », second opus des Wings, est donc publié aux États-Unis. C'est un album simple, dont beaucoup de chansons ont donc été écartées. C'est le cas de *Seaside Woman* interprétée par Linda, du morceau de Denny Laine *I Would Only Smile* et de *rock Soily* et *The Mess*. De quoi laisser une certaine amertume, notamment à Henry McCullough qui aurait aimé retrouver ces rocks puissants comme *Night Out* qui auraient pu ravir ses amis. EMI a pris soin de bien préciser que l'œuvre est celle de Paul McCartney et des Wings pour éviter le flop de l'anonyme « Wild Life ». Neuf titres composent l'ensemble : *Big Barn Bed*, dont on entendait les prémices sur *Ram On*, en 1971, le hit single *My Love*, *Get On The Right Thing*, rescapée des sessions de «Ram », *One More Kiss*, petite pièce pop dans le plus pur style McCartneysien, *Little Lamb Dragonfly* qui se situe dans la lignée du single *Mary Had A Little Lamb*. La seconde face s'ouvre sur *Single Pigeon*, une autre bluette sans prétention sur laquelle Paul excelle au piano, puis *When The Night* révèle la cohésion du groupe avec des chœurs particulièrement réussis. L'instrumental *Loup* (1st Indian on The Moon) s'avère être une tentative malheureuse inspirée de Pink Floyd, alors que le délicieux medley final avec *Hold Me Tight*, *Lazy Dynamite*, *Hands Of Love* et *Power Cut* prouve une nouvelle fois que l'ex-Beatle reste bien l'un des meilleurs artisans de la pop music. Paul démentira bien plus tard que le nom du disque aurait été inspiré par Rose, la gouvernante de la maison des McCartney. La couverture du disque représente le leader du groupe devant une belle moto avec une rose rose dans la bouche. Au dos de la pochette, une inscription en braille a été ajoutée pour Stevie Wonder : « We love you ». Belle preuve d'amitié envers le musicien américain non voyant dont Paul et Linda sont très fans. À l'intérieur, sont insérés des clichés des Wings en concert, mais également de leur séjour marocain et des illustrations d'Alan Jones et d'Eduardo Paolozzi. Ce dernier avait été le professeur de Stuart Sutcliffe, à Hambourg, en juin 1961. Les critiques seront relativement bienveillantes avec « Red Rose Speedway » qui se hissera à la première place des charts US en détrônant les compilations Beatles, et à la quatrième en Grande-Bretagne.

Quand le nouveau single du groupe Pink Floyd « Money » est publié le 7 mai 1973, on peut entendre la voix du guitariste Henry McCullough qui déclare : «I don't know; I was really drunk at the time » (je ne sais pas, j'étais complètement ivre à ce moment-là). La chanson avec son intro au tiroir-caisse connaîtra un succès planétaire, mais la prestation de l'Irlandais restera anecdotique. Juste un bon souvenir aux studios Abbey Road.

Le 11 mai, après la diffusion du « James Paul McCartney Show » sur la télévision anglaise, les Wings débutent leur véritable première tournée britannique à Bristol. C'est la première fois qu'un Beatle se produit sur scène depuis 1966. Le répertoire du show est constitué des titres suivants : *Big Barn Bed*, *Soily*, *When The Night*, *Wild Life*, *Seaside Woman*, *Go Now*, *Little Woman Love*, *C Moon*, *Live And Let Die*, *Maybe I'm Amazed*, *Say You Don't Mind*, *My Love*, *The Mess*, *Hi Hi Hi*, *Long Tall Sally*. Bien qu'il ait chanté à nouveau des chansons des Beatles pour le petit écran, Macca a une nouvelle fois délibérément refusé d'en inclure à la set list. Le moment n'est pas encore venu… Pour assurer la première partie des concerts, Paul a choisi le groupe du guitariste Brinsley Schwartz, dans lequel on retrouve le bassiste Nick Lowe. Celui-ci est intrigué par la personnalité de McCartney et a l'impression qu'il a constamment un voile devant lui et qu'il pense à autre chose quand il parle à quelqu'un. Peu importe ce qu'il peut se passer, l'ex-Beatle passera toujours une bonne journée. Lowe ne pense pas que cet état d'esprit soit le résultat de sa consommation de marijuana bien qu'il ait tendance à en abuser à longueur de journée.

Le lendemain, Paul donne une conférence de presse devant quarante journalistes acheminés à Oxford par EMI. Après la sempiternelle question : « Quand les Beatles vont-ils se reformer ? » Linda rétorque que c'est comme si l'on demandait à l'actrice Elisabeth Taylor si elle allait se remarier avec Richard Burton. Lorsqu'on demande à Paul pourquoi il a écrit une chanson pour Ringo Starr, il répond qu'il le ferait pour n'importe quel ami et que si, par exemple, Rod Stewart lui demandait d'écrire pour lui, il accepterait tout aussi volontiers. Quand l'ex-chanteur des Small Faces sera avisé de cette réponse, il s'empressera d'appeler Macca pour lui réclamer un morceau ! McCartney déclare également que la pop musique est devenue bien trop intellectuelle à son goût et qu'il n'aime vraiment pas cela.

Après avoir visité, entre autres, Cardiff, Manchester, Liverpool et Leeds, Edimbourg et Glasgow en Écosse, les Wings sont prêts pour leur première à l'Hammersmith Odeon de Londres, le 25 mai. Première bonne nouvelle : « Red Rose Speedway » est déjà disque d'or aux États-Unis. Il va falloir confirmer devant le difficile public londonien, bien que le concert se joue à guichet fermé. Même s'ils manquent parfois de finesse musicale, les Wings ont progressé et proposent un show qui tient la route. Avec leurs belles tenues noires, les musiciens sont flamboyants. On est certes bien loin des extravagances du glitter rock très à la mode en cette année 1973, mais le public, qui a déboursé une livre soixante, est réjoui. Il décèle même quelques parcelles de Beatlemania quand Paul et son guitariste Henry chantent face à face devant le même micro. Même si ce dernier est régulièrement ivre et joue parfois faux…

Le 27 mai, le dernier show de la première partie du tour à Birmingham est annulé en raison d'un problème technique. Paul organise donc une petite fête au Café Royal de Regent Street, à Londres. Brinsley Schwartz et Nick Lowe découvrent à leur arrivée que la petite scène installée pour l'occasion est vide. Ils décident de commencer à mettre un peu d'ambiance et sont vite rejoints par Elton John au piano, Keith Moon des Who à la batterie, Denny Laine à la basse et Henry McCullough à la guitare.

Le 1er juin 1973, la chanson *Live And Let Die* est publiée en single en Grande-Bretagne, en prévision de la sortie du film dans les cinémas. Paul savoure son succès. Il est numéro un en Amérique, son nouveau 45 tours va certainement être un grand succès, et la tournée s'est bien passée, même si les critiques ne l'ont pas épargné une fois de plus et que quelques tensions commencent à s'insinuer dans le groupe, notamment avec Henry McCullough qui réclame un peu plus d'autonomie et qui se montre souvent rude avec Linda quand il a abusé de la bouteille. Il supporte également difficilement ses conditions financières. Près d'un an et demi après son arrivé dans l'orchestre, il gagne toujours 70 livres par semaine et doit parfois louer lui-même son ampli pour 40 livres. Il ne lui reste donc que 30 livres pour survivre. C'est d'autant plus agaçant que Paul lui a reproché d'avoir joué au Roundhouse de Londres avec son amie Carol Grimes, en lui rappelant qu'il n'avait pas le droit de jouer avec une autre formation. Malgré ce climat tendu, les Wings passent plusieurs semaines en Écosse à répéter de nouvelles chansons car McCartney veut enregistrer un nouvel album très rapidement.

Alors que les relations entre les ex-Beatles semblent s'apaiser, George Harrison remet un peu d'huile sur le feu avec la chanson *Sue Me Sue, You Blues* qui vient d'être publiée sur l'album « Living In The Material World », le 30 mai. Elle est directement inspirée de la procédure judiciaire lancée par Paul et que le guitariste n'a vraiment pas digérée. Les paroles sont directes : « Tiens ta Bible à la main, tout ce qui te reste à faire, c'est de trouver un autre groupe. » L'album de George détrônera « Red Rose Speedway » de la première place des charts, dès le 23 juin. Les Beatles sont encore au top !

Le 4 juillet, Wings reprend la tournée avec un concert à Sheffield, mais le lendemain, le show prévu à Stoke est annulé car Paul et Linda doivent se rendre à la première du film « Vivre Et Laisser Mourir », au cinéma Odeon de Leicester Square à Londres. L'ex-Beatle fait sensation en arrivant torse nu sous une veste de smoking, sous les yeux de la princesse Anne, fille de la reine Elisabeth II. Puis le combo termine le tour par Birmingham, Leicester et Newcastle.

À Leicester, le 9 juillet, Paul se plaint de quelques problèmes d'amplification. Autre souci, le public semble un peu assoupi en ce lundi soir et l'ambiance s'en ressent. Il faut attendre la fin du show pour voir enfin les spectateurs danser. Un guitariste écossais assiste au show. Jimmy McCulloch n'a que vingt ans, mais il a déjà une solide expérience. Ainsi, il a décroché un numéro un au hit-parade, alors qu'il n'avait que seize ans, avec le groupe Thundercap Newman et la chanson *Something in the Air*. Il a également joué avec John Mayall et l'orchestre de la chanteuse Maggie Bell : Stone The Crow qui s'est séparé depuis peu. Actuellement, il officie au sein de Blue, la formation de Hughie Nicholson dans laquelle on retrouve Ian McMillan, et Timmy Donald. Après le set des Wings, Jimmy se faufile dans les coulisses pour rencontrer Paul et ses musiciens. Il ne se doute pas que leurs chemins se croiseront de nouveau…

Après quelques jours de vacances, le quintette est à nouveau sur le pont pour des répétitions. Paul a décidé que, pour l'enregistrement du nouvel album, les Wings devront s'exiler. Il a demandé à EMI si des studios étaient disponibles à l'étranger. La maison de disques possède des locaux dans des pays comme le Brésil, la Chine, ou l'Inde, mais quand il découvre celui de Lagos, au Nigeria, il trouve cela très exotique et décide d'emmener toute sa troupe en Afrique. Macca adore la musique et les rythmes africains et il pense donc qu'il va pouvoir s'inspirer de ces sonorités. C'est aussi une aventure de partir dans un tel pays. Bien plus qu'il ne l'imagine…

Paul a été influencé par une chanson des Eagles, *Desperado*, publiée en avril 1973. Cela l'inspire pour écrire la chanson qui donnera son titre à l'album : *Band On The Run*. Pour une partie de ce morceau, il s'est souvenu d'une phrase que George Harrison avait prononcée pendant une de ces réunions houleuses pour Apple : « If we ever get out of here. » (Si seulement nous pouvions nous sortir d'ici.) Il avait trouvé que ce serait une bonne accroche pour un morceau. Incidemment, Macca a donc profité de l'aide de son ex-partenaire.

Le 27 juillet 1973, les Wings sont à nouveau réunis pour cinq semaines de répétitions en vue du départ pour l'Afrique. Mais l'ambiance s'électrise entre Paul et son guitariste Henry. Celui-ci n'apprécie guère son rôle dans le groupe et supporte de moins en moins les remarques de son leader. Comme George Harrison l'avait fait avant lui pendant les sessions de « Let It Be », le guitariste irlandais voit rouge. Et quand Macca se fâche car le soliste n'arrive pas à reproduire un solo et qu'il se propose de lui expliquer comment il doit faire, McCullough quitte le studio sur le champ. Quelque temps plus tard, il annonce qu'il quitte le groupe, et cela quelques jours à peine avant le départ prévu pour Lagos.

Avec le recul, Henry reconnaîtra que ce départ était la décision la moins professionnelle qu'il ait pu prendre. Abandonner un groupe avant le départ pour un enregistrement, s'avère être véritablement inapproprié. Il le regrettera amèrement…

Le voyage est maintenu pour le 30 août, mais la veille du départ, Denny Seiwell appelle Paul pour lui annoncer qu'il ne partira pas non plus et qu'il quitte le groupe à son tour. Ce périple au Nigéria doit l'effrayer et il commence à en avoir assez de cette vie de bohème qui n'est finalement pas si rentable. Il ne gagne que 175 dollars par semaine avec les Wings alors qu'il gagnait beaucoup plus pour des sessions de studio à New York. Il avouera plus tard que le problème financier devenait véritablement difficile à gérer. Denny précisera également qu'il ne s'entendait guère avec son homonyme Laine, qui restait trop dans son monde. Au début de l'aventure Wings, il était venu s'installer dans la petite ferme qu'occupaient les Seiwell, mais au bout de quelque temps, il avait été viré par Monique qui ne pouvait plus le supporter.

Trois ans après la séparation des Beatles, McCartney se retrouve avec un groupe décimé, à la veille de réaliser un nouvel album. Bien que dépité, il fait contre mauvaise fortune bon cœur, bien décidé à faire face et à prouver aux deux lâcheurs qu'ils ont eu tort de déclarer forfait.

On The Run

Alors qu'ils se trouvent à l'aéroport de Gatwick, le 30 août, Paul et Linda s'inquiètent. Vont-ils pouvoir enregistrer ce nouveau disque à trois. Heureusement, Denny Laine, qui vient d'avoir un fils prénommé Laine avec sa compagne Jo Jo quelques jours plus tôt et qui aurait donc pu renoncer à l'aventure à son tour, est resté. Il est déjà parti à Lagos pour repérer les lieux. Les McCartney s'envolent donc pour l'Afrique. Le pilote, qui a reconnu l'ex-Beatle, lui propose de venir dans sa cabine pour assister à l'atterrissage. Paul accepte avec joie et découvre la jungle nigériane recouverte d'une superbe brume. Mais quand le commandant de bord lui montre la minuscule piste sur laquelle l'avion doit se poser, le musicien s'inquiète légèrement. Finalement tout le monde arrive sain et sauf.

L'ingénieur du son Geoff Emerick est également de l'expédition. Il a connu toute l'aventure Beatles depuis 1962, aux studios EMI situés à Abbey Road à Londres. Après avoir travaillé pour Apple Records, il a repris sa liberté et c'est donc tout naturellement que Paul a fait appel à lui. Le musicien connaît et apprécie le technicien, et souhaite qu'il enregistre le nouvel opus. Il lui a fait écouter quelques disques dont certains de R&B et de soul américains pour lui expliquer que c'était l'espace entre les instruments qui le séduisait et qu'il faudrait suivre cette voie. Mais à leur arrivée au Nigéria, la surprise est assez désagréable lorsqu'ils découvrent que le studio est encore en cours d'aménagement. Il n'y a même pas de cabines d'enregistrement avec un écran acoustique pour la batterie. Il faudra donc en construire quelques-unes avec des planches de bois. Les micros sont rangés en vrac dans un carton et seuls deux semblent relativement corrects. Il faudra également se contenter d'une console 8 pistes qui, fort heureusement, sera suffisante pour les sessions. La situation en ville n'est guère plus réjouissante ; des hommes armés circulent sous une pluie intense et de la boue rouge recouvre les routes. Paul n'a pas prévu qu'il arriverait en pleine mousson, dans un pays encore en voie de développement. Cet enregistrement ne s'annonce pas sous les meilleurs auspices.

Le 1er septembre, les trois Wings débutent les sessions dans les studios d'Apapa sur Wharf Road. L'emploi du temps prévoit du temps libre avant 15 heures. Paul a négocié une carte de membre d'un country club, près de l'aéroport, qui va lui permettre de profiter de la piscine dans la matinée. Les filles jouent avec des lézards qu'elles placent dans une large cage dans le jardin. Avec Denny, Macca commence les bases des chansons en enregistrant les parties de batterie et de guitare. Geoff Emerick capte le son sur le 8 pistes du local avec ses assistants locaux, Innocent et Monday. Le technicien ne se sent pas à l'aise au Nigéria. Il a d'ailleurs quitté la chambre de la villa qu'il occupait après que Laine ait placé une grosse araignée morte dans son lit, et a préféré trouver refuge dans un hôtel plus sécurisé bien qu'il soit infesté de blattes géantes.

Le trio va également rendre visite à Ginger Baker, qui fut le batteur de Cream et vit en Afrique depuis 1970. Il dirige les ARC studios depuis qu'il est en conflit ouvert avec EMI. Denny retrouve Ginger avec lequel il a joué en 1970 sur l'album « Air Force ». L'ex-Moody Blues a composé une chanson intitulée *No Words*. Paul l'aide à la terminer. Ce sera la véritable première composition réalisée par les deux hommes et un signe que Macca permet à son musicien d'exprimer sa créativité. Le groupe aimerait utiliser quelques solistes locaux. Ils décident donc de rencontrer la star locale : Fela Ransome-Kuti. Ginger Baker, qui a enregistré un album live avec le chanteur nigérian en 1971, facilite la rencontre qui se déroule au studio EMI. Fela qui, tel un prince, est venu avec son entourage (une bonne trentaine de personnes dont quelques gardes du corps menaçants), est méfiant et le fait ouvertement savoir à McCartney. Il n'apprécie pas que celui-ci vienne dans son pays pour voler sa musique. Paul, blessé, s'en défend et lui fait écouter la chanson *Mamunia*. Il lui demande alors son avis. Kuti, après avoir écouté plusieurs titres, doit bien reconnaître que l'ex-Beatle n'a pas plagié les sonorités africaines. Mais il s'oppose à la participation de quelques musiciens locaux sur la production de l'Anglais. Ils devront donc se débrouiller seuls. Les McCartney iront écouter Fela dans son club The Shrine et seront très impressionnés par la prestation du chanteur nigérian.

Un soir, alors qu'ils sont en Afrique depuis déjà deux semaines, Paul et Linda décident de rentrer à pied. Soudain, une voiture commence à les suivre lentement. Le couple ne se méfie pas vraiment, mais après quelques minutes, l'automobile s'arrête près de Paul. Il pense avoir affaire à des chasseurs d'autographe et indique donc au chauffeur qu'il souhaite poursuivre son chemin tranquillement. Mais la filature se poursuit et six individus sortent du véhicule ; l'un d'eux brandit un large couteau. Les McCartney comprennent qu'il s'agit de bandits. Linda leur donne l'argent qu'elle détient et supplie les malfrats de ne pas tuer son mari qui est « Paul le Beatle ». Les hommes s'emparent également de l'appareil photo et du sac du musicien, dans lequel se trouvent des cassettes avec les démos de ses chansons enregistrées en Écosse, avec Seiwell et McCullough. La voiture finit par repartir en laissant les deux victimes en vie, mais en état de choc. Ils auront toutes les peines du monde à trouver le sommeil, cette nuit-là.

Quand ils racontent leur mésaventure, le lendemain au studio, les collaborateurs nigérians leur expliquent qu'ils ont eu beaucoup de chance. Leurs agresseurs leur ont laissé la vie sauve simplement parce qu'ils savaient qu'ils ne pourraient pas les reconnaître. On leur déconseille de porter plainte auprès de la police locale car ce serait mal perçu et vain.

Un autre incident va troubler les séances. Alors qu'il se

trouve au studio, Paul trouve soudain l'air irrespirable et décide de sortir un peu. Mais ce n'est pas mieux à l'extérieur, la chaleur est étouffante, le bassiste devient blême, commence à se sentir mal et ressent une douleur au poumon. Très vite, il perd connaissance et s'effondre au sol. Linda, prise de panique, pense dans un premier temps qu'il vient de décéder. Macca reprend ses esprits à l'hôpital, mais devra rester alité quelques jours. Le médecin lui indiquera que cette bronchite est sans doute la conséquence d'une consommation excessive de tabac. Après un peu de repos, il est grand temps de terminer l'enregistrement.

Après plus de trois semaines passées en Afrique, les Wings ont terminé leur travail. Paul et Linda organisent un barbecue sur la plage pour fêter leur départ. Ils sont de retour à l'aéroport de Gatwick le 23 septembre 1973, avec une journée de retard due à une avarie sur leur avion. L'enregistrement de l'album se poursuivra donc à Londres, aux studios Abbey Road, avec toujours Geoff Emerick aux manettes. Comble de l'ironie, Paul trouvera un batteur nigérian, Remi Kabaka, qui acceptera de jouer sur quelques morceaux, dont la ballade *Bluebird.* Howie Casey, qui a connu les Beatles à Hambourg, vient jouer du saxophone sur *Mrs Vandebilt* et *Bluebird.* Sur cette dernière, Howie effectue un magnifique solo inspiré par les notes de la chanson. À la fin de la prise, Macca lui indique que c'est exactement ce qu'il voulait. Le musicien lui rétorque qu'il peut faire bien mieux et réclame d'autres essais, mais l'ex-Beatle gardera la première tentative. Paul demande également au producteur Tony Visconti, qui est le conjoint de la chanteuse Mary Hopkin, de travailler sur des arrangements de cordes pour les chansons *Band On The Run* et *Jet.* Visconti trouve alors la formidable transition entre le couplet et le refrain entamé à la guitare douze cordes. Il sera assez contrarié de ne pas être crédité à sa juste valeur sur la pochette du futur album. Alors qu'il vérifie les playbacks de *Jet*, Emerick constate qu'il y a des sons bizarres sur la chanson. Il découvre avec fureur que la bande magnétique est oxydée et que des sonorités ont disparu. Il décide alors de copier le morceau sur une bande neuve et de ne rien dire à Paul. Finalement, le morceau sera sauvé et prêt à devenir un hit mondial.

Entre le 15 et le 19 octobre 1973, Paul termine le mixage de l'album. Ian Horn, le technicien qui habite le même quartier que Jimmy McCulloch, propose à celui-ci de l'emmener au studio. S'il connaît déjà un peu Denny Laine, il fait véritablement la connaissance de l'ex-Beatle à cette occasion. Une semaine plus tard, le musicien sera contacté par téléphone pour participer à une séance avec Paul et Linda.

Macca sent bien que son trio de fortune vient de réaliser quelque chose de spécial. Un disque qui risque bien de marquer les esprits. Pour récompenser la loyauté de Denny Laine, il va lui proposer un pourcentage sur les royalties générées par les ventes de cet opus qui sera donc baptisé « Band On The Run ». Pour la pochette du disque, Paul veut réaliser quelque chose de particulier et jouer sur l'image d'une bande de prisonniers en fuite. Dans l'esprit de la couverture du fameux « Sgt. Pepper's Lonely Hearts Club Band », il décide de faire appel à des personnalités pour accompagner le trio des Wings. Le boxeur John Conteh, les acteurs Christopher Lee et James Coburn, le présentateur de télévision Michael Parkinson, le chanteur Kenny Lynch qui avait été le premier à enregistrer une chanson composée par Lennon et McCartney (*Misery* en 1963) et le parlementaire britannique Clement Freud acceptent l'invitation de l'ex-Beatle. Tous les protagonistes se retrouvent un soir et l'ambiance est très détendue alors qu'ils revêtent leur costume noir. La photo représente donc un groupe d'évadés pris sous le feu d'un projecteur. Elle est réalisée sur un mur de briques à Osterley Park, à l'extérieur de Londres.

Le 26 octobre 1973, le single *Helen Wheels* est commercialisé en Grande-Bretagne. La chanson est inspirée par un voyage en Land Rover entre Campbeltown et Londres. En face B, se trouve la ballade *Country Dreamer* qui est encore une ode à l'amour de la nature chère à McCartney. Ces deux titres ne figureront pas sur l'édition européenne de l'album, mais *Helen Wheels* sera incluse sur sa version américaine. Le 45 tours se retrouve en concurrence avec celui de John Lennon, *Mind*

Games. Beaucoup de choses ont changé dans la vie du leader des Beatles, à l'exception de sa menace d'expulsion par l'administration américaine. Côté vie privée, en revanche, il s'est séparé de Yoko Ono. Celle-ci l'a prié de quitter le domicile conjugal, mais a pris soin de le confier à son assistante japonaise May Pang. Le musicien traîne donc son vague à l'âme à Los Angeles et semble avoir le mal du pays. Cette séparation va certainement permettre un rapprochement avec Paul, même si, pour le moment, ce dernier ne peut obtenir de visa après ces affaires de stupéfiants.

Avant la sortie de « Band On The Run », McCartney décide de reprendre le travail sur les chansons de Linda. Après avoir réalisé *Oriental Nightfish*, en octobre, à Air Studios avec Geoff Emerick, une session d'enregistrement est prévue pour le 15 novembre 1973. Pour l'occasion, il recrute le batteur Davey Lutton et le jeune guitariste écossais Jimmy McCulloch. C'est dans un camion Mercedes que la troupe se dirige vers les studios de Pathé Marconi à Boulogne-Billancourt, près de Paris. Ils y mettent en boîte *Wide Prairie* et *I Got Up* et réalisent quelques overdubs sur l'instrumental *Bridge On The River Suite* et une prise d'accordéon sur un autre instrumental, intitulé *Zoo Gang*. Ils produisent également une chanson inédite destinée à Radio Luxembourg. La station apporte un soutien inconditionnel à Wings et commence à contester sérieusement le monopole de la BBC en Grande-Bretagne. En guise de reconnaissance, le groupe enregistre donc *Luxi* avec Denny Laine au chant, et cette chanson est une sorte de promotion de l'album « Band On The Run ». Alors que Denny chante « I heard it on Luxi » (je l'ai entendu sur Luxi), Linda et Paul réclament le passage de *Jet*, *Band On The Run* et *Let Me Roll It*. Puis ils entonnent *Mamunia* alors que McCulloch assure le riff à la guitare. Aux studios Pathé, ils rencontrent le groupe français les Variations qui enregistre son futur album « Moroccan Roll », dans une pièce voisine. De retour à Londres, le 17 novembre, Paul ne prend aucune décision quant à l'avenir des deux nouveaux musiciens, même s'il semble impressionné par le jeune McCulloch qui sera à nouveau invité deux semaines plus tard à participer aux séances pour le nouveau disque de Michael McCartney.

Curieusement, le premier opus solo de Denny Laine vient d'être publié le 16 novembre et souffre manifestement de la médiatisation de la production de Wings. « Ahh....Laine » ne parviendra pas à se faire une place dans les charts, malgré de bons titres comme *Baby Caroline*, *Move Me To Another Place* ou *Find A Way Somehow*. Entre la sortie du disque de Wings et les nouveaux projets de Paul, l'ex-Moodie Blues n'a pas le temps de défendre son travail personnel, mais cela ne l'affecte guère. Cependant, les vrais fans du groupe ne manqueront pas de se le procurer, ne fût-ce que pour le t-shirt estampillé Wings qu'arbore Denny sur la pochette.

Dès le 24 novembre, Paul débute la promotion de l'album « Band On The Run » qui sera publié le 5 décembre aux États-Unis. Deux jours suffiront pour le propulser au sommet et décrocher un disque d'or au pays de l'Oncle Sam. C'est amplement mérité car plusieurs chansons vont marquer les esprits. Le morceau titre, avec ses différents tempos et cette guitare douze cordes, qui introduit le refrain, *Jet*, un rock inspiré par le nom d'un bébé labrador de la famille McCartney, la ballade *Bluebird*, créée en Jamaïque, *Mrs Vandebilt*, ses fameux « Ho Hey Ho » assez entêtants et une phrase emblématique : « What the use of worrying ? » (à quoi cela sert de s'inquiéter ?), *Let Me Roll It* avec son ambiance qui évoque le Plastic Ono Band de John Lennon, *Mamunia*, née à Marrakech puis complétée à Lagos, *No Words*, la collaboration avec Denny Laine, et *Nineteen Hundred And Eighty Five* dont Macca assure qu'elle n'a aucun rapport avec le livre de George Orwell « 1984 ». Paul avait tout simplement trouvé le vers « No one ever left alive » qu'il a fait rimer avec « In Nineteen Hundred And Eighty Five ». Il concédera également avoir longtemps manqué d'inspiration après avoir trouvé cette première ligne et avoir laissé la composition en attente pendant de longs mois. La chanson *Picasso's Last Words* a été composée en Jamaïque alors que Paul et Linda étaient en vacances à Montego Bay. Ils y ont rencontré Dustin Hoffman et Steve McQueen qui tournaient le film « Papillon » inspiré de l'autobiographie d'Henri Charrière qui avait connu le bagne de Cayenne, en Guyane. Dustin accepta une invitation à dîner des McCartney et, à l'issue de celui-ci, il demanda à Macca s'il serait capable d'écrire une chanson sur n'importe quel thème. Paul répondit qu'il pouvait certainement le faire. L'acteur lui montra alors un article qui relatait les dernières paroles du peintre Pablo Picasso qui venait de décéder. À la fin de son repas, il était allé se coucher en disant : « Buvez pour moi, buvez à ma santé car vous savez que je ne peux plus boire. » Et il s'était éteint pendant son sommeil. Paul prit sa guitare, posa quelques accords et commença à fredonner « Drink to me, drink to my health, you know I can't drink anymore… », sous les yeux d'un Hoffman interloqué qui appela son épouse pour lui expliquer ce qui venait d'arriver.

Alors que la campagne de presse de « Band On The Run » se termine, Paul et Linda sont sollicités pour participer à l'émission « Disney Times » qui sera diffusée sur BBC1 pour les fêtes de Noël. Ils enregistrent une partie de leur participation dans leur maison londonienne de Cavendish Avenue. On peut les voir en compagnie des personnages du monde de Walt Disney tels que Dingo, Pluto ou le renard qui incarne Robin des Bois dans le nouveau dessin animé qui vient d'être produit par les studios d'animation. Pour l'occasion, Macca porte un pull improbable bleu et blanc avec un dessin de skieur et des manches rouges qui ne choquent personne en cette année 1973. Il l'avait déjà exhibé pendant le mini-concert du Hard Rock Cafe du mois de mars. Libérés de leurs obligations, les McCartney prennent un vol à Heathrow avec leurs enfants, le 2 décembre 1973, afin de passer trois semaines sous le soleil de la Jamaïque.

Le 4 janvier 1974, Paul se penche sur l'album solo de son frère Michael. Le titre *Leave It* a déjà été enregistré avec la participation du batteur Denny Seiwell et les suivants seront captés aux Strawberry Studios de Stockport. Macca et sa famille se sont installés à Liverpool et chaque jour, la famille effectue le trajet de 66 kilomètres jusqu'à Stockport pour se rendre au travail, soit plus de deux heures de route aller-retour. Pour cette production, l'ex-Beatle a convoqué à nouveau le jeune Jimmy McCulloch pour quelques prises de guitares. Toujours aussi impressionné par le jeu du jeune Écossais, McCartney lui propose le poste de guitariste au sein de son groupe. La réponse est bien évidemment affirmative. Macca s'est énormément investi pour le disque de son cadet, que beaucoup considéreront comme une œuvre de Wings. Il a composé la majeure partie des chansons et va produire et jouer sur celles-ci.

Le Melody Maker relance les spéculations autour du retour des Beatles. John aurait déclaré à Los Angeles que rien n'était impossible, alors que Paul avait concédé que, même si les Beatles avaient peu de chance de se reformer, il aimerait bien retravailler avec ses trois camarades. Pendant ce temps, le single *Jet* est lancé aux États-Unis avec *Mamunia* en face B, le 28 janvier 1973. La chanson atteindra la septième place des charts américains et britanniques, mais elle va surtout booster les ventes de « Band On The Run » qui poursuit son ascension. Autre sujet de satisfaction : Paul peut de nouveau se rendre en Amérique et y reprendre la promotion de son groupe Wings.

Le 25 février 1974, la Haute Cour britannique entérine l'accord sur le partenariat entre les quatre Beatles. Paul affirme que désormais les choses sont bien plus claires et que dorénavant, ils pourront refaire des choses ensemble. Il est heureux de pouvoir retrouver son ami John qui s'est libéré de l'influence de son épouse Yoko. Pourtant, l'artiste japonaise, qui n'a jamais vraiment été en bon terme avec le couple McCartney, va leur rendre une visite surprise alors qu'elle se trouve à Londres. Dans la maison de St John's Wood, Paul lui demande alors ce qui s'est passé et comment un couple si fusionnel a pu se séparer. Yoko lui explique que, si John veut revenir auprès d'elle, il va devoir se surpasser et lui faire à nouveau la cour. Macca se propose de servir de messager auprès de son ami et Yoko ne s'y oppose pas. Dès le 9 mars, la famille McCartney s'envole vers Los Angeles. Ils retrouvent Lennon aux studios Burbank lors de la première session d'enregistrement de l'album « Pussycats », de Harry Nilsson. Son camarade se trouve dans un état assez pitoyable. Le musicien a sombré dans la boisson avec ses amis Nilsson, Ringo Starr, le saxophoniste Bobby Keyes et le batteur des Who, Keith Moon. Quelques jours plus tôt, il s'est même fait expulser du club The Troubadour sur Sunset Boulevard car il était trop imbibé et commençait à importuner la clientèle. Malgré tout, les deux ex-Beatles discutent comme s'ils s'étaient quittés la veille. Très vite, Paul s'installe à la batterie, Linda aux claviers alors que John attrape une guitare et entame les premières mesures de *Midnight Special*, rejoint par Jess Ed Davis, Danny Kortchmar et Harry Nilsson. C'est la première fois depuis les sessions pour « Abbey Road », à l'été 1969, que John et Paul rejouent ensemble.

Le 31 mars, Paul débarque avec Linda dans la villa de John à Santa Monica. Il en profite pour avoir une conversation avec son ex-partenaire au sujet de Yoko et lui suggère de retourner à New York pour reconquérir le cœur de son épouse. En effet, celle-ci lui aurait confié qu'elle avait des velléités de réconciliation. Ce même jour, Paul, qui s'est à nouveau laissé pousser la moustache, s'installe au piano situé à l'intérieur de la demeure et commence à jouer. Patty Daley, la compagne du guitariste Jesse Ed Davis immortalise ce moment sur des Polaroïds qui resteront inédits jusqu'en 2010, date à laquelle elle dévoilera enfin tous ses souvenirs. La soirée se termine par une jam session d'anthologie avec John, Stevie Wonder et Jesse Ed Davies. Tout le monde est défoncé et Paul se retrouve derrière les fûts. Si tout est désorganisé, ce moment restera inoubliable. Keith Moon l'interroge au sujet de « Band On The Run » et est très surpris d'apprendre que c'est Macca lui-même qui joue de la batterie sur ce disque. Un enregistrement pirate de cette soirée unique intitulé « A Toot And A Snore in 1974 » circulera rapidement, mais au-delà de l'intérêt anecdotique, l'ensemble n'est guère brillant, d'un point de vue artistique.

Le 2 avril 1974, Paul et Linda sont au Dorothy Chandler Pavillon, à Hollywood pour assister à la quarante-sixième cérémonie des Oscars du cinéma. *Live And Let Die* est en course pour la récompense de la meilleure chanson de film. Mais la victoire échappe aux Wings et est remise à *The Way We Were*, interprétée par Barbra Streisand, pour le film « Nos Plus Belles

Années » de Sidney Pollack. La soirée consacre le film « L'Arnaque » de George Roy Hill, avec Robert Redford et « La Nuit Américaine » de François Truffaut qui obtient l'Oscar du meilleur film étranger. Paul, qui arbore à présent une superbe moustache, apparaît malgré tout radieux aux bras de son épouse. Et il a des raisons de l'être puisque « Band On The Run » va enfin atteindre la première place des charts. Malgré les difficultés internes et un enregistrement africain épique, son groupe est parvenu à gravir les sommets. Une satisfaction énorme, quatre années après la séparation officielle des Beatles. Le musicien a le sentiment que cet album était ce qu'ils auraient dû faire dès le départ. Il est intimement convaincu que, désormais, les gens vont commencer à le prendre au sérieux et que Wings a maintenant une véritable identité. Avant de retourner à Londres, Paul et Linda se rendent au domicile de Brian Wilson, l'ex leader des Beach Boys. Alors qu'ils se trouvent devant sa porte d'entrée, le musicien refuse de leur ouvrir. Ils peuvent l'entendre pleurer dans l'interphone. Brian, qui est né deux jours après Paul, le 20 juin 1942, va très mal depuis plusieurs années et a énormément grossi. Il ne sort quasiment plus de chez lui. Il lui faudra plusieurs années pour se sortir de cet état léthargique.

De retour à la maison de Cavendish, les McCartney découvrent la nouvelle série « The Zoo Gang » sur la chaîne ITV. L'histoire se déroule sur la Côte d'Azur pendant la seconde guerre mondiale et les téléspectateurs suivent les aventures d'un groupe de résistants. Les Britanniques apprécient énormément cette période encore assez proche de l'histoire. La série Colditz, retransmise sur la BBC, relatait la vie de prisonniers de guerre dans un château allemand et a connu également un grand succès. Paul et Linda ont composé la musique du générique de « The Zoo Gang ». Elle paraîtra en face B du single « Band On The Run », le 28 juin 1974.

Wings Version II

De retour en Angleterre, Paul est bien décidé à poursuivre l'aventure Wings. Une audition est donc organisée le 26 avril 1974, au Théâtre Albury de Londres, pour dénicher un batteur. Macca s'étonne de retrouver parmi les candidats des visages connus comme celui de Mitch Mitchell qui jouait avec Jimi Hendrix, Rob Townshend qui officia avec le groupe The Family, ou Aynsley Dunbar, un des meilleurs spécialistes de Liverpool (John Mayall, Jeff Beck, Frank Zappa).

Après cette sélection, un second casting est planifié avec les cinq musiciens en lice. Puis, les deux derniers batteurs sont invités à un déjeuner avec les Wings pour jauger les compatibilités d'humeur puis pour jammer à nouveau avec eux. L'heureux élu est finalement Geoff Britton, un grand gaillard blond, âgé de trente ans, qui est ceinture noire de karaté. Sportif de haut niveau, il a terminé second des championnats de Grande-Bretagne. Une caractéristique qui pourrait s'avérer précieuse pour les soirées parfois mouvementées d'après concert. Geoff a travaillé avec les Wild Angels et le rocker Vince Taylor avec lequel il a énormément tourné en France. Il avait connu un petit succès avec le groupe de jazz fusion East Of Eden et le titre *Jig A Jig,* bien qu'il ait quitté la formation juste avant la sortie de l'album. Le batteur sait ce qui s'est passé avec l'équipe précédente de Wings et a quelques appréhensions, mais il va faire tout son possible pour s'intégrer. Pour le poste de guitariste, il n'est pas nécessaire d'organiser une sélection puisque Paul décide de donner sa chance au jeune Jimmy McCullloch qu'il connaît bien désormais.

Le 1er mai 1974, Paul, qui a rasé sa moustache, se rend avec Linda à la première de la comédie musicale « Billy », au Théâtre Royal sur Drury Lane, à Londres. L'œuvre est inspirée du livre de Keith Waterhouse « Billy Liar » et la musique est signée John Barry. 904 représentations du spectacle seront données sur le West End. L'acteur principal Michael Crawford avait joué aux côtés de John Lennon dans le film de Richard Lester « How I Won The War », sorti en 1967.

Le groupe au complet s'envole le 6 juin 1974 pour Nashville, dans le Tennessee, afin d'y répéter et trouver une cohésion. Macca a choisi la capitale de la country music pour y créer une base en vue d'une première tournée américaine des Wings. McCartney a loué une ferme, pour 2000 dollars la semaine, qui appartient à Claude « Curly Junior » Putnam, le compositeur de *Green, Green Grass Of Home,* immortalisée par Porter Wagoner en 1965 et reprise par Elvis Presley, Tom Jones et Joan Baez. Buddy Killen, le président de Tree Publishing a tout organisé et envoyé le propriétaire des lieux à Hawaï pour un mois de vacances. Paul tombe amoureux des lieux et des environs. Très vite, il achète une moto et part se balader sur les routes entre Lebanon et Gladeville.

Le 16 juin, Paul, Linda et leurs enfants se rendent au Grand Ole Opry pour assister au concours de Fiddler, réservé aux grands joueurs de violon, instrument indispensable de la musique country. Ils sont accompagnés par Johnny Cash, une des stars locales. Herman Johnson est le grand gagnant de la journée. Entre les deux parties de la manifestation, Dolly Parton et Porter Wagoner se produisent sur la scène. Linda, qui a emmené son appareil photo, se déplace pour prendre quelques clichés des artistes. Macca, avec son chapeau de cow-boy crème, est presque incognito au milieu de la foule, quand soudain un spectateur le reconnaît et l'interpelle pour le photographier. Le musicien doit alors se plier au rituel des autographes. Puis, dès que le concert est terminé, la famille part en coulisse pour saluer Dolly et Porter. Une des hôtesses de la salle, Ann, a repéré le siège de l'ex-Beatle. Dès que celui-ci est parti, elle se précipite et récupère le verre dans lequel il a bu. Elle gardera la petite épée en plastique qui tenait la rondelle d'orange de son cocktail comme une précieuse relique, alors qu'une autre fan lui en proposera quinze dollars.

Paul fête son anniversaire sur place et pour ses 32 ans, il reçoit un superbe cadeau. Linda a en effet acheté la contrebasse qui appartenait à Bill Black, le musicien d'Elvis Presley. L'instrument avait été utilisé pour l'enregistrement du célèbre *Heartbreak Hotel*, en 1956. Un véritable trésor que Macca conservera précieusement et utilisera pour de futures compositions.

Pendant que le groupe répète sérieusement dans la ferme, un jeune fan de Cookeville est bien décidé à approcher son idole. Dan Ealey, qui a 19 ans, prend son courage à deux mains et écrit au Melody Maker, à Londres, pour proposer ses services de reporter et rendre compte du séjour de McCartney dans le Tennessee. Bien évidemment, il n'a aucune expérience journalistique, mais il se garde bien de l'indiquer dans sa missive. Muni de la réponse du périodique, il se dirige alors vers la demeure des Putnam. Dès son entrée dans la propriété, il trouve Denny Laine et Jimmy McCulloch qui tuent le temps. Dan a emmené sa Gibson et propose de la montrer aux musiciens. Jimmy, vêtu d'une magnifique salopette rouge, ne résiste pas à essayer l'instrument et entame l'intro de *Band On The Run*. Le jeune homme gagne donc rapidement la confiance des Wings et va venir les voir chaque jour pendant trois semaines. Il va même offrir une belle chemise typiquement country à Paul qui, touché par ce présent, la portera quand Roy Orbison viendra lui rendre visite à Junior's Farm. Un soir, Dan apporte un magnétophone pour capter les répétitions du groupe. Il reste sagement caché à l'extérieur de la maison pour ne pas provoquer le courroux de Paul. C'est ainsi qu'il enregistre *Let Me Roll It*, *May'be I'm Amazed, My Love* et une chanson qui lui est inconnue et que le groupe ne cesse de répéter. Il s'agit d'une nouvelle composition née quelques jours plus tôt et inspirée par les lieux : *Junior's Farm*. Alors qu'il est toujours à l'œuvre, depuis près de deux heures, à voler ces précieuses pièces musicales, Dan voit arriver Heather McCartney, envoyée par sa mère Linda qui a remarqué que des inconnus rodaient près de la ferme. Du haut de ses onze ans, la fillette n'hésite pas à les faire déguerpir, tout en leur proposant de revenir quelques heures après la fin de la répétition. De ce séjour, le jeune Ealey gardera précieusement ses bandes musicales et la photo prise avec Paul qui lui tient la main alors qu'il est au volant de sa voiture.

À Nashville, Paul rencontre les pointures de la musique locale, comme Roy Orbison et le guitariste Chet Atkins, avec qui il parle de son père Jim qui était musicien. Il évoque une chanson composée par ce dernier au début des années cinquante et qui s'intitulait *Eloise*. Atkins demande alors à Macca pourquoi il ne profiterait pas de son séjour pour en enregistrer une version. Ce serait un beau cadeau et un bel hommage pour son géniteur. Rendez-vous est pris dans un studio de la ville, le Soundshop qui appartient à Buddy Killen, pour le 16 juillet.

Paul et ses musiciens investissent les lieux quelques jours avant et enregistrent plusieurs morceaux. *Hey Diddle* avait été créée pendant les sessions de « Ram », mais pas vraiment achevée. Macca reprend le titre en assurant toutes les parties de guitare, à l'exception de la steel guitare qui est confiée à un spécialiste de la région, Lloyd Green. Cette ballade met en valeur la voix de Linda qui est plus en retrait depuis l'album « Red Rose Speedway ». Les parties de violon seront enregistrées ultérieurement par les Cates Sisters. Paul a fait venir les bandes de *Wide Prairie*, une chanson de Linda enregistrée à Boulogne-Billancourt, en novembre 1973, car il veut lui donner une touche country. Johnny Gimble et Vasser Clements ajoutent leurs parties de violon, puis Tony Dorsey, joueur de trombone, et une section de cuivres apporteront de la profondeur à la pièce musicale. L'œuvre restera inédite jusqu'à la publication de l'album posthume « Wide Prairie » en 1998.

Toujours touché par les lieux qu'il visite, McCartney a composé un titre totalement dans l'esprit country, après une visite à

Printer's Alley avec son guide Buddy Killen. Dans cette artère du centre de Nashville se trouvent les clubs et les bars où les amateurs viennent écouter les groupes locaux. *Sally G* aurait été inspirée par Diane Gaffney, que Paul avait entendue pendant ces soirées. L'enregistrement débute dans la soirée du 9 juillet et Lloyd Green ajoute à nouveau sa guitare steel et du dobro sur le pont du morceau, alors que le violoniste Johnny Gimble va apporter le son de violon qui va donner tout son style à l'œuvre. Denny Laine s'est également laissé influencer par l'ambiance et a composé *Send Me The Heart*, qui est mis en boîte avec l'aide de Pig Robbins au piano et Buddy Emmons, l'un des meilleurs spécialistes de la guitare steel. Paul a été impressionné par le jeu de guitare de Lloyd Green. Il lui propose de rejoindre la future tournée américaine qui sera organisée ultérieurement. Une séquence country serait mise en place pour mettre le virtuose en valeur. Bien que touché par la proposition de l'Anglais, Green la refuse car il a énormément de travail en tant que musicien de studio et il craint qu'une absence prolongée ne le prive de contrats ultérieurs. Quand l'ex-Beatle croise Jerry Reed, l'une des icônes de la country music qui a travaillé avec Elvis Presley, et lui fait part de son envie de reprendre la route, le guitariste lui rétorque : « Si j'étais Paul McCartney, j'achèterais la route ! ».

La séance avec Chet Atkins arrive enfin, pour enregistrer la partition de Jim McCartney, *Eloïse*. Buddy Killen a fait venir le pianiste Floyd Cramer, Bobby Thompson au banjo et une section de cuivres. Geoff Britton est le seul musicien de Wings qui, avec Paul, a participé à la session. Tony Dorsey va assurer les arrangements du titre. Il réalisera également ceux de *Bridge On The River Suite*, un instrumental qui avait été créé pendant les sessions de *Country Dreamer* et qui avait été travaillé en France à l'automne 1973. Alors qu'il n'avait pas du tout prévu d'enregistrer pendant son périple américain, McCartney se retrouve avec plusieurs titres quasiment prêts à être commercialisés. Les Wings vont en produire un dernier : *Junior's Farm*, d'après le nom de la demeure où ils résident à Nashville. Macca ignore s'il peut enregistrer un titre plus rock à Nashville. Il envoie un des membres de son staff, Alan Crowder, demander à l'ingénieur Ernie Winfrey si cela serait possible. Le technicien confirme qu'il n'y a aucun problème et le groupe se met au travail. Bien que le leader ait indiqué à chacun le son qu'il souhaitait obtenir, les musiciens vont jouer un peu plus aigu et le résultat sera très satisfaisant. Winfrey observe les séances de sa console et découvre les premiers pas de cette nouvelle formation. Il a vite constaté que le jeune Jimmy McCulloch a quelques problèmes d'addiction à l'alcool et à d'autres substances plus illicites. Malgré un talent indéniable, son manque de confiance en lui et un ego surdimensionné le rendent peu sympathique. C'est également l'avis du batteur Geoff Britton qui a bien des difficultés à s'entendre avec Jimmy et Denny Laine, qui ne pensent qu'à se défoncer. L'athlète, adepte du karaté n'a pas la même hygiène de vie et le courant passe vraiment mal.

Un autre évènement va troubler les débuts de cette seconde version du groupe Wings. Un organisateur de festival propose à McCartney de se produire avec Stevie Wonder, avec un très gros cachet à la clef. Britton, qui a jusqu'à maintenant connu des années de galère, hallucine devant la somme qu'il pourrait empocher. De quoi lui permettre de s'acheter une maison et l'aider à supporter les autres membres du groupe. Denny et Jimmy sont également partants, mais Paul refuse la proposition car il estime que la formation n'est pas prête. Ce refus passe mal et des rumeurs commencent à circuler qu'à peine formé, le combo serait déjà sur le point de se séparer.

Après le périple à Nashville, les McCartney prennent la direction de New York. Le 16 juillet, ils retrouvent Lennon et sa nouvelle compagne May Pang qui ont emménagé sur la 52e rue. Les deux ex-Beatles se remémorent le bon temps autour d'un verre de beaujolais, avant que Paul ne s'installe au piano pour jouer quelques morceaux. Le fils de John, Julian, est venu également passer quelques jours aux États-Unis. Pour lui aussi, la situation est plus simple depuis que Yoko est partie. Mais l'administration américaine vient troubler cette quiétude et rejette à nouveau l'appel contre l'expulsion du musicien qui devra quitter le territoire dans les soixante jours.

Malgré les rumeurs, les Wings sont toujours unis. Denny Laine vient d'ailleurs d'affirmer au journal Evening News qu'il faisait entièrement confiance à McCartney. Il précise qu'il n'a pas signé de contrat avec Paul et que c'est mieux ainsi car ses engagements précédents lui ont souvent causé pas mal d'ennuis. Dans sa ferme écossaise, Paul enregistre plusieurs démos au piano. Sur ces bandes magnétiques figurent plusieurs tubes que les Wings enregistreront aux cours des prochaines années : *You Gave Me The Answer*, *Letting Go*, *Call Me Back Again*, *Girlfriend*, *Mull Of Kintyre*, ou *Getting Closer*. Puis, il est temps de réaliser un nouveau projet : le documentaire « One Hand Clapping ».

Le 15 août 1974, sous la direction de David Litchfield, les Wings se retrouvent aux studios Abbey Road pour jouer quelques chansons. Le film débute avec une version de *Jet*. Paul rayonne avec sa belle basse Rickenbacker. L'émission permettra de faire la connaissance avec les deux nouveaux membres du groupe. Jimmy McCulloch, le jeune guitariste écossais, s'applique sur les solos, mais commence déjà à faire quelques facéties devant les caméras. Au début du documentaire, on voit Geoff Britton discuter avec les autres musiciens sur la façon de jouer le final de *Soily*. On l'entend parler, s'affirmer. Sans doute un peu trop. Quant à sa démonstration de karaté dans le studio, elle est vraiment pathétique !

Denny Laine semble dans un état second sur les images. Tant dans sa posture que par son élocution. Est-ce la conséquence de ces petites canettes de bières que le spectateur remarquera disséminées dans le studio, ou d'une consommation de stupéfiants ? Il a sans doute trop fêté la naissance de sa fille Heidi, née la veille (le 14). Laine avoue pendant son interview que si son père ne l'avait pas poussé à s'investir dans la musique, il n'y serait jamais arrivé. Il était en effet intéressé par cet art, mais n'avait pas le courage d'apprendre. Howie Casey vient jouer sa partie de saxophone sur la ballade *Bluebird*. Après le show, Paul lui proposera de rejoindre la future tournée des Wings.

La séquence « cabaret » est l'un des grands moments de

« One Hand Clapping ». Seul au piano, Paul interprète *Suicide*, qu'il aurait bien voulu faire chanter à Frank Sinatra, mais le crooner américain avait poliment décliné l'offre, et *Let's Love* qu'il vient d'offrir à Peggy Lee. La chanteuse américaine qui avait connu le succès avec *Fever*, publiera la chanson quelques semaines plus tard. Toujours aux claviers, Macca propose *Sitting On The Piano*, *All Of You* et *I'll Give You A Ring*. Puis on retrouve *Live And Let Die* avec deux séquences superposées. Les Wings dans leur studio et les musiciens classiques dans un autre. Amusant de voir les virtuoses consulter le journal ou casser la croûte en attendant le passage où ils doivent intervenir. N'oublions pas une étonnante performance vocale de Macca sur *1985*.

En marge du show, Paul enregistre seul quelques chansons dans le jardin des studios EMI. À la guitare acoustique, il chante *Peggy Sue*, le tube de son idole de toujours Buddy Holly, mais aussi *Twenty Flight Rock,* qu'il doit interrompre quand une ambulance passe avec sa sirène dans Abbey Road. Macca exécute des versions de *I'm Gonna Love You Too* et *Sweet Little Sixteen*. Les titres *Blackbird*, *Country Dreamer*, *Loving You*, *We're Gonna Move* et *Blue Moon Of Kentucky* resteront inédits.

Le 16 août 1974, Paul et Linda apparaissent sur l'album « I Survive » d'Adam Faith. Cet acteur et chanteur anglais avait connu un grand succès dans les sixties et tente un retour au premier plan avec ce nouveau disque. Macca a joué des synthétiseurs sur *Goodbye*, *Change*, *Never Say Goodbye*, et *Star Song* avec Linda aux chœurs. Ritchie Blackmore, le guitariste de Deep Purple et Russ Ballard ont également pris part aux sessions. Quelques jours plus tard, le 6 septembre, c'est le nouveau 45 tours de Mike McGear qui est commercialisé. *Leave It* avec en face B *Sweet Baby*, fruits de la production de McCartney pour son frère Michael atteindra la 36e place des charts britanniques.

Paul et Linda se rendent à nouveau à New York pour rencontrer John et May. Une soirée est organisée dans l'appartement de Lennon avec Mick et Bianca Jagger, David Bowie et

Glyn Johns, présent sur la production de « Let It Be » avant que celle-ci ne soit confiée à Phil Spector, et qui fut débarqué de « Red Rose Speedway ». Au moment de la commercialisation de l'album « Walls And Bridges » de John, le 26 septembre, Paul déclare que c'est un très bon disque, mais que son camarade peut vraiment faire mieux que cela. Au même moment, l'album « McGear » est commercialisé. Même si c'est son frère qui est mis en vedette, on retrouve la patte de Paul qui s'est beaucoup investi dans cette production. La pochette représente Mike McCartney attaché au sol, tel Gulliver, par les Lilliputiens. On retrouve également des photos des musiciens qui ont participé à l'enregistrement, mais aussi les parents Jim et Mary McCartney, les deux filles de Michael et les techniciens de studios. « McGear » ne bouleversera pas le monde de la musique et le frère de Paul se concentrera progressivement sur la photographie, son véritable domaine de prédilection.

Le 1er septembre 1974, Paul et Linda assistent au championnat du monde de boxe WBC des mi-lourds à l'Empire Pool de Wembley. Il oppose leur ami John Conteh, vu sur la pochette de « Band On The Run » à l'argentin Jorge Victor Ahumada. Le combat est très serré, mais après une dixième reprise dans laquelle le natif de Liverpool semble en grand danger, celui-ci se ressaisit et assène des crochets du gauche à son adversaire et le domine jusqu'à la fin. À 23 ans, Conteh remporte sa première ceinture mondiale et devient la fierté de tout un pays et des McCartney.

Alors que « Walls And Bridges » est sur le point de décrocher un disque d'or, John Lennon déclare au NME qu'il n'y a plus de tension entre les quatre Beatles et qu'ils pourraient bien travailler à nouveau ensemble dès 1976, quand le contrat avec EMI aura atteint son terme. Il précise que le groupe sonnerait toujours aussi bien, si ce n'est encore mieux. De quoi donner de sérieux espoirs aux fans des garçons de Liverpool.

Denny Laine et sa famille ont déserté le confort spartiate de Campbeltown pour s'installer à Chertsey (Surrey), dans un bateau ancré sur la Tamise. C'est là qu'il reçoit ses amis pour des soirées au cours desquelles l'alcool coule à flot.

Le 18 octobre, le single des Country Hams *Walking in the Park with Eloise* est commercialisé. Derrière ce nom de groupe se cache en réalité Paul et Chet Atkins avec le titre de Jim McCartney enregistré à Nashville. Une fierté pour le père de Paul, âgé de 72 ans et qui lutte contre l'arthrite depuis plusieurs années avec parfois des phases de paralysie très douloureuses. Puis, le 22 octobre Paul et Linda sont à New York pour annoncer leur future tournée mondiale. Hasard du calendrier… ou pas, le lendemain, George Harrison présente sa série de concerts sur le continent nord-américain. Il en profite pour tempérer les déclarations de John Lennon en précisant que si les Beatles se réunissaient ce serait sans doute parce qu'ils seraient tous ruinés. Il déclare qu'il se sentait comme enfermé dans une boîte avec ce groupe et cela lui a pris des années pour s'en sortir. Comme si ce n'était pas suffisant, il affirme qu'il pourrait rejouer sans problème avec John, mais que ce serait vraiment impossible avec Paul qui cherche trop à s'imposer. Invité à réagir à ces propos, Macca tente d'apaiser la situation, tout en tempérant les propos de George. La reformation n'est sans doute pas en très bonne voie.

Le 25 octobre 1974, le single de Wings avec *Junior's Farm* et *Sally G* est mis en vente en Grande-Bretagne. Le public découvre les deux premières chansons de la nouvelle formation. C'est également le dernier disque publié sur le label Apple, une grande satisfaction pour Paul. Hasard du calendrier, la chanson qu'il a composée pour Peggy Lee, *Let's Love* est commercialisée le même jour. Dans le Record Mirror, quelques jours plus tard, Jimmy McCulloch déclare qu'il se sent vraiment dans un groupe et que les musiciens n'ont pas l'impression de vivre dans l'ombre de McCartney.

Depuis qu'il est devenu champion du monde, John Conteh est une star nationale au Royaume-Uni. Il est l'invité surprise de l'émission « This is your Life » sur ITV, le 13 novembre. Paul McCartney et les Wings sont bien évidemment conviés à y participer et à piéger le boxeur qui n'est pas au courant qu'il va passer à la télévision. John est censé rendre visite au groupe dans les studios Abbey Road, mais il ignore que les caméras l'attendent. On peut entendre l'orchestre interpréter *Junior's Farm* alors que le sportif entre dans les lieux. Après avoir salué les musiciens, il s'installe au piano avec Paul, mais l'animateur vient le retrouver pour lui signifier qu'il est la vedette du nouveau numéro de « This is your Life ». Plus tard dans le programme, on rappelle que Conteh a participé à la pochette de « Band On The Run », puis Macca et son épouse, en duplex, racontent qu'ils ont assisté à son combat d'anthologie et qu'ils l'ont encouragé avec toutes leurs forces.

Si les Wings sont de retour en studio, c'est qu'il faut commencer à répéter les nouvelles chansons qui devraient être mises en production dès le début de l'année suivante aux États-Unis. Paul a en effet décidé d'y retourner pour capter ses compositions.

Après avoir assuré la promotion de leur nouvelle chanson dans quelques shows, dont le Top Of The Pops, les McCartney rejoignent Rod Stewart sur la scène de l'Odeon le 27 novembre, pour interpréter *Mine For Me* composée par l'ex-Beatle. La chanson a été commercialisée le 27 septembre sur l'album de l'ex-Faces « Smiler » et connaîtra un succès mineur.

Le 30 novembre, McCartney et une équipe de tournage s'installent dans le centre sportif d'Islington pour filmer Geoff Britton pendant son entraînement de karaté. Le leader des Wings semble fasciné par la discipline de son batteur et a décidé de réaliser un documentaire qui sera intitulé « Empty Hand » (la main vide). C'est David Lichtfield qui va assurer le tournage pendant lequel Geoff va combattre deux fois. Il perd le premier affrontement, mais remporte le second. Plus tard, Macca ajoutera quelques pièces de musique abstraite pour illustrer le film.

De l'autre côté de l'Atlantique, la tournée de Harrison, débutée à Vancouver, le 2 novembre, a été assez laborieuse car la scène n'a jamais été son lieu de prédilection. Le public nord-américain n'a pas toujours été très réceptif à ses nouvelles chansons et la presse a relaté ses problèmes de voix et trouvé sa prestation bien sombre. D'ailleurs, pour cet ultime show au Madison Square Garden, le 20 décembre, il reste des places à vendre. Les McCartney assistent au concert avec John Eastman. Pour rester incognito, ils ont décidé de se déguiser. Paul porte une perruque brune frisée, de grandes moustaches et des lunettes noires. Linda a également dissimulé ses cheveux sous un postiche, mais elle est davantage reconnaissable. John Lennon devait venir avec May Pang, mais il a renoncé au dernier moment. Après le spectacle, les trois liverpuldiens doivent se retrouver au Plaza pour signer les papiers officiels de la dissolution des Beatles. Paul et George sont présents, Ringo n'a pas fait le déplacement depuis l'Angleterre, mais a déjà paraphé les pièces officielles. John fait à nouveau faux bond et expliquera plus tard qu'après avoir consulté les astres et la numérologie, il n'était pas opportun de se rendre à une telle réunion. Si Macca prend tout cela avec philosophie et s'en inspirera pour le titre de sa chanson *Venus And Mars*, George, qui a l'image d'un homme calme et serein, a les nerfs qui lâchent et hurle après Lennon pour lui ordonner de les rejoindre. Il n'en fera rien et un livreur amènera deux ballons avec un petit mot sur lequel est inscrit : « Ecoutez ce ballon. ». Ils sont placés dans des verres au-dessus de la cheminée alors que les documents sont entassés sur la large table. McCartney et Harrison les paraphent avec soin sous les yeux de Linda. Après cet épisode, les rapports entre John et George ne seront plus comme avant. Lennon finira par signer les papiers pendant un séjour à Disney world, à Orlando, le 27 décembre. Autre bonne nouvelle pour l'ex-leader des Beatles : il est officiellement autorisé à rester aux États-Unis et va obtenir sa précieuse carte verte de résident. La chute de l'administration Nixon, qui a été remplacé par Gerald Ford, a facilité ce retournement de situation.

Juste avant Noël, le single *Sally G* fait son entrée dans les charts country américains. Les radios spécialisées sont tombées sous le charme de la chanson qui deviendra aux États-Unis le titre vedette du disque en reléguant *Junior's Farm* en face B. La famille McCartney passe quelques jours à New York pour les fêtes de fin d'année. Logés au Stanhope Hotel, au 995 de la prestigieuse 5e Avenue, ils font une belle balade en calèche, malgré le froid qui s'est installé sur la Big Apple. Le 22 décembre, ils assistent à la représentation de « Sgt Pepper's Lonely Hearts Club Band On The Road » au Beacon Theatre. La comédie musicale dirigée par Tom O' Horgan, avec Ted Neeley dans le rôle de Billy Shears et Alaina Reed dans celui de Lucy ne restera que 66 jours à l'affiche, mais deux ex-Beatles lui auront fait l'honneur de leur présence, puisque John Lennon viendra également les applaudir.

Le 9 janvier 1975, la Haute Cour de justice de Londres annonce la dissolution officielle des Beatles. C'est l'épilogue d'une procédure qui aura duré plus de quatre années et qui garantit à chacun des musiciens une totale liberté. De nouveau en partance pour l'Amérique, Paul se déclare soulagé par cette décision tant attendue.

Venus And Mars

Dès le 16 janvier 1975, les Wings débarquent à la Nouvelle-Orléans pour débuter les sessions d'un nouvel album. Macca ne connaît pas vraiment les lieux, même s'il y a joué avec les Beatles. En effet, à l'époque, ils ne voyaient pas grand-chose, à l'exception des chambres d'hôtel et des salles de concert. Le groupe a trouvé refuge aux Sea Saint Studios qui appartiennent à Allen Toussaint, un pianiste de renom qui a accompagné le grand Fats Domino et est devenu un producteur recherché. McCartney a choisi ce lieu car le hit de Labelle *Lady Marmelade* et son célèbre refrain : « Voulez-vous coucher avec moi, ce soir ? » y a été enregistré par Allen quelques semaines plus tôt et que le son de batterie très particulier de la chanson l'a intrigué. Il veut surtout s'imprégner de cette musique américaine qui l'a toujours inspiré et qui va transformer le son de Wings.

Il fait une chaleur étouffante dans le sud des États-Unis et l'ambiance est électrique. Comme à Nashville, le batteur Geoff Britton supporte mal la cohabitation avec ses camarades musiciens et plus particulièrement celle avec McCulloch qu'il commence à véritablement détester. Il n'a guère plus de sympathie pour Denny Laine qui n'arrête pas de plaisanter quand il s'installe à la batterie avec son kimono de karaté. L'ex-Moody Blues lui demande alors s'il vient pour en jouer ou pour la casser en deux. La situation devient insupportable et le clash est inévitable. Geoff constate qu'il n'y a aucune sincérité dans l'équipe et que le statut de star de Paul crée un déséquilibre irréversible qui lui est difficile à supporter. Mais Britton a un problème personnel bien plus important à résoudre. Son épouse supporte également très mal la situation et commence à parler de séparation, voire de divorce.

Après avoir capté seulement trois chansons : *Love In Song, Letting Go* et *Medecine Jar* de McCulloch, Geoff quitte le groupe. Il gardera beaucoup de rancœur envers ses anciens partenaires et regrettera longtemps de n'avoir pas donné une bonne raclée à Jimmy et Denny. Mais plus encore, il ne digérera jamais de n'avoir pas pu assurer sa fortune grâce à cette collaboration avec McCartney. Aucun contrat n'avait été signé et les promesses de royalties sont restées vaines. Le batteur déçu déclarera plus tard que, pour sa carrière de musicien, jouer avec le groupe Wings était un privilège, mais que d'un point de vue personnel, c'était de la démence.

C'est un bien mauvais départ pour ce projet qui est contrarié par cette nouvelle défection et par les frasques de Jimmy qui accumule les problèmes : bagarres avec une bande de junkies, arrestation pour état d'ivresse et esclandres dans le studio avec les musiciens. Rapidement, Tony Dorsey, le joueur de trombone qui est venu pour assurer les arrangements de cuivres, recommande à Paul un jeune batteur de vingt-six ans nommé Joe English, originaire de Rochester, dans l'état de New York. Il a été membre du groupe The Jam Factory avec qui il a tourné pendant plus de six années. Joe est donc invité à rejoindre Wings à la Nouvelle-Orléans. Il auditionne un mardi et le jour suivant, il débute avec l'orchestre. À la hâte, English doit décliner l'offre de la chanteuse Bonnie Bramlett avec qui il devait partir en tournée. Il a toutefois eu la délicatesse de lui trouver un remplaçant. Quel changement de vie pour Joe ! Deux ans auparavant, son épouse l'a quitté avec ses deux enfants et il avait bien des difficultés à trouver des engagements. Heureusement, il a retrouvé l'amour auprès de la jeune Dayle et s'est installé en Géorgie, où il élève ses vingt-cinq poulets, trois chiens, une chèvre, six chevaux et un chat. Très rapidement, le batteur fait l'unanimité auprès des musiciens et le travail peut donc reprendre dans une ambiance plus détendue.

Paul a prévenu John qu'il était aux États-Unis et celui-ci avait prévu de venir le voir en studio avec sa compagne May Pang. Mais depuis plusieurs semaines, Yoko tente de faire revenir son mari dans leur appartement du Dakota, près de Central Park. Le 31 janvier, les deux époux se retrouvent et ne se sépareront plus. Évidemment, le voyage de Lennon à la Nouvelle-Orléans est annulé puisque sa conjointe va reprendre le contrôle.

L'orchestre travaille sur un instrumental *Lunch Box-Odd Sox*, puis sur une chanson pour Linda, *New Orleans* inspirée par leur séjour dans la ville. Quand arrive le carnaval, au mois de février, Paul et son épouse participent aux festivités en se déguisant en clowns. Ils sont vraiment épatés par l'ambiance du Mardi Gras et organisent une balade sur le Mississippi, à bord du bateau Voyager, loué pour l'occasion, et pendant laquelle ils donnent une conférence de presse. Macca a également fait venir le groupe louisianais, The Meters qui propose un funk très syncopé dans le pur style New Orleans. Malheureusement, le jeune photographe engagé pour prendre les clichés à bord se fera voler sa pellicule. Seules quelques images filmées seront sauvées. Ils vont également jouer avec un autre combo de la région, le Tuxedo Jazz Band pour le titre *Baby Face*. Comme cela arrive très souvent, le musicien se laisse inspirer et créé instantanément le titre *My Carnival*. Alors qu'il n'avait nullement ressenti le besoin de s'imprégner de la musique africaine pendant son séjour à Lagos, Paul a totalement absorbé l'ambiance funky cajun de la Nouvelle-Orléans. La star locale, Professor Longhair, n'y voit d'ailleurs rien à redire et viendra saluer le groupe en studio. Le 12 février, la chaîne ABC diffuse des images de l'enregistrement de la chanson, qui restera pourtant inédite sur disque pendant plus de dix ans.

Pour ce nouvel album, Macca a composé un titre qui rend hommage aux concerts de rock et à leur atmosphère si particulière. Il cite les grands lieux mythiques comme le Hollywood Bowl, le Madison Square Garden, le Rainbow, ou le Concertgebow, en Hollande, mais également le musicien Jimmy Page qui a quasiment inventé le hard rock et qui illumine les salles de la planète avec son jeu de guitare. *Rock Show*, couplé avec *Venus*

And Mars deviendra une introduction de concert très efficace. À la fin du morceau, Allen Toussaint joue la partie de piano. Il y a également ce morceau qui met en valeur la section de cuivres : *Listen To What The Man Said*. Le groupe a beaucoup de doute avec cette chanson. Pourtant, quand Paul joue la mélodie au piano, il sent que quelque chose plaît au public, mais il n'arrive pas à la terminer jusqu'à l'arrivée de Tom Scott qui apporte une superbe partie de saxophone soprano. À force de persévérance, la composition sera achevée et deviendra le titre phare du nouvel album. Le leader des Wings a trouvé la bonne formule pour tirer le meilleur de ses musiciens tout en leur laissant l'impression qu'ils gardent une grande autonomie. Il parvient pratiquement toujours à obtenir ce qu'il demande à son groupe. Il avouera, quelque temps plus tard, que cette escapade dans le sud des États-Unis était très agréable et qu'il n'avait pas connu de telles joies depuis l'enregistrement de « Sgt Pepper ».

John Lennon s'est donc installé à nouveau dans son immense appartement du Dakota, avec Yoko et débute la promotion de son album « Rock N'Roll », sur lequel il a enregistré des reprises des standards de sa jeunesse, notamment *Be Bop A Lula* qu'il reprenait déjà avec son premier groupe : les Quarrymen. John livre également une version particulièrement réussie de *Peggy Sue* de Buddy Holly, voulant rendre hommage à son idole d'adolescence.

Pour terminer les sessions de l'album, Macca décide d'emmener sa troupe à Los Angeles. Le 25 février, les Wings investissent le Wally Heider Studio à Los Angeles ; c'est la réplique exacte de celui qui se trouve à San Francisco où le Grateful Dead, Crosby et Nash et Jefferson Airplane ont enregistré. Joe English est toujours présent et est devenu officiellement le batteur du groupe. Pour un grand fan des Beatles comme lui, c'est comme un rêve éveillé. Ironie de l'histoire, le batteur anglais Britton est donc remplacé par un Américain nommé English. Le hasard ne manque pas d'humour. Comme les autres Wings, il ne signe pas de contrat et trouve cela assez confortable.

Le 1er mars 1975, la cérémonie des Grammy Awards se déroule à l'Uris Theater de New York. Dans la salle de Broadway, le public s'amuse de la prestation de John Lennon et de Paul Simon qui plaisantent avant de décerner un trophée à Olivia Newton John et son producteur John Farrar pour *I Honestly Love You*, le premier numéro un de la chanteuse australienne. Mais la manifestation va surtout couronner l'album des Wings « Band On The Run » qui rafle deux distinctions. Geoff Emerick pour le meilleur enregistrement d'une œuvre non classique et Paul pour la meilleure performance vocale pour un disque pop. Le groupe, qui est resté à Los Angeles, célèbre dignement cette récompense au Beverly Wishire Hotel. À l'issue de la cérémonie, les journalistes constatent que John et Yoko sont à nouveau réunis et la nouvelle va être relayée par les médias de la planète.

Deux jours plus tard, la famille McCartney déambule dans une Lincoln Continental sur Santa Monica Boulevard à Los Angeles. Alors qu'ils sont arrêtés à un feu, vers minuit, un policier affairé à verbaliser quelques véhicules est intrigué par une forte odeur de marijuana qui se dégage du véhicule de Paul. Il demande au musicien de se garer et aussitôt découvre le mégot d'un joint fraîchement fumé et 18 grammes d'herbe dans le sac de Linda. La jeune femme précise immédiatement que c'est elle qui a consommé de la drogue et que son conjoint n'y a pas touché. Pas question qu'il soit inquiété par la justice alors que le groupe est sur le point d'organiser une tournée américaine. Comme elle est citoyenne américaine, ce sera plus simple qu'elle endosse la responsabilité du délit. Lin se voit conduire au poste de police et ne pourra en sortir, deux heures plus tard, qu'après le versement d'une caution de 500 dollars. Paul n'en n'a que 200 en poche et doit passer quelques coups de téléphone pour réunir la somme demandée. Heureusement que Peter Brown, un des dirigeants d'Apple se trouve alors au Beverly Hills Hotel et peut sauver la mise à l'ex-Beatle.

Linda est convoquée devant la Cour Municipale le 10 mars pour répondre de son infraction. Le juge Brian Cuhan qui préside l'audience pourrait aggraver la sentence car elle a fumé de l'herbe devant ses enfants, ce qui peut avoir une influence néfaste pour eux. Mais finalement, elle s'en sort avec l'obligation de se rendre à six séances chez un psychiatre pour l'aider à se sortir de sa dépendance à la marijuana. Elle pourra même le faire en Angleterre. Une sentence plus que clémente de la part de juges bien plus sévères à l'accoutumée. Cette nouvelle péripétie stupéfiante n'a pas trop perturbé la fin de l'enregistrement du nouvel album qui s'intitulera donc « Venus And Mars ». Ce nom va générer un nombre de questions incalculable : Macca avait-il en tête le tableau de Botticelli qui représente les deux divinités ? Non, car il ne le connaît pas. Tout comme il ignorait que ces deux planètes sont les plus proches de la Terre. Pour célébrer la fin des sessions, Paul donne une fête somptueuse à bord du Queen Mary qui est amarré à Long Beach. Deux cents invités se pressent à bord parmi lesquels George Harrison, Cher, les ex-Monkees Davy Jones et Micky Dolenz, le groupe Led Zeppelin au complet, Carole King, Bob Dylan, Dean Martin, Marvin Gaye, Bob Dylan et les Jackson Five. Paul salue Michael, le plus jeune des frères, alors âgé de 16 ans, qui est également le chanteur principal de la formation. Ils échangent leurs numéros de téléphone et Macca lui promet de composer une chanson pour lui. Le couple McCartney n'apprécie guère que quelques invités les interpellent en disant : « Bonjour Venus, bonjour Mars ! ». Il était hors de question qu'ils s'identifient à ces planètes. Deux groupes assurent l'ambiance de la soirée : The Meters et leur funk venu de la Nouvelle-Orléans et Professor Longhair connu également pendant les séances en Louisiane. Ce dernier publiera même un disque live issu de sa prestation en 1978 : « Live On The Queen Mary ». Autre soirée de gala, deux jours plus tard, avec la première du film « Tommy » tiré de l'œuvre des Who et dans laquelle Roger Daltrey tient le rôle principal. Les époux McCartney assistent à la projection et sont invités par les médias à livrer leurs premières impressions.

Le 2 avril, la famille McCartney est de retour à l'aéroport d'Heathrow. Quelques jours plus tard, Linda confirme qu'elle est prête à suivre une formation sur les méfaits de la drogue comme le lui a préconisé la justice californienne. De son côté,

Paul est satisfait de constater que pour la première fois, sa société MPL dégage un profit de près de 200 000 livres sterling. Autre sujet de satisfaction, la Haute Cour de Justice de Londres annonce que toutes les causes de dispute entre les quatre Beatles ont été définitivement réglées. Il aura fallu cinq longues années de procédure pour en arriver à ce résultat. Pourtant, deux jours plus tard, Ringo tient à préciser, au cours d'une interview à la BBC, qu'il n'est pas du tout prêt à reformer le groupe. Il est vrai que son nouveau titre *No No Song*, dans lequel il se moque de ses addictions, s'est hissé à la troisième place des charts US et qu'il ne ressent donc pas le besoin immédiat de se replacer derrière la batterie des Fab Four.

Les semaines suivantes, Paul et son orchestre passent beaucoup de temps à répéter entre les studios d'Abbey Road et ceux d'Elstree. Le 27 mai 1975, l'album « Venus And Mars » est enfin commercialisé aux États-Unis. Sa pochette, qui représente des boules de billard évoquant des planètes, marque les esprits. Elle recevra le prix de la plus belle de l'année 1975 par le magazine Music Week. À l'occasion de la sortie du disque en Grande-Bretagne, Macca accorde un entretien au Melody Maker dans lequel il révèle que pour la première fois, il avait sélectionné les chansons qui figureraient sur le 33 tours avant l'enregistrement. Parmi celles-ci, on trouve donc *Venus And Mars/Rock Show*, *Love In Song* enregistrée en partie à Abbey Road et sur laquelle Paul joue sur la contrebasse de Bill Black, le musicien d'Elvis Presley, *You Gave Me The Answer*, véritable hommage à Fred Astaire et aux comédies musicales d'Hollywood des années trente et quarante que l'ex-Beatle apprécie tant. *Magneto And Titanium Man* évoque les héros de bandes dessinées fantastiques Marvel qu'il aime feuilleter pendant ses vacances, alors que dans *Letting Go*, Macca est inspirée par Linda à qui il prédit la célébrité alors que la jeune femme n'est vraiment pas très à l'aise dans l'univers du show business. Denny Laine n'a rien composé, mais il chante *Spirit Of Ancient Egypt*, une composition de Paul tirée d'un livre sur l'Égypte antique offert par Chet Atkins, à Nashville, en 1974 et qui comporte des paroles assez surréalistes. *Medecine Jar* est interprétée par Jimmy McCulloch. Le jeune guitariste l'a créé avec son ami Colin Allen, qui était le batteur de Stone The Crow, son ancienne formation. Il s'agit d'une tirade contre la drogue qui semble poser quelques problèmes au soliste écossais. Une façon comme une autre d'exorciser de vieux démons. On trouve ensuite *Call Me Back Again*, un rock bluesy dans lequel le piano domine et la voix de McCartney atteint des sommets. Pour compléter le hit *Listen to What The Man Said*, *Treat Her Gently – Lonely Old People*, deux chansons inachevées qui vont très bien ensemble sont réunies en une pièce. Le texte évoque la vieillesse qui attend chacun de nous et cette solitude qui rythme le quotidien des personnes âgées. Dans le prolongement, Paul place l'instrumental *Crossroads* pour clore le disque. Il s'agit d'une reprise du thème d'un feuilleton diffusé sur la télévision britannique et très apprécié par les retraités. Les producteurs du programme décideront d'ailleurs très vite d'utiliser la version de Wings pour les futurs épisodes.

Dans son édition du 31 mai 1975, le Record Mirror présente Jimmy et Joe, les deux nouveaux musiciens de Wings. On apprend que Joe doit s'installer à Londres, mais qu'il compte bien retourner régulièrement en Géorgie où il a l'intention d'acheter des terrains. Il apprécie ce nouveau groupe car il n'a aucunement l'impression d'aller travailler à l'usine comme c'est parfois le cas avec d'autres formations. Il y a des périodes pour répéter, d'autres pour enregistrer et des moments pour être simplement soi-même, ce qui est un avantage non négligeable.

Infatigable bourreau de travail, Paul se rend à nouveau à Abbey Road pour y travailler sur des musiques qui pourraient illustrer un projet de film réalisé par l'une de ses connaissances. Un livreur nommé Bob Loveday vient apporter un violon. Macca discute avec lui et découvre que le jeune homme sait jouer de l'instrument. Il décide alors de le faire jouer sur un titre : *Rudolph The Red-Nosed Reggae*. Après sa brillante prestation, le garçon disparaît sans avoir laissé ses coordonnées à l'ex-Beatle. L'instrumental restera en réserves pendant quelques années.

Après quelques jours de vacances dans le sud de la France,

la famille McCartney s'installe dans une propriété du Sussex baptisée Waterfalls. Elle a été cédée pour 40 000 livres et s'étend sur près de 65 hectares. La maison d'habitation est circulaire et assez mal isolée. L'ancien propriétaire a laissé des chevaux, des poneys, des moutons, des canards et des chiens. Rien de mieux que le cœur de la campagne pour élever les enfants, loin du tumulte londonien. De son côté, Denny Laine et sa famille ont emménagé dans une vaste demeure gothique nommée Yew Corner qui se situe à Laleham, dans le Surrey, à quelques kilomètres de la maison des McCartney afin de pouvoir travailler plus facilement. Dans le jardin, le musicien, un peu mégalo, fera construire une piscine en forme de L.

Le 14 juin, « Venus And Mars » atteint la première place des charts britanniques. Il restera 22 semaines dans le classement. Après le triomphe de « Band On The Run », Wings a encore frappé un grand coup. Pourtant, les critiques sont plus mitigées pour ce nouvel opus. Même si certains le trouvent plus musical que son prédécesseur, d'autres constatent un goût avéré pour la facilité ou quelques chansons assez mièvres. Pour augmenter les chiffres de vente, il a été décidé de produire un spot publicitaire qui sera diffusé sur les chaînes de télévision. Réalisé par Karel Reisz, il montre le quintette qui joue au billard américain alors que Denny est au piano, puis les jeunes gens commencent à chahuter avec les boules. Pendant la diffusion, on peut entendre des extraits de chansons.

Le disque atteint le sommet du hit-parade US, le 28 juin. C'est une réussite totale pour McCartney. Cinq ans après la dissolution des Beatles, il est de nouveau parvenu au sommet avec un autre groupe, en repartant quasiment de zéro. Un bel exploit qui ne doit rien au hasard. Une tournée mondiale est programmée pour asseoir la popularité de Wings. En attendant, Paul et sa famille retournent à Nashville passer quelques jours de vacances bien mérités.

Le 5 septembre 1975, le single *Listen To What The Man Said* devient disque d'or aux États-Unis et détrône de la première place des charts le *Love Will Keep Us Together* de Captain And Tennille. *Letting Go* est lancé à son tour en

Grande-Bretagne, juste avant le début d'une nouvelle tournée anglaise qui va démarrer à Southampton, le 9. La version a été remixée par Alan Parsons qui a rogné l'intro et la fin de la chanson. L'ingénieur du son a également mis le son de l'orgue plus en avant et rendu la voix de Macca plus sèche.

Le 6 septembre, George Harrison débute la promotion de son album « Extra Texture » et tient à préciser dans les colonnes du Melody Maker qu'il préfère tout de même être un ex-Beatle, plutôt qu'un ex-nazi ! Dans la soirée, en guise de répétition générale, Wings se produit devant 1200 employés d'EMI et quelques heureux membres du fan club. Quelques personnalités ont fait le déplacement : Ringo Starr, de retour de Los Angeles, Elton John, Harry Nilsson, Twiggy et les membres du groupe Queen qui commencent à faire parler d'eux. Paul prend le temps de noter quelques remarques du public pour améliorer le show.

Paul a concocté une set list très efficace dans laquelle il introduit quelques chansons du répertoire des Beatles : *Venus And Mars*, *Rock Show*, *Jet*, *Let Me Roll It*, *Spirits Of Ancient Egypt*, *Little Woman Love*, *C Moon*, *Maybe I'm Amazed*, *Lady Madonna*, *The Long And Winding Road*, *Live And Let Die*, *Picasso's Last Words*, *Richard Cory*, *Bluebird*, *I've Just Seen A Face*, *Blackbird*, *Yesterday* (pour ces deux titres, Paul est seul à la guitare acoustique), *You Gave Me The Answer*, *Magneto And Titanium Man*, *Go Now*, *Call Me Back Again*, *My Love*, *Listen To What The Man Said*, *Letting Go*, *Medicine Jar*, *Junior's Farm* et *Band On The Run*. Rappel : *Hi Hi Hi* et *Soily*. Cette tournée va parcourir le monde en plusieurs étapes, Macca a donc regroupé une véritable équipe de techniciens autour de lui. Près de trente personnes plus un escadron de roadies qui doivent décharger et installer 12 tonnes et demie de matériel pour chaque concert accompagnent le groupe afin que le show soit le meilleur possible. John Hammel a été embauché grâce à Jimmy pour s'occuper des guitares de l'orchestre. Il travaillait auparavant avec Humble Pie. Ted Sellen est en charge de la batterie de Joe, alors que Rocky prend soin des claviers de Linda et du piano du patron. Kirby Wyatt dirige les lumières ;

elles sont devenues très importantes avec l'arrivée des lasers qui apportent une nouvelle dimension au spectacle. C'est Ian Knight qui a conçu les animations scéniques et qui s'est efforcé de laisser la vedette à la musique et de ne pas trop l'étouffer avec des effets spéciaux. Quelques chansons sont illustrées par des images projetées derrière la scène comme sur *C Moon* où l'on peut admirer une copie d'un tableau de René Magritte. Jack Maxson et ses deux assistants s'assurent que le son du groupe est parfait depuis la console qui se trouve au milieu du public. C'est la société texane de Dallas Showcow qui a été choisie pour fournir tout le matériel de scène, dont l'impressionnante sono de 15 000 watts et les équipements techniques. Celia Baker a préparé les costumes de scène et Pamela Keats en prend soin chaque soir. Plus question de se présenter sur scène en jean et tee-shirt, mais les tenues ne doivent pas être trop extravagantes. La principale consigne des McCartney était de travailler les couleurs qui apparaissent sur la pochette de « Venus And Mars » (rouge, jaune, noir et blanc). Quand Celia, assistée de Tony Walker, a présenté les somptueux habits de satin au groupe, quelques problèmes ont été détectés. La couleur rouge ne passait pas très bien sur les retransmissions télévisées, il a donc fallu changer quelques pièces, et on a dû ajouter des poches à la veste de McCulloch afin qu'il puisse ranger ses médiators. Le garde du corps Brian Hunt veille sur la sécurité de Macca. Pendant le concert, il se tient prêt, sur le côté de la scène, pour intervenir si un fan décidait de monter sur scène pour toucher l'idole. Il suit également le groupe dans les loges avant de les raccompagner vers les véhicules. C'est le moment le plus délicat car les admirateurs attendent fébrilement les musiciens pour obtenir quelques autographes. La mission de Brian n'est pas aisée car il doit faire preuve de fermeté tout en laissant les jeunes gens à une distance raisonnable car le leader de Wings aime ce contact avec son public. L'ensemble est supervisé par le manager Brian Brolly qui doit s'occuper de tous les petits incidents susceptibles de survenir pendant le tour, afin que Paul reste concentré uniquement sur la partie musicale.

Le 7 septembre 1975, Paul et Linda vont écouter l'ex-guitariste de Traffic, Dave Mason, qui a participé à l'enregistrement de « Venus And Mars » et qui se produit à l'Hammersmith Odeon, à Londres. Après le show, ils vont le congratuler en backstage. Puis la tournée Wings débute enfin au Gaumont de Southampton, le 9. Le public venu en masse apprécie de pouvoir entendre des chansons de la période Beatles. C'est manifestement un bonus pour le spectacle qui permet de faire découvrir la nouvelle formation. Le petit Jimmy se montre très appliqué et élégant sur scène, Joe English est un batteur efficace et puissant, Denny Laine impressionne avec sa guitare Gibson à double manche. Celle-ci lui permet de jouer sur une douze cordes pour les arpèges ainsi que pour l'accompagnement et de se lancer dans un solo sur la six cordes sans changer d'instrument, ce qui est très utile notamment sur la chanson *Band On The Run*. N'oublions pas l'apport essentiel de la section de cuivres composée de Tony Dorsey (trombone), Howie Casey (saxophone), Steve Howard (trompette et bugle) et Thadeus Richard (saxophone, clarinette et flûte), qui donne un relief très précieux aux interprétations. Un des moments forts du spectacle est sans conteste le set acoustique. Les musiciens s'installent sur des chaises placées sur le devant de la scène et jouent comme dans une ambiance de feu de camp. Le public est particulièrement ravi d'entendre à nouveau *Blackbird*, *I've Just Seen A Face* et tombe sous le charme quand Paul reste seul pour entonner *Yesterday*, même si, un peu farceur, il fait mine de débuter un air inconnu en chantant faux. Pourtant, le critique du Melody Maker juge la performance « terne et insipide » et pense que les gens ne se déplacent que pour pouvoir écouter un ex-Beatle plutôt que Wings. Ray Fox-Cumming, du Record Mirror, se montre plus enthousiaste puisqu'il écrit que le concert de deux heures lui a semblé durer quarante minutes. La seconde prestation se déroule à Bristol, le 10 septembre. Le lendemain matin, le groupe donne une conférence de presse à l'hôtel Port House. Inévitablement, les journalistes orientent la discussion sur son ancien groupe. Paul précise que les Beatles ne répétaient guère plus de trois jours, alors que les Wings travaillent énormément leurs chansons. Il pense également que son orchestre devient chaque jour plus populaire et qu'il pourrait dépasser les Fab Four. Il affirme qu'il ne peut, à lui seul, reformer les Beatles, mais que l'entente est à nouveau cordiale avec ses anciens compagnons. Linda affirmera quelques jours plus tard que les autres membres de Wings commencent à se lasser de toutes ces questions autour des quatre garçons de Liverpool.

Après Cardiff, Manchester, Birmingham, le groupe fait escale à Liverpool, la ville natale de Paul, le 15 septembre. Pour l'occasion, tous les tickets pour le spectacle de l'Empire, dont les prix varient de 1 à 2,50 livres sterling, ont été vendus et les spectateurs sont en ébullition. Après la première chanson, des spectateurs montent sur scène devant le service d'ordre et les musiciens médusés. Après le show, un millier de fans attendent Paul devant la sortie des artistes. La Rolls Royce de la vedette est prise d'assaut et on déplorera plus de 2000 livres de dégâts sur le véhicule. De leur côté, les forces de l'ordre ont le plus grand mal à calmer cet assaut. Un pur moment de rock'n'roll ! Le photographe Robert Ellis, qui a travaillé pour le New Musical Express et le Melody Maker, a été engagé pour immortaliser ces instants précieux liés aux concerts. Il prend également la photo du groupe qui illustrera la pochette du prochain single *Letting Go.*

Après une étape à Newcastle, Wings revient à Londres pour deux concerts au Hammersmith Odeon, les 17 et 18 septembre. Une fête est organisée après la première soirée. On y retrouve Ringo, Alice Cooper, Harry Nilsson, Lynsey De Paul, David Frost et quelques membres des groupes Pink Floyd et Queen. Derek Jewell du Sunday Times décrit fort bien l'ambiance du show, précisant que si la chanson *Yesterday* nous remémore avec émotion ce que nous avons perdu, les Wings nous montrent ce que nous avons gagné, et McCartney lui-même nous en promet bien davantage. La tournée britannique se termine en Écosse, avec des prestations à Edimbourg, Glasgow (où les Wings apparaissent en kilt pendant les rappels), Aberdeen avant un ultime show à Dundee, le 23 septembre. La prochaine étape sera l'Australie, suivie du Japon. Paul et les

Wings sont prêts à conquérir le monde. Le dernier single *Letting Go* peine cependant à se hisser en tête des charts comme ses prédécesseurs. Ce sera d'ailleurs une des plus mauvaises ventes du groupe (41e en Grande-Bretagne et 39e en Amérique du Nord). Pourtant la chanson dédiée à Linda est un moment fort des concerts.

Pendant les deux semaines de break entre la tournée britannique et la série de concerts en Australie, Wings retourne en studio pour travailler de nouvelles chansons que Paul a composées ces derniers mois.

La joyeuse troupe doit s'envoler pour l'Australie. Le matin du 27 octobre, Paul, Linda et les enfants ne se sont pas réveillés alors qu'ils devaient se rendre à l'aéroport d'Heathrow. Le départ de l'appareil de la compagnie Quantas est retardé de près de trente minutes et les passagers commencent à perdre patience. Finalement, la troupe arrive avec une vingtaine de bagages. Macca devra régler une amende de 200 dollars pour chaque minute de retard qui ont perturbé tout le trafic aérien. Le London Sun ironisera sur l'incident dans un dessin humoristique représentant la scène dans l'appareil avec la légende : « Nous sommes désolés de faire demi-tour, mais M. McCartney a oublié sa brosse à dents. » Après un long voyage, les Wings arrivent à Perth, le 28 octobre. Le lendemain, une petite fête est organisée après la répétition, pour les 31 ans de Denny Laine. Un énorme gâteau d'anniversaire a été préparé pour l'occasion. L'ambiance est au beau fixe, même si le jeune McCulloch s'avère être un véritable ivrogne. Un matin, il rentre dans sa chambre passablement éméché, à 4 heures, et met la musique à fond alors que les McCartney dorment dans la suite voisine. Une ambiance très rock'n'roll !

Le 1er novembre, Paul et ses musiciens sont interviewés pour le show télévisé de Mike Walsh. Jimmy porte une casquette blanche de marin et des lunettes noires. Il est présenté comme le bébé du groupe et se met à chouiner avant d'être câliné par Linda. Jo Jo, la compagne de Denny Laine s'est incrustée sur le lieu de l'interview. Un peu à l'écart, mais en prenant soin de pouvoir apparaître à l'écran. Malgré la méfiance de

Linda à son égard, la jeune femme parvient à rester dans le premier cercle de Wings. À cette occasion, Macca annonce qu'il travaille sur un projet de dessin animé « Rupert The Bear » et qu'il a enregistré plus d'une heure trente de musique. Il révèle également qu'après l'Australie, ils ne pourront se rendre à Tokyo car le ministre japonais de la justice a interdit à son groupe de venir jouer, en raison de problèmes judiciaires liés à la drogue. Des visas avaient pourtant été accordés aux musiciens, mais la décision est irrévocable. Dans la soirée, les 8000 spectateurs du Entertainment Centre de Perth applaudissent la performance du groupe. Le lendemain matin, Paul affronte 200 journalistes dans une nouvelle conférence de presse. Au programme : les inévitables questions autour des Beatles. Le musicien commence lui aussi à s'agacer. Il déclare que les Beatles sont partis pour toujours et que c'est Wings qui est maintenant en scène. Il ne reste rien de son ancien groupe. Seulement des souvenirs. Si les gens pensent que ce n'est pas aussi bon qu'avant, ils ont tort. Tout en musique est une progression. Le groupe est également interviewé par l'acteur comique Norman Gunston qui fait semblant de dormir quand ils arrivent dans la pièce. Il leur remet quelques disques d'or pendant l'entretien qui se déroule dans la bonne humeur.

La tournée se poursuit entre Adelaïde, Sidney, Brisbane et Melbourne. Quelques visites touristiques sont organisées. Alors qu'ils s'apprêtent à aller visiter un zoo, chacun monte dans le bus affrété pour l'occasion. Rose Martin, la gouvernante des enfants, s'installe à son tour, mais est prestement invitée à redescendre du véhicule par Linda, qui a prévu de lui faire effectuer quelques tâches ménagères. L'incident choque Denny Laine et son épouse Jo Jo. La pauvre Rose, au service de Paul depuis 1967, n'a jamais été humiliée de la sorte. Elle ne manquera jamais de rappeler comment Jane Asher était une jeune femme élégante et gracieuse… Pour s'excuser auprès des fans nippons qui avaient acheté les billets pour les shows annulés, les Wings enregistrent une vidéo sur laquelle ils chantent *Bluebird* et annoncent qu'ils sont désolés de ne pouvoir se rendre au pays du Soleil levant. Après les deux concerts de Melbourne, l'équipe repart donc prématurément en Angleterre. Cette première partie de tournée a connu un grand succès, mais elle n'a pas généré de profits importants. Cependant, le manager Brian Brolly sait qu'une énorme tournée américaine se profile et qu'elle pourrait bien être triomphale.

La famille McCartney part se reposer à Hawaï. Sur place, Paul lit quelques journaux américains et découvre, dans la rubrique des spectacles, des titres de films pornographiques. Il lui vient alors l'idée de les assembler pour en faire une chanson qui deviendra *Girls School.* Sur l'île, ils vont applaudir Kenny Loggins et Jim Messina qui se produisent en concert, le 29 novembre. Après avoir salué les musiciens dans les loges, ils se sont installés à l'écart près des percussions. Linda et son mari apprécient la prestation de Leo Kottke, spécialiste du finger-picking, qui assure la première partie du spectacle. Ils ne manquent évidemment pas de congratuler le guitariste américain. Tout en sirotant des verres de scotch, ils assistent au set de Loggins et Messina qui connaissent un beau succès depuis 1971. Le couple prend le soin de partir avant les rappels, mais demande au promoteur de la soirée, Blue Johnson, de féliciter le duo pour eux.

Avant de revenir à la maison, Paul et Linda passent quelques jours entre Los Angeles et New York. Puis il est temps de travailler sur de nouvelles compositions et de continuer la production du nouvel album de Wings.

Wings Over America

Pour les fêtes de fin d'année 1975, Paul et Linda se rendent à nouveau à New York. Un soir, ils arrivent à l'improviste chez John et Yoko, qui viennent d'avoir un enfant prénommé Sean et qui reçoivent le photographe Bob Gruen, au Dakota. Les amis passent quelques heures à deviser tranquillement autour de quelques verres. Lennon espère toujours qu'il pourra obtenir un titre de séjour pour rester aux États-Unis et, selon son avocat, la régularisation est en bonne voie.

L'année 1976 commence par un drame : le lundi 5 janvier, Mal Evans, qui était le roadie et l'ami des Beatles depuis le début des années soixante, est abattu par un policier au domicile de son amie, à Los Angeles. Très déprimé depuis qu'il était en instance de divorce, il aurait beaucoup bu et serait devenu violent. Quand les forces de l'ordre sont arrivées sur place, Mal a brandi un pistolet à air comprimé et le lieutenant Charles Higbie a ouvert le feu. Evans n'avait que quarante ans. Cette tragique disparition va marquer les quatre musiciens, surtout John Lennon, qui fondra en larmes en apprenant la nouvelle.

Les sessions pour le nouvel opus de Wings débutent à Abbey Road. Paul souhaite que chaque membre du groupe chante sur au moins un titre. Pour Linda, il a composé *Cook Of The House*, une sorte de recette de cuisine musicale sur laquelle il utilise la contrebasse de Bill Black que son épouse lui a offert. Pour Joe, il propose *Must Do Something About It* et pour

Denny *The Note Your Never Wrote* qui a déjà été enregistrée en septembre. Laine aura également enfin une de ses œuvres sur le disque : *Time To Hide*. Jimmy a collaboré une nouvelle fois avec son camarade Allen pour *Wino Junko*, qui relate les déboires d'un alcoolique. Sur ce disque décidément très démocratique, la section de cuivres a pu écrire ses propres arrangements pour qu'ils soient plus faciles à interpréter. Macca se réserve bien évidemment quelques hits bien ciselés comme *Silly Love Songs* dans laquelle il règle ses comptes avec les critiques qui lui reprochent de ne chanter que des stupides chansons d'amour et *Let'Em In*, initialement créée pour Ringo Starr, mais qu'il va finalement conserver pour lui. Sur ce titre, il cite des gens de sa famille : Linda (sous le pseudonyme de sister Suzy), son frère Michael, sa tante Gin, son « frère » John (Lennon) et son oncle Ernie derrière lequel se cache le rôle que jouait Ringo dans l'opéra rock « Tommy » des Who. Il rend également hommage à Martin Luther King et à ses idoles de jeunesse, les Everly Brothers (Phil and Don). Le morceau débute avec la mélodie du carillon de Big Ben, la célèbre cloche de l'horloge du Palais de Westminster, à Londres. Le patron de Wings a également d'autres pépites en réserve : le puissant *Beware My Love*, *She's My Baby*, qui comporte une très belle partie de basse et la ballade *Warm And Beautiful* que Paul a apportée un matin au studio et dont les bases ont été enregistrées en une trentaine de minutes. Il y a également cette petite chanson *San Ferry Anne* qui est un clin d'œil à une expression que les soldats britanniques avaient ramenée de France après la Première Guerre mondiale. Ils entendaient les autochtones dirent souvent : « Ça ne fait rien. » et la phrase s'est transformée en « San Ferry Anne ». Les liverpuldiens en étaient très friands et un club cycliste anglais fut même baptisé ainsi après la Grande Guerre. Cet album permet également de découvrir les talents de bassiste de l'ex-Beatle avec une partie technique remarquable sur *Silly Love Songs*, alors que curieusement il laisse la basse à Denny Laine pour *She's My Baby*. Le leader de Wings a réussi à transcender son instrument, rarement mis en valeur sur ses compositions. Denny avoue être souvent déconcerté par la versatilité musicale de Macca. Au point de se demander si l'ex-Beatle sait toujours dans quelle direction il se dirige. Le but du groupe est de publier cette nouvelle production pour le début de la tournée américaine prévue à partir du 8 avril. D'ailleurs, Paul vient de signer un nouveau contrat avec EMI, puisque celui des Beatles expirait le 29 janvier 1976. Il est le seul des quatre à rester fidèle à la compagnie de disques historique des Fab Four.

À la fin du mois de février, une séance photo très particulière est organisée au cœur de Londres. Le Leicester Square Theatre a été réquisitionné pour réaliser la couverture du nouvel opus de Wings. Alors que le cinéma diffuse « Le Retour de la Panthère Rose » de Blake Edwards, avec Peter Sellers, des techniciens retirent les lettres qui annoncent ce film et les remplacent par « Wings At The Speed Of Sound » (Wings à la vitesse du son) qui sera donc le titre de l'album. Des photos du making-of serviront à la promotion de l'œuvre.

Avant de conquérir l'Amérique, Wings va s'étalonner à nouveau sur quelques scènes européennes au mois de mars. Une fois le nouvel album en boîte, il est temps de répéter pour la tournée. Le 14 mars, toute l'équipe se retrouve aux Studios Elstree de Londres pour les ultimes préparatifs d'un show qui promet d'être encore plus spectaculaire. Mais la mort de Jim McCartney, le père de Paul va bouleverser cet enthousiasme. Le 18 mars, à l'âge de 73 ans, il s'éteint des suites d'une pneumonie, à son domicile de Rembrandt, à Liverpool. Il souffrait d'arthrite depuis plus de huit années et, avant de rendre l'âme, il s'était réjoui de rejoindre son épouse Mary, la mère de ses enfants, disparue d'un cancer en 1956. Le lendemain du décès, une conférence de presse de Wings est prévue dans les bureaux de MPL. Elle est curieusement maintenue et Paul ne montre aucun signe de désarroi. C'est bien là un de ses traits de caractère, puisqu'il ne laisse jamais paraître ses émotions. Ce qui peut souvent être mal perçu par certains. Impossible d'annuler les concerts qui débutent au Falkoner Theatre de Copenhague au Danemark dès le 20 mars. Macca n'assistera donc pas aux obsèques de son père qui se dérouleront le 22. Mike McCartney précisera que son grand frère n'aurait pu faire face à ce genre de cérémonie. Après la mort de Jim, la star ne restera plus en contact avec sa belle-mère Angela et Ruth, la fille de cette dernière. Les membres du clan McCartney n'auraient guère apprécié qu'elles s'empressent de partir en vacances après les funérailles.

Le show doit donc continuer. L'orchestre se produit à Berlin, le 23 mars. Paul et Linda ont l'idée d'écrire « Silly Love Songs » sur un grar d drap et d'aller se faire photographier avec Denny, Jimmy et Joe devant le fameux mur qui sépare les deux parties de la ville. Le cliché sera utilisé, dans certains pays, pour la pochette du single de la chanson. Puis, ils se rendent au Sport Aleis de Rotterdam, le 25 mars, jour de la publication du nouveau disque « Wings At The Speed Of Sound » aux États-Unis. Le vendredi 26 mars, le groupe se produit au Pavillon de Paris. Les Parisiens sont venus en nombre pour voir Paul et Wings, à la Porte de Pantin. 11 000 personnes s'entassent dans la salle située à l'emplacement des anciens abattoirs de la capitale française et, parmi elles, quelques personnalités comme le chanteur Julien Clerc et sa compagne Miou Miou, Gérard Manset et Claude Nougaro. Le répertoire a été adapté avec les chansons du nouvel album à paraître : *Venus And Mars*, *Rock Show*, *Jet*, *Let Me Roll It*, *Spirits Of Ancient Egypt*, *Medicine Jar*, *Maybe I'm Amazed*, *Call Me Back Again*, *Lady Madonna*, *The Long And Winding Road*, *Live And Let Die*, *Picasso's Last Words*, *Richard Cory*, *Bluebird*, *I've Just Seen A Face*, *Blackbird*, *Yesterday*, *You Gave Me The Answer*, *Magneto And Titanium Man*, *My Love*, *Listen To What The Man Said*, *Let 'Em In*, *Time To Hide*, *Silly Love Songs*, *Beware My Love*, *Go Now*, *Letting Go*, *Band On The Run*, *Hi Hi Hi* et *Soily*. Le public français exulte après *Yesterday* et offre à son idole une formidable ovation. Paul parle très peu entre les morceaux et laisse le soin à Jimmy et Denny de les présenter au public. François Ducray, du magazine français Best, affirme qu'on n'a jamais connu une sono aussi parfaite au Pavillon de Paris et qu'on n'espérait pas tant de talent, surtout au niveau du groupe. On est bien loin du très approximatif Olympia de 1972 et McCartney s'est surpassé pour que le moment présent soit plus qu'un nom vénéré pour son passé. Après la prestation, le présentateur vedette français Michel Drucker vient interviewer Wings dans les loges, pour son émission télévisée « Les Rendez-Vous du Dimanche ». Il leur pose bien évidemment la sempiternelle question sur les Beatles et leur succès. Paul, qui préfèrerait certainement se relaxer après ce long concert, répond sobrement que c'était un bon groupe, qu'ils sont toujours amis, mais ne jouent plus ensemble. Ne sachant plus quoi dire, Drucker leur demande ce qu'ils pensent des Rubettes, un orchestre britannique alors très populaire dans l'Hexagone. Paul rétorque que c'est un groupe de jukebox. La réponse est évasive, mais le pouce tourné vers le bas de Linda qui grimace est sans appel. Finalement, le présentateur français souhaite savoir ce que Macca ferait s'il n'était pas musicien. Il lui répond qu'il élèverait des moutons dans une ferme.

Malheureusement, après leur retour à l'hôtel George V, près des Champs-Élysées, Jimmy McCulloch se fracture un doigt de la main gauche. D'après la version officielle, il serait tombé dans sa salle de bains, mais beaucoup affirment que le soliste se serait battu dans un bar parisien après le show. Pour les assurances, la première hypothèse est plus convenable. Le docteur Wiltshire de l'Hôpital Américain de Neuilly-sur-Seine est contacté et une attelle est fixée à la hâte. Verdict : trois semaines de repos avant de débuter la rééducation. Ce qui rend impossible le début de la tournée américaine pour le 8 avril, à Fort Worth. Celle-ci est donc reportée au 3 mai. Nouvelles vacances forcées pour les musiciens qui font contre mauvaise fortune bon cœur et profitent de leur temps libre. La famille McCartney reste à Paris, ce 27 mars pour applaudir Fats Domino qui se produit également au Pavillon de Paris, puis part quelques jours en Martinique, pour faire le plein de soleil avant de conquérir l'Amérique.

Le 24 avril, « Wings At The Speed Of Sound » atteint le top du hit-parade américain, porté par le single *Silly Love Songs* qui est un énorme succès outre-Atlantique. Bien que les critiques aient vivement regretté le manque d'homogénéité de l'album, le public le trouve finalement à son goût. Paul rend visite à John, au Dakota. Les deux hommes regardent la télévision et s'amusent quand Lorne Michael propose aux Beatles de venir dans l'émission Saturday Night Special. Ils sont vraiment à deux doigts d'y aller, mais Lennon se dégonfle au dernier moment. Le lendemain, McCartney passe à nouveau voir son ami, avant de partir pour Dallas afin de préparer la tournée. Mais quand il se présente devant John avec sa guitare, celui-ci lui fait remarquer qu'ils ne sont plus dans les années cinquante et qu'il convient de prévenir avant de débarquer chez les gens, laissant entendre qu'il souhaite rester tranquille. Vexé, Paul quitte son camarade, sans se douter que les deux hommes n'auront plus l'occasion de se revoir. Dans l'interview accordée au magazine Playboy, en 1980, Lennon précisera qu'il n'avait pas voulu blesser Macca, mais que ce soir-là, il était fatigué après s'être occupé de son fils Sean toute la journée.

Pas le temps de gamberger pour Paul car la tournée Wings Over America est imminente. Le groupe, qui a retrouvé un McCulloch opérationnel, répète à Dallas. Tout est en ordre pour le premier show de Fort Worth, au Texas. Trois énormes camions transporteront tout le matériel nécessaire au spectacle. L'équipe technique va décharger 12,5 tonnes d'équipement et le ranger à nouveau après chaque concert. Ils se déplacent à bord d'un avion privé qui comprend 24 places et dans lequel Paul a fait installer un système vidéo qui permet aux passagers de regarder un film. Une jeune femme, surnommée la « smoothie girl », a été embauchée pour préparer des jus de fruits frais à toute l'équipe.

La famille McCartney a loué plusieurs maisons à New York, Dallas, Chicago et Los Angeles pour se relaxer entre les concerts et permettre aux enfants, dont s'occupe Rose Martin, d'avoir plus de confort. Les enseignants des filles McCartney se sont montrés assez réticents à l'idée qu'elles s'absentent de l'école pendant plusieurs semaines car cela pourrait avoir des répercussions fâcheuses sur leur scolarité. Mais Paul et Linda ne peuvent se résoudre à rester éloignés de leur progéniture et ont donc mis en place une équipe de soutien scolaire qui va s'efforcer de suivre le programme et maintenir leur niveau de connaissance. Tout cela semble relativement conventionnel et bien loin du cliché des tournées avec son lot de dealers et de groupies. Quand on demande à Macca comment il fait pour rester aussi simple, il répond qu'il a toujours été entouré de gens normaux.

Alors qu'ils se promènent en voiture dans la région de Fort Worth, au Texas, les McCartney aperçoivent dans un pré un superbe cheval appaloosa. Linda tombe sous le charme et demande au propriétaire de cette écurie si elle peut regarder de plus près cet animal, celui-ci rétorque qu'il n'est pas à vendre. Après l'avoir monté, la jeune femme parvient à le faire changer d'avis et achète l'animal, qui sera baptisé Lucky Spot et transporté dans la ferme du Sussex, en Angleterre.

Après dix longues années d'attente depuis la dernière apparition des Beatles, le public américain est impatient de revoir McCartney en live. La tournée va être longue et intense : Fort Worth Tarrant Country Convention Center, Texas (3 mai), Houston Summit, Texas (4 mai), Détroit Olympia, Texas (7 et 8 mai), Toronto Maple Leaf Gardens, Canada (9 mai), Cleveland Richfield Coliseum, Ohio (10 mai), Philadelphia Spectrum (12 et 14 mai), Largo, Maryland Capitol Center, Washington (15 et 16 mai), Atlanta Omni (18 et 19 mai), Long Island Nassau Coliseum (21 mai), Boston Garden (22 mai), New York Madison Square Garden (24 et 25 mai), Cincinnati Riverfront Coliseum (27 mai), Kansas City Kemper Arena (29 mai), Chicago Stadium, Illinois (31 mai au 2 juin), St. Paul, Minnesota Civic Center (4 juin), Denver McNichols Arena (7 juin), Seattle Kingdome (10 juin), San Francisco Cow Palace (13 et 14 juin), San Diego Sports Arena (16 juin), Tucson Community Center (18 juin) et Los Angeles Forum (21 au 23 juin).

Dès le premier show, le 3 mai, Wings enflamme les 14 000 spectateurs texans avec une prestation impeccable. Dès que Paul arrive sur scène, le public l'acclame pendant une quinzaine de minutes, avant même qu'il ait joué la moindre note. C'est le retour du Beatle Paul, tant attendu, et tout est en place. Les tenues de scène ont été revues. Macca porte un ensemble noir plus près du corps, qui lui sied mieux que la veste de kimono informe de l'automne dernier. Dès le second concert à Houston, on frôle le drame. Une pièce d'échafaudage se détache et tombe sur la scène à quelques centimètres de Paul. Trevor Jones, le manager de la tournée a bien moins de chance puisque c'est lui qui est percuté par l'objet et doit aller se faire poser 13 points de suture. Et comme si le sort s'acharnait, Paul se blesse un doigt en coupant une part de pizza. Il sera gêné pendant quelques jours pour jouer de la guitare acoustique, notamment sur *Blackbird*. Après le show de Détroit, un journaliste importune à nouveau McCartney au sujet des Beatles. Le musicien lui fait remarquer qu'on est en 1976 et que les gens se fichent de ce qui se passait dix ans plus tôt. Tout ce qui les intéresse, c'est ce qu'il fait aujourd'hui. Le passé est loin et il ne reviendra pas. Il déclare à la manière du boxeur Mohamed Ali : « Les Beatles se sont séparés en 1969 et depuis, ils vont très bien. Si vous posez encore cette question, je pense que je vais vous casser la mâchoire. » Paul et Linda se consolent en posant devant une superbe sculpture de glace qui représente le fameux logo W de Wings. Un véritable travail d'artiste.

Parmi les 18 000 spectateurs de Toronto, le 9 mai 1976, on remarque la présence de George Harrison et Ringo Starr. À Philadelphie, Peter Frampton, qui survole les charts américains avec son album « Comes Alive », est venu voir le show. Le même soir, Allan Williams, l'un des premiers managers des Beatles vient saluer Paul en coulisse et lui promet de lui faire parvenir les bandes d'un concert des Fab Four au Star Club de Hambourg, en 1962. Le 15 mai, c'est au tour de Linda Rondstadt, de Peter Asher et des Eagles d'applaudir Wings à Washington.

Le single *Silly Love Songs* atteint enfin la première place des charts américains. La chanson sera reprise par de nombreuses vedettes comme Karen Carpenter, Sonny and Cher ou Mary Osmond, pour des émissions télévisées. Tout auréolé de ce succès, le groupe Wings arrive à New York pour se produire au Madison Square Garden, les 24 et 25 mai, devant 40 000 personnes. Les spéculations vont bon train pour une éventuelle apparition de Lennon, qui aurait promis à Paul de faire le déplacement depuis son domicile. Les chaînes de télévision ont envoyé leurs meilleurs journalistes pour ne pas manquer le scoop éventuel. Malheureusement, John décidera à nouveau de rester chez lui, alors que Jacky Onassis, la veuve du président J.F. Kennedy viendra saluer les McCartney dans les loges. Des membres anglais du fan club des Wings ont fait spécialement le déplacement depuis Londres. Ils ont droit à un traitement de faveur pour une photo avec les musiciens du groupe qui se sont assis avec eux sur les sièges du Madison Square Garden. La famille de Denny Laine a également fait le déplacement et passe quelque temps avec lui et Jo Jo. Pendant ces deux soirées, Macca irradie la scène par sa présence, alors que, quelques mois plus tôt, il angoissait à l'idée de se produire dans ce lieu si prestigieux de cette mégalopole si particulière, où il triomphe aujourd'hui.

Le 4 juin, à l'issue du show de St Paul dans le Minnesota, une fête est organisée pour l'anniversaire du guitariste Jimmy, qui vient d'avoir 23 ans. Un beau gâteau lui est apporté dans la loge et, après le traditionnel chant « Happy Birthday » on le lui balance dans la figure.

Le 7 juin, la compilation des Beatles « Rock'N'Roll Music » est mise en vente par EMI. Il s'agit d'un double album regroupant les plus grands titres rock du groupe. Ringo Starr, qui a quitté le label quelques semaines plus tôt, déplore de ne plus avoir son mot à dire sur ce genre de projet et désapprouve cette production. De son côté, Paul déclare qu'il est assez indifférent à ce genre de procédé et qu'il préfère écouter les chansons des Beatles à la radio, sans s'occuper de packaging ou de choix de pochette.

La tournée de Wings est un triomphe, avec des salles bondées et des concerts supplémentaires programmés. Le 10 juin, à Seattle, on bat un record avec 67 000 personnes qui investissent le Kingdome. Avant le show, le groupe a salué la foule amassée près du parking qui attend d'entrer dans la salle. La presse est unanime : Rolling Stone titre « Yesterday, Today, et Paul », alors que le New York Times écrit : « Le Beatle avec le charme est de retour. » Dix ans après l'arrêt des concerts des

Beatles, six après la séparation des Beatles et moins de cinq depuis le début de l'aventure de sa nouvelle formation, McCartney est à nouveau au sommet et a également convaincu le public que Wings était un véritable groupe, alors que lui-même en avait douté pendant longtemps. Belle revanche pour l'artiste qui ne fut pas épargné par les critiques des journalistes et de ses anciens partenaires. Si tout semble rose vu de l'extérieur, il ne faut pas occulter, malgré tout, quelques petits problèmes au sein du groupe. Le jeune McCulloch commence à se montrer capricieux et rechigne à remonter sur scène pour les rappels. Paul a du mal à gérer la situation et doit appliquer la manière forte pour le ramener à la raison. La drogue est de plus en plus présente au sein de l'équipe. Jo Jo, l'épouse de Denny Laine, se charge de trouver de la cocaïne pour Jimmy et elle-même, quitte à revendre des invitations à prix d'or. Le jeune Écossais a bien du mal à se fixer des limites avec ce mélange whisky/cocaïne qui est parfois détonnant. La répétition des concerts amène une certaine routine qu'ils tentent d'oublier avec ces paradis artificiels. Cette addiction est également le problème du débonnaire Joe English, qui se défonce lui aussi à la coke et à l'héroïne. Il se drogue depuis l'âge de 13 ans et dépense tout l'argent qu'il gagne avec Wings en substances. Il révélera, plus tard, avoir fait plusieurs overdoses et qu'il lui arrivait parfois de se réveiller sans savoir où il était vraiment. Linda commence à s'ennuyer dans les belles villas louées pour la tournée. Elle ne s'y sent pas à l'aise. Elle avouera se sentir vide et seule à cette période, malgré le succès et la présence de ses enfants.

Le spectacle continue malgré tout. Le 18 juin 1976, McCartney célèbre son trente-quatrième anniversaire, après la prestation de Tucson. Linda et le groupe ont organisé une fiesta avec un orchestre de mariachis et la célèbre pinata mexicaine, un récipient rempli de sucreries ou de cadeaux que Paul doit casser avec un bâton et les yeux bandés. L'exercice s'avère être particulièrement délicat et provoque l'hilarité de tous. L'artiste découpe ensuite un gâteau aux couleurs de « Speed Of Sound » et qui comporte les logos de Wings. Le lendemain, il retrouve Ringo Starr pour une séance d'enregistrement aux studios Cherokee à

Hollywood. Macca a composé le titre *Pure Gold* pour son ami, et va assurer les chœurs avec Linda. Une semaine auparavant, John et Yoko étaient venus également au studio. Lennon avait joué du piano sur sa composition *Cookin' (In The Kitchen Of Love).* Ce sera sa dernière apparition dans un studio jusqu'en août 1980 puisqu'il va, à partir de là, se consacrer exclusivement à son fils Sean.

La tournée « Wings Over America » s'achève avec trois soirées au Forum de Los Angeles. Des fans japonais sont eux aussi venus spécialement par avion pour assister au concert des Wings. Les 40 000 tickets se sont vendus en moins de quatre heures. À la fin du premier show, le 21 juin, Ringo monte sur scène avec un bouquet de fleurs et prend la guitare de Paul pour en jouer. Beau et rare moment pour les spectateurs présents. De nombreuses vedettes sont venues applaudir le groupe : Diana Ross, Harry Nilsson, Robbie Robertson du Band, Elton John, Jack Nicholson, Cher, Jesse Ed Davis, Dustin Hoffman, Leo Sayer, Adam Faith, Dennis Wilson des Beach Boys et John Bonham de Led Zeppelin.

Le 24 juin, le couple McCartney organise une soirée pour fêter la fin de cette triomphale tournée américaine qui a rassemblé plus de 600 000 spectateurs avec 34 concerts et généré un chiffre d'affaires de plus de 5 millions de dollars. Phénoménal ! Cela mérite donc cette fête, qui se déroule dans la demeure de l'acteur Harold Lloyd, à Benedict Canyon, et pour laquelle le couple a déboursé 80 000 dollars. Parmi les invités figurent Warren Beaty, Rod Stewart, Jack Nicholson, Henry Fonda, Tony Curtis, Bob Dylan, David Cassidy et quelques membres des Beach Boys. L'invitation indiquait que les convives devaient porter des vêtements blancs et, à leur arrivée, des artistes hawaïens peignaient des dessins sur les chemises. Un buffet est servi à 22 heures, puis le Nelson Riddle Orchestra va animer la soirée dansante autour de la piscine. Pendant la soirée, Paul retrouve le jeune Michael Jackson qui a quitté la maison de disques Motown et s'apprête à lancer une brillante carrière solo.

Le groupe peut enfin se reposer après cette harassante campagne américaine. Les McCartney restent dans l'ouest des États-Unis et assistent au concert des Beach Boys à Anaheim, le 10 juillet. Brian Wilson, qui n'a pas chanté avec sa formation depuis douze ans, est de retour sur scène. Macca ne voulait pas rater cet évènement. Puis, c'est le retour en Écosse pour un nouveau projet musical. Depuis quelque temps, Paul a investi dans l'édition musicale et a ainsi acheté les droits des chansons de son idole de jeunesse Buddy Holly, mais également des catalogues de titres de Duke Elligton, d'Huggy Carmichael ou de comédies musicales comme « Hello Dolly ». Alors que d'autres stars de la musique placent leurs gains en Bourse ou investissent dans l'industrie, l'ex-Beatle a préféré rester dans le domaine musical, le seul qu'il apprécie et maîtrise. Sous l'impulsion de son beau-père Lee Eastman, il suggère à Denny Laine d'enregistrer un album de reprises de Holly. L'ensemble est produit en août 1976, dans la propriété de Macca, au Rude Studios, sur un quatre pistes. En trois semaines, les dix titres sont trop rapidement mis en boîte par Denny, Paul et Linda et le résultat sera plutôt terne.

Le 21 août, les McCartney assistent au festival de Knebworth et applaudissent Lynyrd Skynyrd et les Rolling Stones. Paul s'est à nouveau laisser pousser la moustache et se fait photographier avec son ami David Gilmour de Pink Floyd ! Peu après, le single *Let'Em In* atteint la troisième place des charts US. Il sera numéro 2 en Grande-Bretagne.

Le 7 septembre 1976, McCartney lance « la semaine Buddy Holly », un rendez-vous annuel qui célébrera le rocker, disparu tragiquement en 1959 et qui aurait eu quarante ans cette année. Durant la manifestation, il présentera à la presse la reprise de « Moondreams » enregistrée avec Denny Laine, en août. Le producteur Norman Petty est l'invité d'honneur de cette première édition et offre à Paul une paire de boutons de manchette ayant appartenu à Buddy. Roger Daltrey, Eric Clapton, Elton John et des membres des groupes 10cc, Queen et Roxy Music sont présents à la soirée de lancement. Le même jour, George Harrison est reconnu coupable d'avoir plagié la chanson *He's So Fine*, créée en 1963 par The Chiffons, pour son titre *My Sweet Lord*. Il devra régler la somme de 587 000 dollars en dédommagement. Alors que tout sourit à Paul, George fait face à d'énormes difficultés et n'a pu terminer l'enregistrement de son album « Thirty-Three & 1/3 » dans les délais fixés par son contrat signé avec A&M, le distributeur de son label Dark Horse. La multinationale attaque à son tour l'artiste et demande un dédommagement. Harrison doit alors trouver une nouvelle maison de disque. Les ex-Beatles connaissent des fortunes diverses. De son côté, John Lennon a plus de chance puisqu'il obtient enfin sa fameuse carte verte, le titre de séjour qui lui permet de résider légalement aux États-Unis. La fin d'un cauchemar administratif qui aura duré plusieurs années.

Ringo publie « Ringo's Rotogravure », pour lequel les ex-Beatles ont à nouveau collaboré, bien que George Harrison n'ait pas participé à l'enregistrement de sa composition. Le batteur est encore parvenu à rassembler ses amis pour un de ses projets. Pourtant, l'album ne connaîtra pas le succès de ses prédécesseurs malgré la pléiade de stars qui y contribuent (Eric Clapton, Peter Frampton, Dr John…). La suite de la carrière de Starkey sera des plus chaotiques et subira de nombreux échecs commerciaux.

Les Wings prennent le chemin de Vienne, en Autriche, le 18 septembre 1976, pour quelques dates européennes de leur tournée. Le 19, ils enflamment le Wiener Stadhalle en reprenant la set list utilisée aux États-Unis. Le 21, le groupe fait une incursion en Yougoslavie, un pays qui est encore sous la coupe du régime communiste du maréchal Tito. Le public de Zagreb, incrédule, peut entendre un Beatle en concert pour la première fois. Un véritable évènement pour la jeunesse du pays et une sacrée dose de liberté. Dans le même temps, l'album de Wings « Band On The Run » est commercialisé pour la première fois en Union Soviétique, avec « Imagine » de John Lennon, sur le label officiel Melodia. Même le bloc de l'Est succombe à la musique des ex-Beatles et McCartney n'exclut pas de pouvoir emmener son groupe jouer à Moscou.

Paul a prévu une étape à Venise, le 25 septembre, à l'invitation de l'UNESCO, qui rassemble des fonds pour restaurer la

Cité des Doges qui en a sérieusement besoin. MPL productions a pris en charge le transport du matériel et l'organisation du concert a financé l'hébergement dans les hôtels de la ville. Quand les camions arrivent sur la place Saint-Marc pour décharger les 65 tonnes d'équipement, les autorités s'inquiètent car leurs poids pourraient dégrader le sol pavé historique. Après le départ des Wings, de nombreuses personnes affirmeront que le sol a bien craqué sous les roues des engins. Autre souci, des places assises ont été installées pour les notables de Venise et pour la presse. Le vaniteux public local y voit une volonté de séparer les riches des pauvres. Il se dit que certains préfèreront rentrer chez eux de colère. Mais environ 15 000 personnes parviennent à forcer les barrières et à rejoindre les autres 15 000 spectateurs qui ont acquitté le prix du billet. Dommage car ce spectacle unique dans le décor prestigieux de ce lieu mythique restera inoubliable pour ceux qui y assistent, avec notamment les lasers qui se reflètent sur les parois de la basilique Saint-Marc et du Palais des Doges. Le concert rapportera 50 000 dollars pour le projet de restauration. Ravi Shankar viendra également donner un concert pour cette belle cause. Au cours de son séjour, le couple McCartney succombera à l'inévitable balade en gondole.

Deux jours plus tard, Wings est à l'Olympiahalle de Munich. Macca se voit décerner le prix du meilleur chanteur de l'année par l'industrie musicale américaine. Rien ne semble troubler ce triomphe. Joe English a fait venir son grand-père qui vit à New York, et celui-ci est très impressionné par le concert et le succès de l'orchestre. Ce bref périple européen s'achève à Londres, à l'Empire Pool, pour trois représentations époustouflantes. Paul ne s'y était pas produit depuis décembre 1965, avec les Beatles. Et le groupe qui assurait alors leur première partie était les Moody Blues, de Denny Laine. Belle coïncidence. Sheila Prophet, du Record Mirror, note que peu de formations peuvent maintenir l'attention du public pendant près de deux heures et demie, mais il n'y a pas beaucoup de groupes comme Wings ! Le magazine Sounds est plus réservé et regrette qu'aucun autre musicien du groupe ne vienne contester la suprématie de McCartney pendant le show. La formation aura donc donné soixante-deux concerts dans dix pays différents, en treize mois. Paul déclare qu'il aime toujours autant les tournées et qu'il continuera à en donner jusqu'à ses 99 ans !

Une nouvelle période de vacances s'annonce pour les musiciens, sauf pour le patron qui doit sélectionner les meilleurs enregistrements américains pour un album live à venir. Il a choisi les cinq meilleures prises des vingt-huit chansons, ce qui lui a pris des heures de travail, avec 800 heures captées. Il a ensuite supervisé le mixage ainsi que le mastering du disque. En complément du son, des films ont été réalisés et seront diffusés ultérieurement. L'épouse de Paul en profite pour publier son premier livre de photographie en décembre. Intitulé « Linda's Pictures », il permet de retrouver ses clichés des Rolling Stones, Jimi Hendrix, Judy Collins, mais également de Paul et de ses enfants. Alors que ses compétences musicales sont fréquemment étrillées par la critique, son travail de photographe est immédiatement reconnu.

Jimmy McCulloch présente son nouveau groupe White Line qui va lui permettre de s'occuper entre les périodes d'activité de Wings. Il est composé de son frère Jack à la batterie et de Dave Clarke aux claviers. Le nom du groupe a pour origine la chanson composée par Clarke et qui évoque la ligne blanche tracée par un rail de cocaïne, substance qui ne laisse pas insensible McCulloch. Cette formation n'a pas de plan de carrière bien défini, mais va proposer quelques singles remarquablement produits dont *Call My Name*. Jimmy a fait écouter la chanson à McCartney et ce dernier lui a déclaré qu'elle pourrait certainement décrocher un hit. Malgré ces encouragements, la carrière de ce titre restera très confidentielle.

Le 10 décembre, « Wings Over America » est disponible. Il s'agit donc d'un souvenir sonore de la fabuleuse épopée de 1976 ; celle de tous les records. Il se vendra à quatre millions d'exemplaires aux États-Unis et c'est le seul triple album vinyle à devenir numéro un des charts. Macca a insisté pour que l'intégralité du concert soit disponible, d'où cette production sur trois disques. Évidemment, les cinq chansons des Beatles figurent sur les disques, mais Paul a inversé l'ordre des noms pour les crédits de celles-ci. C'est la mention « McCartney-Lennon » qui apparaît et non le contraire comme sur les disques des Fab Four. Une manière de revendiquer la paternité de ces morceaux pour lesquels John n'avait guère participé. Les observateurs trouveront la démarche peu élégante, alors que Lennon ne s'en offusquera pas. Les critiques retiendront que, non seulement Macca est une star, mais que, de surcroît, c'est également un showman extraordinaire. Dans une revue, un journaliste n'hésitera pas à qualifier Wings de « meilleur groupe du monde », à son niveau maximum. Paul obtiendra d'ailleurs l'Award du meilleur chanteur par le Daily Mirror, alors que sa formation remporte le trophée dans les catégories « Rock » et « Pop ». Pour l'occasion, le groupe pose avec David Essex, The Real Things et les Rubettes. Il n'y a guère qu'Elton John, en tête des hit-parades en cette fin d'année 1976, qui puisse contester cette suprématie. Interrogé par un journaliste, Jimmy McCulloch déclare que Wings est installé pour longtemps et que ce serait une honte si quelque chose venait troubler cette harmonie. Il ne voit pas ce qui pourrait bouleverser le groupe dans un avenir proche. La suite des évènements va malheureusement lui donner tort.

Le 24 décembre, Paul et Linda sont invités à une soirée organisée par Marc Bolan, le fameux T Rex dont le style fascinait tant l'ex-Beatle. Le couple discute avec le chanteur fantasque et Alvin Stardust, autre personnage du rock british qui a été numéro un en 1974 avec *Jealous Mind*, et qui a été marié avec Iris Caldwell, l'ex petite amie de George Harrison et de… Macca.

Le 13 janvier 1977, le batteur Joe English épouse sa fiancée Dayle Betts à Forsyth, en Géorgie. Il restera quelques semaines aux États-Unis pour sa lune de miel. De son côté, Linda apprend qu'elle est enceinte. La naissance est prévue pour le mois de septembre et tout projet de tournée américaine est bien évidemment annulé. Wings va se concentrer sur la production d'un nouvel album.

Fin de cycle

Après une année 1976 exceptionnelle, Wings est devenu un groupe majeur dans le paysage musical et les affaires de Paul sont prospères. Sa société, qui se nomme désormais MPL (McCartney Productions Limited), gère ses intérêts et les droits d'édition des catalogues de musique qui représentent près de 25 000 chansons. L'entreprise a abandonné le modeste deux pièces de Greek Street, au-dessus du restaurant mexicain Le Cucaracha, pour s'installer dans un superbe immeuble situé au numéro 1 à Soho Square. La société occupe un bureau mais, progressivement, elle récupérera tous les étages.

Le 22 janvier, l'album « Wings Over America » domine les charts américains. *Maybe I'm Amazed* est commercialisée en single, avec *Soily* en face B. La chanson, qui était déjà l'un des titres phares de l'album « McCartney » en 1970, est transfigurée lors de son interprétation par Wings. C'est certainement le titre qui incarne le plus son auteur. On y décèle toute sa qualité de mélodiste, mais également toute la force du musicien avec cette partie de guitare héroïque. *Soily*, l'autre chanson, comporte des paroles assez controversées. Paul harangue un certain nombre de personnes et les exhorte à l'écouter. Dans cet inventaire, on retrouve des Romains, des Italiens, des paysans, des menteurs, des tricheurs, des chefs de tribu, des saints, des croyants et le fils d'Hitler. La référence à l'ancien dictateur nazi passera inaperçue et ne provoquera pas de réactions hostiles.

Quelques jours plus tard, Paul et Linda récupèrent une nouvelle récompense à Capitol Radio pour le meilleur concert londonien de l'année 1976, à l'Empire Pool de Wembley.

Puis, le groupe se retrouve aux studios Abbey Road pour commencer des séances d'enregistrement. Le 7 février, ils débutent avec *London Town*, qui correspond bien à l'ambiance pluvieuse de ces journées d'hiver. Puis, ils enchaînent avec *Deliver Your Children*, une chanson que Denny a composée avec Paul et qu'il interprète. L'ambiance est assez morose et finalement Laine raconte à Macca qu'il a visité un bateau, à Los Angeles, dans lequel était embarqué un studio d'enregistrement, et qu'il pense que ce serait intéressant de tenter cette expérience. Geoff Emerick qui vient de rentrer d'Hawaï, où il a collaboré avec le groupe America, abonde dans son sens. McCartney est séduit par l'idée, à double titre. Ce serait en effet une belle opportunité de combiner activité professionnelle et séjour agréable dans un endroit paradisiaque. Il décide de choisir les Iles Vierges et Francis Bay, au large de St John. Travailler dans les eaux internationales présente également l'avantage non négligeable d'échapper aux taxations. En effet, les compositeurs doivent verser des contributions dans chaque ville où ils enregistrent leurs morceaux. C'est surtout le cas aux États-Unis. Comme il est lourdement touché par l'impôt au Royaume-Uni, cette petite escapade aux Caraïbes sera la bienvenue pour l'ex-Beatle. Même s'il est parfois sujet au mal de mer, il décide de tenter l'aventure.

Après un passage à New York, fin avril, la famille McCartney se rend donc à Francis Bay pour embarquer sur le yacht El Toro. Les musiciens s'installent sur le Wanderlust et le Samala avec les techniciens, parmi lesquels Geoff Emerick, qui enregistrera les morceaux avec Mark Vigars sur une autre embarcation, le Fair Carol. Le capitaine est surpris de voir son bateau envahi par des instruments de musique, son salon devenir un studio et une cabine utilisée pour le 24 pistes de Geoff. La batterie de Joe a été installée près du bar. Les compagnes de Denny et Joe n'ont pas été conviées à ce séjour. L'ex-Moody Blues a emmené une superbe guitare Gretsch 1959, modèle

6128. Cet instrument a une histoire puisqu'il appartenait à Pete Townsend des Who, qui l'a utilisé pendant une partie de la tournée Quadrophenia de 1973. Pendant la journée, l'équipe profite du soleil et de la mer. Heather, la fille aînée de Linda, qui est alors âgée de 14 ans a apporté le premier album des Damned, un groupe punk de la banlieue de Londres qui commence à faire sensation. Elle va devenir une fan inconditionnelle de ce mouvement qui va révolutionner le monde de la musique.

Le séjour est un enchantement, les musiciens se lèvent à neuf heures alors que le soleil tape déjà très fort sur le bateau. Ils prennent le petit-déjeuner sur le Samala puis montent à bord d'une petite embarcation pour aller travailler sur le Fair Carol. Le groupe répète alors jusqu'à l'heure du déjeuner. Ensuite la sieste ou la baignade sont au programme avant quelques heures de travail musical. Après le dîner, le bain de minuit est de rigueur, non sans avoir siroté avant quelques verres de rhum local. Pourtant tout n'est pas aussi idyllique. Cinq journées passées à bord et Denny commence à se sentir mal et souhaite faire une pause, pour retourner sur la terre ferme. D'âpres négociations sont nécessaires pour qu'il obtienne un week-end sur la baie. Mais le 9 mai, Laine, qui est resté trop longtemps exposé sur le pont, souffre de sérieuses brûlures et doit être transporté vers Caneel Bay pour y être examiné. Travailler sur un bateau comporte des risques, puisque le manager Alan Crowder chute dans les escaliers et se fracture le pied. Un bateau ambulance vient le chercher pour l'emmener à l'hôpital. La même mésaventure va presque arriver à Paul quand celui-ci sautera d'un bateau à un autre. Il s'en sortira avec un genou blessé. Quant à Emerick, il va s'électrocuter par le pied, mais heureusement sans trop de gravité. Moins grave, Jimmy souffre d'une oreille après être vraisemblablement resté trop près des amplis. Tout rentre dans l'ordre quelques jours plus tard. Enfin… presque.

Intrigué par une forte odeur de marijuana, le capitaine d'un des navires a contacté dès le premier soir la police locale, qui est rapidement venue perquisitionner. Les services des douanes passeront régulièrement pendant le séjour, ce qui obligera les musiciens à trouver des stratagèmes pour dissimuler les stupéfiants. Peter Baker, le responsable de la société qui a loué les bateaux à Antigua, adressera un courrier à Alan Crowder dans lequel il lui rappellera que la possession de drogue est interdite dans les Iles Vierges et dans les eaux territoriales, et que, si le groupe déroge à la loi, la location des embarcations sera immédiatement annulée. Malgré ces péripéties et le risque d'endommager le matériel avec l'eau de mer, l'orchestre parvient à mettre en boîte quelques morceaux. Dans la matinée du 5 mai, Paul enregistre la partie de guitare acoustique du titre *I'm Carrying*, sur le pont du Fair Carol, lorsque soudain, intrigué par la musique, un dauphin fait son apparition et parade autour du bateau. Encore un de ces moments magiques qui rendent ces séjours inoubliables.

Le 12 mai, les bateaux naviguent vers la baie de Watermelon, proche de St John. Le soir, un barbecue est organisé sur la plage en l'honneur de Jack Crymes, l'un des techniciens de Record Plant qui a installé le studio mobile dans le Fair Carol. L'enregistrement se poursuit, puis les navires migrent vers un autre endroit paradisiaque : Hurricane Hole.

Ce séjour d'un mois aux Iles Vierges a été merveilleux pour Linda. Cette tranquillité et cette sérénité que le groupe a trouvées sur le bateau ont eu une excellente influence sur leur activité, et elle est persuadée que les nouveaux titres enregistrés seront bien accueillis par le public. Neuf chansons sont captées dont une ne trouvera pas sa place sur le disque : *Find A Way Somehow* de Denny, qu'il avait déjà fait figurer sur son album solo « Ahh... Laine » de 1973.

Pendant ce temps, les fans des Beatles peuvent enfin se procurer deux enregistrements inédits du groupe. Un concert qui s'est déroulé au Star Club de Hambourg, en décembre 1962, et une compilation de deux shows au Hollywood Bowl de Los Angeles, en 1964 et 1965. Bien qu'il possède les bandes de ces spectacles dans ses archives, Paul ne s'intéresse guère à ces productions. Il préfère certainement écouter « One Of The Boys », la troisième œuvre en solo de Roger Daltrey pour laquelle il a composé *Giddy* qui n'est autre qu'une nouvelle version de *Rode All Night* créée à New York, en 1970. Jimmy McCulloch a enregistré quelques parties de guitare avec le chanteur des Who pendant les séances qui se sont déroulées en novembre 1976. Le jeune Écossais participera à quelques émissions télévisées pour la promotion du titre *Say It Ain't So Jo*, composé par Murray Head.

Puis, l'album « Thrillington » est mis en vente. Il s'agit de la version instrumentale de l'album « Ram » publié en 1971. McCartney a décidé de la publier sous le curieux pseudonyme de Percy « Thrills » Thrillington. Une biographie indique que ce personnage serait né en 1939 dans la cathédrale de Coventry, et aurait sillonné le monde jusqu'à Baton Rouge en Louisiane, pour étudier la musique pendant cinq ans. Bien sûr, tout cela est fictif puisque c'est bien l'ex-Beatle qui se cache derrière cette énigme. De fausses lettres envoyées en mars 1977, depuis l'hôtel Ritz de Paris, par une secrétaire fictive nommée Penelope Telfer-Smallett contribuent à épaissir le mystère.

Cette dissimulation sera fatale pour le succès du disque puisque le grand public ignorera qu'il s'agit d'une œuvre de Paul. Seuls les vrais fans l'identifieront et se procureront la galette qui deviendra, quelque temps plus tard, une pièce de collection. Le single *Seaside Woman,* commercialisé sous le nom de Suzy And The Red Stripes, connaîtra la même mésaventure puisque Linda et Paul se sont à nouveau dissimulés sous cette entité inédite. Mais la jeune femme n'a jamais voulu se mettre en avant et a assez mal vécu les critiques acerbes pour *Cook Of The House*. Le 20 juin, au Black Ark studios de Kingston, des musiciens jamaïcains enregistrent les parties instrumentales de deux reprises de *Sugartime* et *Mister Sandman*, sous la direction de Lee Scratch Perry qui avait produit les premiers disques de Bob Marley. Ces bandes seront destinées à Linda, qui superposera sa voix au Rude Studios, en août.

Les admirateurs de Wings sont de plus en plus nombreux à s'inscrire au fan club officiel. Le couple McCartney décide de remplacer la newsletter occasionnelle qui est adressée aux membres par un véritable petit magazine baptisé « Club Sandwich » qui sera imprimé à Londres. La publication sera éditée pendant près de 21 ans, jusqu'en 1998, et disparaîtra après le décès de Linda.

Pendant les mois de juillet et août 1977, l'activité est assez réduite pour le groupe. Linda doit se reposer en vue de son futur accouchement. Les filles du couple s'amusent avec leurs poneys Coconut, Cookie et Sugarfoot. La ferme écossaise est une véritable arche de Noé avec ces moutons, vaches, chats et chiens. La formation enregistre tout de même une chanson particulière : *Mull Of Kintyre*. Il s'agit d'une ballade, composée par Denny et Paul, qui célèbre la belle région d'Écosse où ils résident. Pour apporter une couleur locale, Macca fait venir le Campbeltown Pipe Band dans le studio installé chez lui, pour jouer de la cornemuse. Il a fallu écrire la partition pour ces instruments particuliers qui ne peuvent pas changer de tonalité pendant le morceau. Pour les jeunes Écossais dirigés par le Major Tony Wilson, c'est un rêve éveillé de se retrouver face à l'ex-Beatle.

Jimmy n'a pas participé à cette session. Il commence à trouver le temps long, surtout en Écosse, où les conditions de vie sont très spartiates. Ainsi McCulloch n'a ni eau chaude ni télévision dans son cottage, qu'il a surnommé le « bunker ». Le jeune guitariste, qui boit toujours plus que de raison et consomme également beaucoup de drogues, s'irrite du sort qui lui est réservé par son patron. Un jour qu'il s'en plaint ouvertement auprès de Macca, celui-ci lui indique qu'il peut partir s'il le désire. La légende raconte qu'un soir, il aurait voulu abattre Paul, mais qu'il aurait changé d'avis et décidé de mettre fin à ses jours en retournant son arme dans sa bouche. L'arrivée de Denny et de son épouse Jo Jo à la ferme l'aurait fait changer d'avis. Ce qui est sûr, c'est que McCulloch quitte Campbeltown et retrouve son camarade Steve Marriott qui partage sa passion pour la bouteille. Ce dernier lui propose de rejoindre les Small Faces et Jimmy accepte la proposition. C'est d'ailleurs Steve qui appelle Paul pour lui annoncer le départ de son guitariste. Macca ne fait rien pour retenir le jeune Écossais qui lui aura causé pas mal de problèmes mais qui aura aussi illuminé sa musique. Jimmy regrettera plus tard de n'avoir été finalement qu'un employé de McCartney et que Wings ne soit jamais devenu un véritable groupe. Il restera persuadé que Paul a bien conscience de cette situation, qui ne risque pas de changer. De son côté, Macca affirme que ses deux possibilités étaient soit d'accepter le fait que Jimmy soit devenu un perpétuel problème soit de se passer de lui. Le 8 septembre 1977, ils ne sont donc plus que quatre.

Le 12 septembre, Linda donne naissance par césarienne à James Louis McCartney, à la clinique Avenue, dans le quartier de St John's Wood. Paul est aux anges d'avoir enfin un garçon. Quand son épouse se réveille après l'anesthésie, c'est lui qui lui annonce le sexe du bébé. Avec quatre enfants, le couple a fondé une belle famille qui sera toujours la priorité dans leur vie. Ils ont choisi de donner à chacun le prénom de personnes disparues qu'ils aimaient. Ainsi James était le prénom du père de Paul et Louis celui du grand-père de Linda.

Deux jours plus tard, Macca célèbre sa seconde semaine Buddy Holly au Gaumont State de Kilburn. Il a fait venir le groupe original, les Crickets, qui jouaient sur *That'll Be The Day*. Parmi les invités, on remarque Mick Jagger et Ron Wood des Rolling Stones, Eric Clapton, Kevin Godley et Lol Creme de 10cc et Denny Laine. Mais pas de Joe English, qui a décidé, à son tour, de quitter le groupe. Son épouse Dayle vient d'avoir un terrible accident de voiture et il souhaite rester à son chevet pour l'assister, car elle risque de ne pas pouvoir marcher pendant plusieurs mois. Cependant, il n'apprécie guère de ne pas avoir perçu les primes financières qui lui avaient été promises. Après son départ, il donnera quelques interviews dans lesquelles il précisera que Linda est très gentille mais qu'elle n'est pas une bonne musicienne et qu'il n'est pas fan de Denny qui, d'après lui, chante relativement faux. Laine répliquera que Joe a abandonné le groupe une fois qu'il a pu se payer sa maison et une Porsche ! Pour la seconde fois, Wings se retrouve en trio pour affronter la suite de sa carrière.

Le Pipe Band de Campbeltown doit se rendre à Londres, aux Air Studios, début octobre, pour enregistrer des overdubs de *Mull Of Kintyre* qui doit être commercialisée en single. Après le travail, les musiciens passent un peu de temps avec les McCartney et le jeune John Lang Brown, qui a un poster des Wings dans sa chambre, partage ce moment privilégié avec son ami John McCallum. Il se fait photographier avec Paul, puis avec Linda qui vient se blottir près de lui sur un canapé du studio. La soirée se termine autour de quelques bières, dans une ambiance décontractée.

Le 13 octobre, un film promotionnel de *Mull Of Kintyre* est réalisé en Écosse par Michael Lindsay Hogg qui avait travaillé sur « Let It Be ». On peut y voir Paul, Linda et Denny chanter alors qu'ils sont rejoints par le groupe de bagpipes. À la fin du morceau, tout le monde se retrouve sur la plage de Sadell et les filles McCartney font même une apparition surprise. Quelques jours plus tard, les Wings se retrouvent à Abbey Road, pour enregistrer de nouvelles chansons pour le prochain album, qui pourrait s'intituler « Water Wings ». Dans cet esprit, Paul reprend *Watersprout* qui est finalisée, mais qui ne sera pas conservée dans le tracklisting final.

Le 11 novembre 1977, le trio obtient des disques d'or et d'argent pour l'album « Wings At The Speed Of Sound ». Le single *Mull Of Kintyre* est commercialisé en Grande-Bretagne où il va recevoir un accueil exceptionnel. Cette ballade agrémentée de cornemuses va émouvoir les Britanniques, qui vont l'acheter en masse. En moins de trois semaines, le 45 tours va atteindre la première place des principaux hit-parades nationaux. Il va battre des records de ventes avec plus de 2,5 millions de copies vendues au Royaume-Uni. Une opération commerciale sera réalisée pour récompenser l'acheteur du millionième exemplaire. Le 17 décembre, c'est un militaire de St Albans qui trouvera dans la pochette une petite notice l'invitant à contacter EMI. Quelques jours plus tard, il recevra la visite de Denny Laine, qui lui apportera un panier de Noël rempli de cadeaux, dont un disque d'or.

Pendant la promotion du titre, Paul explique que c'est John Lennon qui lui a fait découvrir et aimer l'Écosse, au point d'acheter la ferme près de Campbeltown. Il avoue que c'est certainement le plus bel endroit qu'il ait jamais vu, même si c'est au bout du monde et que la demeure ne dispose pas d'un très grand confort. La chanson connaît le succès un peu partout en Europe, mais aux États-Unis, le public n'est guère enthousiaste et le single ne parvient pas à se classer au Top 100 US. Dépités, les disc-jockeys américains décident de diffuser la face B, *Girls'School*, le rock inspiré par les titres de films pornos composé à Hawaï. Elle atteindra péniblement le Top 40. Le succès britannique réveille la convoitise des membres du groupe de bagpipes de Campbeltown, qui estiment qu'ils ont été peu rémunérés au regard des chiffres de ventes réalisés. Pourtant, cette notoriété soudaine leur permet d'enregistrer un album intitulé « Mull Of Kintyre » aux Air Studios, avec Geoff Emerick et Mark Vigars, et sur lequel ils reprennent le titre en version instrumentale.

Le 3 décembre, les Wings entament de nouvelles séances d'enregistrement aux Air Studios, tout en produisant une nouvelle vidéo de *Mull Of Kintyre* à Elstree. Le 14 janvier, le single devient officiellement le plus vendu de tous les temps en Grande-Bretagne. Il détrône *She Loves You*, une chanson réalisée par un groupe de Liverpool… The Beatles ! Il est temps de publier un nouvel album pour confirmer ce triomphe. Le groupe travaille depuis plus d'un an et n'a toujours pas terminé la production. Il faut attendre le 20 mars pour entendre un nouveau single, *With A Little Luck*, qui met en valeur les synthétiseurs au détriment des guitares. Il préfigure ce que deviendra le son des années 80. On peut y déceler des similitudes avec un morceau des Beatles : *We Can Work It Out*. Un clip est réalisé aux studios de Twickenham pour la chanson qui donnera son nom à l'album : *London Town*. Pour l'occasion, Paul a convié Victor Spinetti à se joindre au tournage. L'acteur, né en 1929 au Pays de Galles, est apparu dans les trois premiers films des Beatles, « A Hard Day's Night », « Help ! » et « Magical Mystery Tour ». Il est devenu depuis un ami de Macca qui est fan de son état d'esprit irrévérencieux ainsi que son exubérance, et c'est donc tout naturellement qu'on le retrouve dans la vidéo, dans le rôle de l'acteur qui divertit son épouse. Curieusement, *London Town* a été créée à Perth, en Australie, puis développée en Écosse et à Londres, avant d'être terminée pendant un séjour à Mexico. C'est un superbe hommage à sa ville d'adoption.

Le 22 mars 1978, Paul, Linda et Denny accueillent les journalistes sur un bateau qui va les emmener sur la Tamise. La pochette du 33 tours représente les musiciens devant le Tower Bridge qui se trouve à proximité de la Tour de Londres. Ils se font donc photographier devant le pont basculant par une meute de reporters, alors qu'ils mangent un fish and chips. Deux jours plus tard, ils enregistrent une vidéo pour *With A Little Luck* devant une cinquantaine de fans qui sont invités à danser dans les studios de Twickenham. Le batteur Steve Holly participe à l'enregistrement. C'est un ami de Denny Laine depuis quelque temps. Ils vivent dans le même secteur et c'est tout naturellement à lui que l'ex-Moody Blues a pensé quand le groupe a décidé de recruter, en prévision de la suite des évènements. Steve, qui a 24 ans, a travaillé avec Elton John et Kiki Dee. Pour le moment, l'annonce de son arrivée au sein de Wings est gardée secrète.

« London Town », qui est publié le 31 mars 1978, est donc une collection de chansons enregistrées pendant l'année écoulée. *Cafe On The Left Bank* est un souvenir du voyage à Paris effectué avec John Lennon, en 1961. Ce séjour avait marqué les deux garçons avec ces Français qui se pressaient sur le trottoir pour regarder le général de Gaulle parler à la télévision, les petits-déjeuners pris au bar et ce vin rouge horrible qui ressemblait plus à du vinaigre, servi par de belles serveuses aux aisselles poilues qui impressionnaient les deux jeunes gens. *Backwards Traveller* a été produite à Londres alors que Jimmy et Joe avaient déjà quitté Wings. Paul a pris plaisir à jouer de la batterie sur ce morceau, qui s'enchaîne avec *Cuff Link*, une jam improvisée un soir de session. *Girlfriend* a été écrite pendant des vacances en Suisse. Elle figurait sur les démos enregistrées au piano, en 1974. Paul a ensuite ajouté une influence très soul et a poussé sa voix dans les aigus pour sonner comme le jeune Michael des Jackson Five. C'est d'ailleurs la chanson qu'il lui avait promis d'écrire quand ils s'étaient rencontrés à bord du Queen Mary, en 1975, mais il avait égaré le numéro de téléphone du garçon. Le rock *I've Had Enough* a été débuté sur le bateau aux Iles Vierges, mais Macca n'avait pas encore trouvé les paroles adéquates. Ce n'est que quelques mois plus tard qu'il les a ajoutées dans les studios à Abbey Road. *Famous Groupies* est une chanson ironique sur le business de la musique et ces filles qui tournent autour des musiciens. Après l'avoir joué plus rock, le bassiste a préféré ralentir le tempo. EMI suggérera au groupe de la commercialiser en single, mais Paul refusera catégoriquement. On peut dire que *Name And Address* est un hommage à Elvis Presley. L'idole de jeunesse de McCartney est décédée le 16 août 1977 d'une arythmie cardiaque, due à un excès de médicaments. Réduit au trio, les Wings ont enregistré le titre avec la partie de guitare de l'ex-Beatle, qui assure également la batterie et la basse. *Don't Let It Bring You Down* est née à Aberdeen, en 1975, alors que le groupe était en tournée. Débutée aux Iles Vierges, elle fut achevée à Londres avec les parties de flûtes de Denny et Paul. *Morse Moose And The Grey Goose* est arrivée de manière accidentelle. Macca s'amusait avec le piano électrique sur le bateau et avait trouvé un son qui ressemblait à du morse. Denny l'accompagnait sur un clavier classique. Cette improvisation de plus de six minutes deviendra une histoire de marins pris dans la tempête. Enfin, Laine a deux chansons sur l'album : *Deliver Your Children* et *Children Children*, comme on peut le voir, très inspirées par les enfants. D'ailleurs la seconde s'intitulait à l'origine *Laine and Heidi*, les prénoms de ses progénitures, mais Paul a jugé cela un peu trop sentimental. Pour la première, Denny s'est souvenu des Everly Brothers afin de chanter en harmonie avec Paul. Après *Cook Of The House* sur « Speed Of Sound », Linda ne chante donc pas sur cet opus.

Beaucoup de fans et d'observateurs s'étonnent de l'absence du hit *Mull Of Kintyre*. EMI voulait l'inclure à l'album, mais Paul a de nouveau apposé son veto car la chanson ne collait pas avec l'esprit de « London Town ». Il admettra plus tard que l'idée n'était sans doute pas si saugrenue. Les critiques sont mitigées car les journalistes cherchent, une fois de plus, à comparer la qualité de cette nouvelle production avec les précédentes. Porté par le single *With A Little Luck*, « London Town » s'installe à la seconde place des charts américains pendant un mois et demi. Il est battu par la bande originale du film « Saturday Night Fever », avec les chansons des Bee Gees. Impossible de la détrôner depuis le succès du long métrage qui révèle John Travolta. Paul truste toujours les premières places alors que John Lennon poursuit une étrange retraite dans son appartement de New York. Il n'a plus de contrat discographique et reste insensible aux propositions des multinationales WEA et CBS.

Wings Version IV

Le 5 mai 1978, Wings enregistre *Same Time Next Year* aux RAK Studios. C'est la première session avec Steve Holly à la batterie et le jeune guitariste Laurence Juber, qui vient d'être engagé. Ce londonien de 25 ans a joué avec Shirley Bassey, Alan Parson, Gerry Rafferty, Charles Aznavour, Cerrone, et sur la bande originale de « L'espion qui m'aimait », de la saga James Bond. Il avait fait la connaissance de Denny Laine, six mois plus tôt, pendant un show télévisé de David Essex. Certainement impressionné puisque MPL l'a contacté afin de savoir s'il était intéressé à venir répéter avec les Wings. Alors qu'il a travaillé soigneusement chez lui les compositions de l'orchestre de l'ex-Beatle, à l'aide des disques qu'il a empruntés à son jeune frère, Laurence doit finalement jouer du Chuck Berry et du reggae à Abbey Road. Impressionné par le jeune virtuose, Paul lui propose le poste de soliste. Une telle offre ne se refuse pas pour le musicien qui saisit l'opportunité de jouer avec McCartney. Juber prévient le claviériste de Yes, Rick Wakeman, qu'il ne pourra donc assurer la session d'enregistrement prévue avec lui. Le groupe est à nouveau au complet et prêt à enregistrer une nouvelle série de chansons. Malgré le succès, Paul continue de proposer un salaire assez bas à ses collaborateurs. Une rémunération de 450 dollars par semaine alors que pour des orchestres de même notoriété, elle tourne autour de 2500 dollars. Mais les deux nouveaux se contenteront de ces maigres émoluments.

Les deux nouveaux membres participent au tournage de la vidéo du nouveau single, *I've Had Enough*, bien qu'aucun d'eux n'ait enregistré la chanson. Ils ont passé la nuit en studio, filmés par une seule caméra. Quand le disque est commercialisé, le 16 juin, avec *Deliver Your Children* de Denny Laine en face B, les fans découvrent donc officiellement le nouveau line up de Wings. Le même jour, la famille McCartney prend l'avion à Heathrow pour se rendre à New York. Le 19, Paul et Linda vont applaudir les Rolling Stones au Palladium. Alors que beaucoup estiment qu'il est impossible d'être à la fois fan des Beatles et des Stones, il est rassurant de constater que l'amitié entre les musiciens londoniens est restée intacte depuis 1963.

Le 29 juin, le quintette se retrouve en Écosse, dans le studio de la ferme rebaptisé Spirit Of Ranachan. Après avoir capté plusieurs morceaux (*To You, Arrow Through Me, Again And Again And Again, Winter Rose, Love Awake, Ballroom Dancing...*), Paul va changer le programme des sessions. Il décide de se consacrer au projet de chansons pour le dessin animé de l'Ours Rupert. Douze titres sont alors produits : deux versions de *Rupert's Song*, *Tippi Tippi Toes* (*Parents' Theme*), *Flying Horse*, *When The Wind Is Blowing*, *The Palace Of The King Of The Birds*, *Sunshine Sometimes*, *Sea/Cornish Wafer*, *Storm*, *Nutwood Scene*, *Walking In The Meadow* et *Sea Melody*. Malheureusement, le projet ne sera jamais commercialisé, néanmoins tous ces titres apparaîtront, des années plus tard, sur des disques pirates. Le 27 juillet, les musiciens partent se reposer avant de reprendre en septembre.

En août 1978, le film « Sgt Pepper's Lonely Hearts Club Band » produit par Robert Stigwood, avec les Bee Gees, Peter Frampton, Billy Preston et Alice Cooper sort dans les salles américaines. Le long-métrage de Michael Schultz fait débat et beaucoup se demandent ce que les frères Gibb des Bee Gees sont allés faire dans cette galère, après le triomphe de « Saturday Night Fever ». Interrogé sur le projet, Paul se montre magnanime. Il déclare qu'il a apprécié la reprise de *Fixing A Hole* par George Burns et quelques autres. Geoff Emerick a aimé travailler sur la production. Macca précise qu'il n'a pas son mot à dire sur ce genre d'adaptation et que seul Lew Grade, qui détient les droits d'édition des Beatles, est susceptible de donner son accord.

Le 2 septembre 1978, George Harrison épouse sa nouvelle compagne Olivia Arias, qui a donné naissance à leur fils Dhani quelques semaines auparavant, le 1er août. Aucun de ses ex-compagnons de Liverpool n'est présent à la cérémonie qui se déroule dans la plus stricte intimité, à Henley-On-Thames, où le couple possède une immense propriété. Inexorablement, la rupture va devenir davantage nette entre George et John, sans que l'on puisse vraiment trouver une explication rationnelle. Et même si Paul et Ringo se rencontrent fréquemment, l'ambiance reste assez tendue quand ils doivent évoquer la situation de leur société Apple, dont ils sont encore les actionnaires.

Le 6 septembre, Paul et Linda lancent la troisième semaine consacrée à Buddy Holly. Pour l'occasion, ils proposent la première du film « The Buddy Holly Story » au cinéma Odeon de Leicester Square. On retrouve, parmi les invités, Mike McCartney, Kenny Jones et Keith Moon, le facétieux membre des Who. Après la soirée bien arrosée, Keith regagne l'appartement que lui prête Harry Nilsson à Mayfair et s'y endort. Le lendemain matin, il est découvert mort dans la demeure. Une surdose de médicaments mélangés à l'alcool aura été fatale. Le rock vient de perdre un de ses plus grands batteurs, et Macca et Ringo, un ami très cher.

The show must go on ! Les Wings investissent le château de Lympne, dans le Kent, pour poursuivre l'enregistrement du nouvel album. Encore un endroit insolite pour travailler et, ainsi, rompre avec la monotonie du studio. La noble bâtisse qui surplombe la Manche appartient à Harold et Deirdre Margery. Ils débutent avec la ballade *We're Open Tonight* que Paul interprète à la guitare, au pied du grand escalier, puis des nouvelles versions de *Love Awake* sur laquel Laurence Juber est à la basse et de *After The Ball*. Ils mettent en boîte un instrumental intitulé *The Broadcast* pour lequel Harold Margery lit des extraits des poèmes « The Sport Of Kings » et « The Little Man » de John Galsworthy, un auteur britannique qui a remporté le Prix Nobel de littérature, en 1932. La prestation du châtelain ne sera malheureusement pas créditée sur le futur disque. Alors qu'il s'amuse à la batterie, Macca improvise avec Laurence Juber un morceau, et le compositeur rédige des paroles en quelques minutes. Le résultat final donne *Robber's Ball*, une sorte de mini-opéra humoristique qui ne figurera hélas pas sur l'album.

S'il reste fidèle à la pop, qu'il maîtrise depuis tant d'années, Paul voudrait surfer sur cette vague punk qui déferle sur le monde de la musique depuis quelque temps. Quelques mois plus tôt, il est allé visiter le studio Leatherhead, situé dans le Surrey et qui appartient au producteur Nigel Grey. Celui-ci a réalisé les deux premiers albums du groupe Police : « Outlandos d'Amour » et « Reggatta De Blanc ». Macca en profite pour participer aux chœurs de la chanson *Get Well Soon* de Godley & Creme, deux ex-10cc. Cette apparition dans ce projet expérimental sera publiée sur le disque « Freeze Frame ». McCartney a donc fait appel à Chris Thomas, un jeune producteur qui a appris son métier avec George Martin et a travaillé avec les Sex-Pistols, qui ont créé le scandale avec les titres irrévérencieux *God Save The Queen* et *Anarchy in the UK*. Le groupe revient donc à des tendances plus basiques, dans un style de garage band, pour aborder des morceaux comme le punkabilly *Spin It On*. Avec *To You*, le groupe explore de nouveaux sons et Laurence s'éclate sur le solo qui influencera quelques productions des années 80. Les musiciens se prennent au jeu avec humour. Macca se rebaptise pour l'occasion « Noxious Fumes » (fumées toxiques) et Linda, qui devient « Vile Lin » (l'infâme Lin), s'éclate à hurler sur ces rythmes excités. Si le mouvement punk intrigue Macca, il ne l'impressionne guère. Après tout, ces jeunes agités se comportent comme le faisaient les Beatles dix ans plus tôt. Quand il voit Rat Scabies, le batteur des Damned, il trouve qu'il n'a rien de plus extravagant que Keith Moon pendant les sixties. Mais il ne reviendrait pour rien au monde en arrière.

Quelques tensions surgissent déjà dans la nouvelle formation. Le batteur Steve Holly a trouvé les riffs de la chanson *Old Siam Sir*. Mais, contre toute attente, Laine en revendique la paternité. Holly est choqué par cette trahison et s'en plaint ouvertement auprès du leader du groupe, qui va trancher en faveur de Denny. Steve doit alors se retenir pour ne pas mettre une bonne raclée à son collègue.

Loin de ces chamailleries, McCartney a l'idée de réunir une pléiade de musiciens prestigieux pour enregistrer deux titres : *Rockestra Theme* et *So Glad To See You Here*. Le 3 octobre 1978, les Wings arrivent aux studios d'Abbey Road, où ils sont rejoints par Gary Brooker de Procol Harum, John Paul Jones et John Bonham de Led Zeppelin, Ronnie Lane et Kenny Jones des Small Faces, Pete Townshend des Who, Hank Marvin des Shadows, David Gilmour de Pink Floyd, Tony Ashton, Maurice Pert, Tony Carr, Ray Cooper, Bruce Thomas, Speedy Acquaye. La section de cuivre composée de Howie Casey, Thaddeus Richard, Tony Dorsey et Steve Howard complète la formation. Aucun membre des Rolling Stones n'est venu participer à cette réunion et, parmi les illustres absents, on notera Eric Clapton, officiellement grippé, Jeff Beck, qui se serait dégonflé au dernier moment, et évidemment Keith Moon, qui aurait dû être de la fête.

Paul a demandé au réalisateur Barry Chattington de filmer l'intégralité de la session. Les caméras se montrent discrètes pour ne pas perturber le travail des musiciens. À 10 heures 30, tout le monde est en place pour répéter le *Rockestra Theme*. Il faudra cinq prises pour capter le morceau correctement. Soixante micros, deux consoles de mixages et un studio 16 pistes sont nécessaires pour ce gratin du Rock. Laurence Juber est aux anges de se retrouver avec Townshend, Gilmour et Marvin. Le jeune soliste les observe attentivement et note quelques astuces techniques qui lui serviront par la suite. Après une pause bien méritée, l'orchestre exceptionnel s'attaque à la seconde chanson du jour *So Glad To See You Here*. Entre les deux titres, les musiciens discutent entre eux et il y a souvent la queue aux toilettes pour prendre un rail de cocaïne.

Entre deux séances, McCartney et son groupe vont participer à une œuvre caritative. Macca et Linda achètent un très grand nombre d'ours en peluche qu'ils vont offrir à un orphelinat. Avant de les faire livrer, le couple se fait photographier avec la nuée de jouets. Denny, Laurence et Steve les rejoignent pour immortaliser ce moment. Les clichés seront peu diffusés pour ne pas surmédiatiser cette action.

La production du prochain disque de Wings se poursuit à Abbey Road, avec la création de *Getting Closer*. Paul avait cette chanson sur une cassette depuis plusieurs années. Elle devient un rock plus énergique que la version au piano de la démo d'origine. Dans les premières versions enregistrées, c'est Denny Laine qui chante sur les couplets, mais son leader décidera finalement de l'interpréter lui-même et *Getting Closer* deviendra l'un des titres phares de l'album. Puis, le quintette enchaîne sur *Baby's Request*, qui a été composée pour le groupe vocal The Mills Brothers qui a débuté sa carrière dans les années trente. Le couple McCartney les a vus pendant un séjour dans le sud de la France et leur avait proposé de leur écrire quelque chose. Mais quand il leur fit parvenir un acétate avec *Baby's Request*, le management des Mills lui fit savoir qu'il devrait les rémunérer pour qu'ils enregistrent la composition ! Inutile de préciser que l'affaire s'arrêta immédiatement et finalement cette bluette rétro va se retrouver sur l'album de Wings. Au moment de l'enregistrement, Paul préfère reconstituer le son de trombone au synthétiseur alors que Don Lusher, un virtuose britannique qui a notamment joué avec Frank Sinatra et Ella Fitzgerald, se trouve dans le studio voisin. Laurence Juber a pourtant proposé à son patron d'aller le chercher.

Paul se retrouve soudain dans une posture encore inédite pour lui. Les studios d'Abbey Road sont réservés par d'autres artistes, comme Cliff Richard, et il se voit contraint d'aller travailler ailleurs car il a besoin de trois semaines de sessions supplémentaires. Choqué par cette situation inhabituelle pour lui, il décide de faire construire son propre espace de travail dans les sous-sols de ses bureaux de MPL, à Soho Square. Dans ce Replica Studio, identique au célèbre n° 2 d'EMI, il pourra enregistrer comme bon lui semble. Il a bien évidemment étudié le coût d'un tel projet, mais quand on lui a communiqué le prix exorbitant des heures facturées par EMI, il a compris que c'était un excellent investissement.

Le 5 novembre 1978, Denny Laine épouse sa compagne Jo Jo à Boston. La cérémonie se déroule dans la baie, à bord d'un yacht. Après plus de six ans de vie commune et deux enfants, le couple officialise sa situation. Paul et Linda sont absents de la cérémonie et n'ont pas pris le soin d'offrir un cadeau aux mariés. Quelques semaines plus tard, ils rattraperont leur oubli en leur faisant parvenir une paire de draps de soie avec des taies d'oreillers, sans papier cadeau et sans avoir signé une carte de vœux.

Le 22 novembre, « Wings Greatest » est disponible aux États-Unis. Il s'agit donc d'une compilation des meilleures chansons du groupe : *Another Day*, *Silly Love Songs*, *Live And Let Die*, *Junior's Farm*, *With A Little Luck*, *Band On The Run*, *Uncle Albert – Admiral Halsey, Hi Hi Hi*, *Let'Em In*, *My Love*, *Jet* et *Mull Of Kintyre*. Si certains s'étonnent de la présence de deux titres des sessions de « Ram », pour Paul les choses sont plus claires, ce second opus en solo publié avec Linda était déjà considéré comme la genèse du groupe. Ce florilège présente également l'avantage de réunir quelques morceaux qui n'étaient alors disponibles qu'en single. Une statuette Art Déco apparaît sur le recto de la pochette. Elle a été achetée par Linda et représente une femme les bras tendus. Sur la photo du verso apparaissent Paul, Denny et Linda. Sur le cliché d'origine, on retrouvait également Jimmy McCulloch et Joe English, mais les anciens Wings ont été soigneusement effacés par les graphistes d'Hipgnosis à qui a été confiée la conception du packaging. Cette collection atteindra la cinquième place des charts britanniques et la vingt-neuvième aux États-Unis. Une publicité destinée aux chaînes de télévision a été réalisée pour doper les ventes. On voit un homme qui chante *Mull Of Kintyre* en prenant son bain, un cuisinier qui éructe *Silly Love Songs* en plein coup de feu, des secrétaires qui s'attaquent à *Jet* en préparant des toasts grillés et un camionneur qui entonne *Band On The Run* alors qu'une décapotable arrive à sa hauteur.

À l'intérieur, Denny, Linda et Paul qui lance au chauffeur : « C'est un peu plat, mon pote ! », avant de repartir en trombe.

Avec ce florilège de tubes, McCartney livre sa dernière production pour Capitol, qui commercialise ses disques aux États-Unis. Après quinze ans de fidélité à la firme, il décide de signer avec le plus offrant. Columbia Records propose un contrat qui tourne autour de quinze millions de dollars et garantit des conditions très avantageuses à l'artiste (deux millions de dollars d'avance par album et 22 % de royalties). Pour l'ex-Beatle qui s'est tellement fait arnaquer dans ses jeunes années, c'est une belle revanche sur le business de la musique. C'est en revanche moins florissant pour Columbia dont les équipes vont devoir mettre les bouchées doubles pour rentabiliser ce deal en or. Mais quel prestige pour la compagnie !

McCartney est plus que jamais maître de son destin. Il vient d'ailleurs de remercier Brian Brolly qui était le directeur de MPL Productions depuis 1974. Les raisons de son éviction sont très floues et n'ont pas été divulguées, mais il semble que John et Lee Eastman n'aient pas été satisfaits de ses résultats et de ses méthodes.

Dans son studio Replica, Paul et son groupe enregistrent de nouvelles chansons. Il annonce à ses acolytes que si l'un d'entre eux propose une bonne composition, elle pourra figurer sur le prochain single. Mais un matin, Macca arrive avec *Daytime Nightime Suffering* et c'est ce titre qui sera sélectionné. Pendant la session, Linda a emmené James dans le studio, mais le petit bonhomme n'est pas de bonne humeur et se met à pleurer pendant la prise. Au moment du mixage, McCartney décide de laisser le cri de son fils entre deux passages de la chanson (à 2 minutes 04). Ce sera donc sa première participation à l'œuvre de son père sur cette ode pro-féministe.

En ce début d'année 1979, les espoirs de revoir les Beatles se reformer sont devenus bien minces. John reste toujours inactif et reclus dans son appartement new-yorkais avec Yoko et son fils Sean. Ringo vient de se s'installer à Monaco et décide de profiter de cette semi-retraite défiscalisée. Pour George, qui vient de publier un nouvel album, il est donc impossible, et inutile, de réunir les quatre musiciens. Ce serait comme demander à quelqu'un qui a atteint l'âge adulte de retourner vivre avec sa famille. Harrison, qui assiste au Grand Prix du Brésil, indique qu'il n'a pas vu Lennon depuis plus de deux ans.

Paul et son groupe Wings sont toujours sur la brèche. Ils s'apprêtent à publier un nouveau single avant le prochain album. Ce sera donc *Daytime Nightime Suffering*, que le couple McCartney affectionne particulièrement, et *Goodnight Tonight*, une tentative disco plutôt bien réussie sur laquelle Paul excelle à nouveau à la basse. Il est tout d'abord décidé de placer la première chanson en face A, mais ce choix fait débat dans le staff de Wings. Après une semaine de réflexion, l'ordre est inversé et le titre dansant est mis en avant. Sage décision qui va s'avérer payante.

Le 15 mars 1979, le 45 tours *Goodnight Tonight* est commercialisé. Quelques jours plus tard, le public pourra se procurer la version maxi single, une première dans la discographie de Paul, qui dure plus de sept minutes et sera très prisée par les disc-jockeys de la planète. Le lendemain, les téléspectateurs américains peuvent enfin visionner le documentaire « Wings Over The World » sur la chaîne CBS. Il aura donc fallu beaucoup de temps à Paul et Chris Thomas pour remixer le son des concerts de 1976 qui n'était pas satisfaisant. Grâce à un matériel électronique adapté, il a été cependant possible de corriger certaines imperfections, sans avoir à réenregistrer des parties. Denny Laine reconnaîtra que la production a pris trois fois plus de temps car Macca n'arrêtait pas de changer d'avis. Le film a été réalisé par Jack Priestley qui a travaillé sur « The Last Waltz », de Martin Scorsese, un film qui relatait le dernier concert de The Band. On découvre les grands moments de la tournée triomphale, mais également des images d'archives qui illustrent le parcours du groupe. Seul problème, la formation qui apparaît à l'écran n'est plus la même qu'aujourd'hui, mais les fans ne connaissent pas encore Laurence Juber et Steve Holly.

Le 1er avril, Paul retrouve de vieilles connaissances à Abbey Road. Il a convoqué le Black Dyke Mills Band pour travailler sur le medley *Winter Rose / Love Awake*. La section de cuivres la plus célèbre du Royaume-Uni avait déjà eu l'occasion de collaborer avec Paul, qui leur avait offert, en 1968, sa composition *Thingumybob* qui était parue sur le label Apple des Beatles. Alors qu'il porte son fils James dans ses bras, McCartney, accompagné de son batteur Steve et du guitariste Laurence, admire l'imposante formation interpréter sa musique. Le 3 avril, il est temps de réaliser un clip pour *Goodnight Tonight*. Le groupe prend la direction du Hammersmith Palais. Les hommes enfilent des smokings et se gominent les cheveux pour se donner un style rétro. Linda porte une belle robe mauve et fait des effets d'éventails derrière ses claviers. Les Wings enregistrent ensuite une autre version dans laquelle ils sont habillés normalement. Paul s'installe aux congas alors que Linda et Denny tapent sur des tambourins et que Laurence joue également des percussions devant la batterie de Steve. À la fin du film, les deux séquences sont mélangées et retransmettent parfaitement l'atmosphère festive de la chanson. La vidéo va contribuer au succès de la chanson, bien que Ringo admette publiquement qu'elle l'ennuie. Les discothèques du monde entier vont la diffuser et lui assurer une belle carrière dans les hit-parades. Le disque atteindra la cinquième place des charts US et la sixième en Grande-Bretagne.

Le 27 mars 1979, Eric Clapton a épousé Patti Boyd, l'ex-épouse de George Harrison, à Tucson, dans l'Arizona. Le couple organise une grande fête, ce 19 mai, dans sa maison du Surrey. Pour l'occasion, Paul, George et Ringo se retrouvent et posent dans le jardin avec leur idole de jeunesse Lonnie Donegan. Dans la soirée, ils vont participer à une jam impromptue. La première depuis 1969. Il ne manque que John qui n'a pas fait le déplacement depuis New York et est remplacé par Mick Jagger. Ginger Baker, Robert Palmer, Denny Laine et Phil Collins sont également de la partie. Quand Ringo en parlera à Lennon, quelques jours plus tard, celui-ci regrettera de n'avoir pas fait le déplacement.

Alors que le Royaume-Uni découvre Margaret Thatcher, son nouveau Premier ministre qui va diriger le pays pendant plus de 11 ans et obtenir le surnom de « Dame de Fer », l'album « Back To The Egg » est commercialisé le 24 mai. Il était prévu de l'intituler « We're Open Tonight », mais l'idée a finalement été abandonnée. C'est un ensemble bigarré de titres variés, mais avec quelques belles réussites comme *Getting Closer*, le funky *Arrow Through Me*, ou *Winter Rose/Love Awake.* Si Paul a voulu explorer cet univers punk qui l'attirait, il est revenu à ses fondamentaux sur certaines compositions.

Le guitariste Laurence Juber déclarera, bien plus tard, qu'il aurait sans doute été judicieux de regrouper les morceaux rock sur une face du disque et les ballades sur l'autre. Cela aurait donné une unité à cet ensemble disparate. « Back To The Egg » atteindra malgré tout la quatrième place des charts en Grande-Bretagne et la huitième aux États-Unis avec plus d'un million de copies vendues. Mais ces chiffres représentent malgré tout un échec pour Columbia qui espérait des résultats autrement plus conséquents. Les responsables de la compagnie ont du mal à digérer la décision de Paul de ne pas avoir inclus le single *Goodnight Tonight* à l'album. Comme avec *Mull Of Kintyre*, l'ex-Beatle a décidé de se passer d'un titre locomotive pour assurer le succès de l'œuvre.

McCartney souhaite produire des films promotionnels pour plusieurs chansons. Il sollicite donc Phil Davey, Hugh Scott-Symonds et Keith MacMillan pour les réaliser. Le travail débute le 4 juin au château de Lympne, dans le Kent pour la chanson *Old Siam Sir,* le nouveau single qui sortira en Grande-Bretagne. Un choix commercial audacieux avec la présence de *Spin It On* en face B qui indique que Paul souhaite récupérer ce public aspiré par les mouvances punk et New Wave, mais qui va s'avérer vain. Aux États-Unis et dans plusieurs pays européens, c'est *Getting Closer* qui est choisi pour être le nouveau 45 tours. Le clip de la chanson est capté dans un hangar d'un aérodrome du Kent, tout comme celui de *Spit It On*. Le 6 juin, le groupe retourne au château de Lympne pour le tournage de *Winter Rose/Love Awake. Baby's Request* sera filmé sur une plage, avec les musiciens vêtus d'uniformes.

Une conférence de presse est organisée à Londres pour présenter « Back To The Egg ». Dans les studios Abbey Road, Paul répond aux questions des journalistes et diffuse un extrait du film enregistré pendant les sessions de *Rockestra.* Pour l'occasion, les tables ont été décorées avec une image d'un œuf sur le plat comme celle qui illustre le label du 33 tours. On a également placé des parasols avec un jaune d'œuf imprimé. Quelques jours plus tard, Paul accorde des interviews à Capitol Radio et à RTL. Il lui faut défendre ce disque qui n'est pas évident à appréhender et que la presse a tendance à tailler en pièce. Le Daily Mail trouve le génie de McCartney émoussé, alors que dans le New Musical Express, on relève que Wings n'a plus de saveur et que le charme n'est plus le même. Il manque de poids et de substance. Et de là naissent l'ennui et l'insatisfaction. Le journaliste Roy Carr regrette qu'un musicien comme Denny Laine n'ait pas la liberté d'esprit de dire à McCartney que parfois ses textes sont en dessous de tout et qu'il devrait se remotiver et recommencer. Le disque se hissera à la troisième place des charts en Australie, à la sixième en Grande-Bretagne et à la huitième aux États-Unis. Dans une Europe partagée entre le disco, le punk et la New Wave qui émergent, « Back To The Egg » réalise des scores mitigés (cinquième en Suède et Norvège, dixième en Italie, onzième en France et en Hollande).

Le 30 juin, la presse révèle que McCartney travaille sur un projet de film intitulé « Band On The Run » comme l'album du même nom. Les musiciens du groupe joueront leur propre rôle dans ce long-métrage autobiographique. Le script sera confié à Willy Russell, l'auteur du spectacle « John, Paul, George, Ringo… and Bert » qui triomphe à Broadway. Le tournage est prévu en début d'année 1980.

Après avoir assuré la promotion de leur nouvelle production, les Wings font une pause de quelques semaines. Paul en profite pour tester un nouveau matériel de studio qu'il installe initialement dans sa maison du Sussex. Il passe ainsi de longues journées de juillet à enregistrer seul des chansons. En tâtonnant sur son synthétiseur, il trouve de nouveaux sons qui vont déboucher sur des titres comme *Temporary Secretary*, *Nobody*

Knows, *Darkroom* ou *Check My Machine*. Il place un fût de batterie sur la cuvette des toilettes et capte la rythmique avec un micro branché sur son seize pistes. Alors qu'il pensait créer quelques musiques expérimentales pour le fun, le musicien, qui s'est à nouveau laissé pousser la moustache, prend tellement de plaisir à travailler seul que l'idée de réaliser un projet en solitaire commence à germer dans son esprit.

Le 10 août 1979, le single de Suzy And The Red Stripes, *Seaside Woman*, est enfin disponible en Grande-Bretagne, soit plus de deux ans après sa publication aux États-Unis. Un film d'animation est en cours de réalisation. Il a été confié à Oscar Grillo, un illustrateur argentin de talent qui s'est installé à Londres depuis quelques années. Une autre chanson refait surface : *Did We Meet Somewhere Before*. Rejetée de la bande originale de « Heaven Can Wait » de Warren Beaty, elle apparaît finalement sur celle de « Rock'n'Roll High School » de Allan Arkush, avec les Ramones. Toutefois, cette ballade ne figurera pas sur le disque commercialisé fin août. Ce même jour, Michael Jackson présente son album « Off The Wall », avec la reprise de *Girlfriend*. C'est le producteur Quincy Jones qui lui a suggéré d'enregistrer cette reprise d'un titre que Paul avait créé en pensant à lui. Dans sa version, le chanteur américain ne reprend pas le pont du morceau comme sur celle de Wings. L'album se vendra à plus de 22 millions d'exemplaires à travers le monde et lancera la véritable carrière solo de Jackson. Cinquième single tiré de l'œuvre, *Girlfriend* n'atteindra que la 41e place des charts britanniques.

Deux singles extraits de « Back To The Egg » sont lancés. Aux États-Unis, c'est le funky *Arrow Through Me* qui a été choisi, alors que les Britanniques entendront *Getting Closer*. Les têtes pensantes chez EMI et Columbia n'ont visiblement pas les mêmes goûts et stratégies. Pourtant, quelques jours plus tard, les téléspectateurs américains vont regarder en exclusivité le clip de *Getting Closer* pendant l'émission du Téléthon pour les malades de la dystrophie musculaire animée par l'acteur Jerry Lewis. Au cours de la même soirée, Ringo Starr fait une apparition en recevant quelques appels de promesses de dons et en jouant de la batterie avec Todd Rundgren, Bill Wyman et Kiki Dee.

Le 14 septembre, Paul propose son rendez-vous annuel consacré à Buddy Holly. Au Hammersmith Odeon, il chante *It's So Easy* et *Bo Diddley*. Denny Laine et Don Everly interprètent *Raining In My Heart*. Parmi les spectateurs, on remarque Kevin Godley de 10cc, Ronnie Lane et les acteurs Victor Spinetti et Christopher Reeve qui vient de triompher dans le rôle de Superman.

Le 27 septembre 1979, Jimmy McCulloch est retrouvé mort dans son appartement londonien par son frère Jack. Intrigué par une odeur étrange, il a, dans un premier temps, pensé qu'il y avait un incendie à l'intérieur du logement, mais quand il a enfin ouvert la porte, il a trouvé le corps sans vie du jeune guitariste sur le sol. L'autopsie révèlera la présence d'alcool, de marijuana et une forte dose de morphine qui lui fut fatale. La police ne retrouvera pas trace de bouteille ou de drogue dans le logement pas plus que d'argent liquide. Curieusement, la chaîne de sécurité de la porte d'entrée était cassée avant que Jack McCulloch ne tente de pénétrer dans les lieux. Malgré ces quelques éléments troublants, les enquêteurs privilégieront la thèse de l'overdose. Jimmy n'avait que 26 ans et, sans doute, un brillant avenir de musicien devant lui. Steve Holly, le batteur de Wings, est choqué par la nouvelle. Deux jours avant la découverte du corps de McCulloch, celui-ci l'avait contacté par téléphone pour lui proposer une séance d'enregistrement. Les deux hommes avaient trouvé un accord et une date devait être fixée.

Le jour des obsèques, aucun membre de Wings n'est venu. Rose Martin, la gouvernante des McCartney et Jo Jo Laine sont présentes, ainsi que les musiciens des anciens groupes de Jimmy : Stone The Crows et Maggie Bell. Dans un premier temps, Denny Laine avait prévu de se rendre aux funérailles, mais il y a renoncé car il avait eu quelques différents avec son jeune collègue. L'heure de pardonner n'avait pas encore sonné. À moins qu'il n'ait pas voulu froisser Paul. Le couple McCartney, qui n'a donc pas jugé bon de se rendre à l'office, se contentera d'un hommage bref dans l'édition du « Club Sandwich », le magazine du fan club de Wings.

Une nouvelle tournée du groupe est prévue pour la fin de l'année. Pour le projet de film, des images de concert sont nécessaires et seront donc captées pendant les shows. Si les musiciens sont heureux de repartir sur la route et de pouvoir augmenter ainsi considérablement leurs émoluments, Linda se montre bien moins enthousiaste. Elle préférerait rester sagement à la maison avec ses enfants, dont James qui n'a que deux ans. Et elle ne souhaite plus se retrouver sur une scène où elle ne se sent vraiment pas à l'aise. Paul doit insister pour la convaincre car il lui est inconcevable qu'elle ne soit pas près de lui pendant les concerts. Les dissensions sont vives au sein du couple et la jeune femme s'en confie directement à Denny Laine et se met à pleurer sur son épaule. Après ces quelques hésitations, le groupe répète donc en vue de ce tour qui se déroulera dans un premier temps en Grande-Bretagne, avant de gagner le Japon, en janvier 1980, pour revenir aux États-Unis, l'été suivant. Avec une quarantaine de personnes employées sur cette nouvelle tournée, McCartney décide de réduire les frais, après l'épopée de 1976 qui a mobilisé plus d'une centaine de techniciens.

Le 24 octobre 1979, Paul est honoré par le ministre de la culture britannique et le Livre Guiness des Records pour avoir composé 43 chansons qui se sont vendues à plus d'un million d'exemplaires chacune. Il reçoit un disque de rhodium pour cet exploit réalisé entre 1962 et 1978. Cette récompense vient une nouvelle fois souligner une carrière hors du commun et un succès qui n'a jamais fui l'artiste.

Quelques jours plus tard, le présentateur d'ABC, Geraldo Rivera interviewe Paul et Linda. Il revient sur ce disque de rhodium et ce record de ventes. Macca répond qu'il n'a jamais comptabilisé ses succès. Puis vient une question sur le décès d'Elvis Presley et ce mystérieux syndrome de mélancolie et d'autodestruction des artistes rock. L'ex-Beatle précise qu'il n'a jamais eu recours à des pilules et qu'il n'est pas trop fan de ces cachets pour les maux de tête ou pour dormir. Ce n'est pas une question de discipline, mais plutôt une peur de ces substances.

Le 16 novembre, Paul McCartney sort un 45 tours sous son propre nom : *Wonderful Christmastime*. Il s'agit d'une chanson de Noël qu'il a enregistrée seul pendant l'été avec son nouveau matériel. En face B, il a placé *Rudolph The Red-Nosed Reggae*, un instrumental qui date de 1975 avec Bob Loveday au violon. Voilà un single parfait pour les fêtes de fin d'année. Puis, le 23, Wings débute sa tournée à Liverpool par un concert gratuit au Royal Court Theatre. L'établissement a bien failli fermer à la suite de problèmes financiers, mais McCartney a offert 5000 livres pour le sauver. Il a d'ailleurs été officiellement et chaleureusement remercié par le conseil municipal, bien que certains déplorent que les autres ex-Beatles aient oublié leur ville natale. Mais, il faut également reconnaître que les liverpuldiens n'ont rien fait pour entretenir la légende des Fab Four. Mathew Street, la rue où se trouvait le Cavern Club est restée cette petite artère coupe-gorge qu'elle était déjà au début des sixties. L'endroit où se produisaient les quatre garçons a laissé place à une boîte punk et les sculptures murales qui les représentaient ont été remisées dans un hangar. Le show de Wings est donné en l'honneur du Liverpool Institute, l'ancienne école de Paul. Plus tôt dans la journée, Macca retourne dans les locaux qu'il fréquentait avec George Harrison. Il retrouve son vieux professeur de géographie, M. Parker qui enseigne dans l'établissement depuis 1948 et lui remémore comment il faisait noter les cours aux élèves comme à des secrétaires. Une jeune enseignante en arts plastiques remet au musicien un tableau réalisé par les élèves en son honneur et qui représente les uniformes et les divers symboles de l'école. Les employés et les élèves sont ensuite invités au spectacle. Après ce concert de charité, le groupe se produit à nouveau pendant trois soirs dans la même salle, qu'ils ont préférée à L'Empire plus vaste car Paul souhaite lui venir en aide. Il n'a pas oublié qu'enfant, il venait y voir quelques spectacles pour 50 pence. L'après-midi du 27 novembre, les musiciens s'offrent une balade sur la Mersey à bord du Royal Iris. Les Beatles avaient joué entre 1961 et 1962 sur ce bateau qui transporte ses passagers depuis 1951. Macca n'a pas oublié de rassembler sa famille pour une petite fête improvisée où se mêlent la tante Gin, Michael McCartney et ses enfants, les cousins et cousines. Tous ces gens pour qui le musicien n'est pas une superstar, mais tout simplement Paul.

La section de cuivre est à nouveau opérationnelle, avec Howie Casey, Tony Dorsey, Thaddeus Richard et Steve Howard. Malgré les répétitions et le talent individuel incontesté de chaque musicien, la cohésion tarde à venir et Paul s'en aperçoit. Il n'est pas très satisfait de ces prestations, et les critiques musicaux qui se sont déplacés relèvent également que tout n'est pas aussi parfait qu'en 1976.

Pour assurer la première partie du spectacle, McCartney a choisi Earl Okin, un chanteur comédien, diplômé de philosophie qui a démarré sa carrière en 1966 sur le même label que les Beatles. Dans le programme de la tournée, le journaliste Dave Gelly écrit que Wings n'a plus rien à prouver maintenant. Ils ont démontré qu'ils pouvaient assurer dans les plus grandes salles et régler les problèmes techniques. Il est temps de repartir sur la route et de jouer pour leur plaisir et celui du public.

Le 7 décembre, le groupe se produit à l'Empire Pool de Wembley. Pour l'occasion, Paul interprète *Baby Face* et Linda *Cook Of The House*. La chanson de l'album « Wings At The Speed Of Sound » sera conservée dans le répertoire jusqu'à la fin de la tournée. La set list du show est donc la suivante : *Got To Get You Into My Life*, *Getting Closer*, *Every Night*, *Again And Again And Again*, *I've Had Enough*, *No Words*, *Cook Of The House*, *Old Siam Sir*, *Maybe I'm Amazed, The Fool On The Hill, Let It Be, Hot As Sun, Spin It On, Twenty Flight Rock, Go Now, Arrow Through Me, Wonderful Christmastime, Coming Up, Goodnight Tonight, Yesterday, Mull Of Kintyre* et *Band On The Run*. Paul a axé le spectacle sur le dernier album et a pris également soin d'insérer d'autres chansons des Beatles.

Quelques jours plus tard, la vidéo de *Wonderful Christmastime* est diffusée à la télévision. Curieusement, tous les membres de Wings y ont participé alors qu'ils ne l'ont pas enregistrée. Mais la chanson est jouée pendant les concerts de Wings, pour le plus grand bonheur du public. La première fois qu'elle est interprétée sur scène, Laurence Juber est surpris par la fausse neige qui est projetée par les techniciens. Alors qu'il s'apprête à chanter, il absorbe quelques flocons factices. Une autre nouveauté, issue des sessions d'enregistrement de Paul en juillet, est présentée. *Coming Up* n'est pas encore éditée sur disque, mais elle fait déjà son effet auprès du public. Décidément, la chance n'est pas toujours au rendez-vous, comme ce 15 décembre à Edimbourg, quand le courant de la salle saute au moment où le groupe joue *Spit It On*. Pendant que les techniciens cherchent à réparer au plus vite, Denny Laine divertit le public avec des acrobaties et des pitreries, puis la section de cuivre improvise un *When The Saints Go Marchin' In* avec Linda au chant. Après six minutes d'interruption, le concert peut alors reprendre. L'incident ne se reproduira plus. Le lendemain à Glasgow, le Pipe Band de Campbeltown vient rejoindre la formation qui a revêtu le kilt de rigueur pour un *Mull Of Kintyre* d'anthologie. À la fin du show, alors que le public scande « Paul McCartney ! » celui-ci rétorque « Kenny Dalglish » en l'honneur du footballeur écossais qui fait le bonheur du Liverpool FC.

Une petite pause arrive quelques jours avant Noël. Pour l'occasion, Paul offre à son épouse un ranch situé dans le secteur de Tanque Verde, près de Tucson. Quand elle vivait dans cet état, Linda adorait cette demeure et ne l'avait pas oubliée par la suite.

Le repos est de courte durée, puisque Wings doit se produire à l'Hammersmith Odeon de Londres pour la dernière des trois soirées de concert de charité pour le peuple cambodgien, organisées avec le concours de l'Organisation des Nations Unies et de son secrétaire général, Kurt Waldheim. Ce dernier a contacté Paul quelques semaines auparavant pour lui demander si les Beatles accepteraient, exceptionnellement de se réunir pour l'occasion. Peu optimiste à propos de la réussite de cette entreprise, McCartney a tout de même contacté ses trois amis : Ringo et George auraient donné leur accord, mais pas pour se produire sous l'entité Beatles. Ils se rétracteront rapidement après le refus de John et sans doute également agacés par des rumeurs persistantes dans la presse qui annoncent la présence des Fab Four pour ce concert londonien. Ce matin du 29 décembre 1979, les journaux et les radios relaient à nouveau l'improbable rumeur : « Les Beatles pourraient se retrouver sur la scène de l'Hammersmith ! ».

Le soir venu, les tickets pour le show se négocient jusqu'à 40 livres et la nervosité est grande parmi les chanceux qui sont parvenus à acquérir le précieux billet. Paul et son groupe investissent la scène et débutent leur tour de chant. Avant *Goodnight Tonight*, un robot qui est utilisé comme boîte à rythmes fait son entrée sur scène. Avec beaucoup d'humour, Macca précise au public qu'il ne s'agit, en aucun cas, de John Lennon.

Finalement, après la prestation de Wings, les spectateurs n'ont droit qu'à une prestation du Rockestra pour trois titres : *Lucille*, *Let It Be* et *Rockestra Theme*. Le public ne boude pas le plaisir d'applaudir cette formation exceptionnelle : Billy Bremner et Dave Edmunds (Rockpile), James Honeyman-Scott (The Pretenders), Robert Plant, John Paul Jones et John Bonham (Led Zeppelin), Ronnie Lane (ex-Small Faces et The Faces), Bruce Thomas (The Attractions), Gary Brooker (Procol Harum), ainsi que Kenny Jones et Pete Townshend (The Who). Pete a refusé de porter le costume argenté et le chapeau haut de forme. Paul, installé au piano, ne manque d'ailleurs pas de le faire remarquer devant le public, tandis que Laurence Juber parvient à lui poser le couvre-chef sur le crâne. Mais le guitariste le lance aussitôt dans la salle, alors que les premières mesures de *Rockestra Theme* sont lancées. À l'issue de la chanson, Macca souhaite une bonne année à tous et le rideau tombe sur cette ultime prestation. Une nouvelle rumeur circule alors : John Lennon était présent à l'Hammersmith. C'est évidemment faux puisqu'il n'a jamais quitté New York.

Dernière escale à Tokyo

À peine le temps de fêter cette nouvelle année 1980 et la décennie qui démarre, que les Wings doivent reprendre les répétitions, en vue des concerts japonais à venir. En effet, après des années de bannissement, le pays du Soleil Levant accepte enfin d'accueillir McCartney et ce pour le plus grand bonheur des fans nippons qui ne l'ont pas vu depuis 1966. Dès le 2 janvier, le groupe tente de gommer les quelques imperfections qui ont pu émailler la tournée britannique et teste de nouvelles chansons. Au bout d'une semaine de labeur intense, il est temps de préparer le voyage vers l'Asie. Wings se produira au Budokan deTokyo (du 21 au 24 janvier), au Aichi-Ken, Taiiku-Kan, à Nagoya (les 25 et 26 janvier), au Festival Hall d'Osaka (le 28 janvier), au Furitsu-Kan d'Osaka (le 29 janvier) et à nouveau au Budokan de Tokyo (du 31 janvier au 2 février).

Le samedi 12 janvier, toute la troupe se retrouve à l'aéroport d'Heathrow, à Londres pour s'envoler vers New York. Macca a prévu une brève escale dans la mégapole américaine car il espère rencontrer John Lennon. Il a d'ailleurs réservé au Stanhope Hotel qui est situé de l'autre côté de Central Park, à proximité du Dakota Building, la résidence de Yoko et John. Dans la soirée du 14, il passe un coup de téléphone et espère entendre son ex-partenaire, mais c'est son épouse qui décroche. Des rumeurs persistantes feraient état d'une terrible addiction à l'héroïne pour l'artiste japonaise. Il semble également qu'elle mène la vie dure à John, qui n'a toujours pas repris ses activités musicales et ne sort guère de son domicile. C'est donc sans surprise qu'elle refuse catégoriquement lorsque Macca lui demande s'il peut passer les voir avec une herbe sensationnelle qu'il a dénichée. Yoko prend également ombrage quand Paul lui annonce qu'il va séjourner à l'hôtel Okura de Tokyo. Il s'agit en effet de l'établissement où le couple Lennon avait élu domicile pour chacun de leurs séjours au Japon.

Frustré de ne pas avoir pu revoir son ami, McCartney s'envole pour le Japon et arrive à l'aéroport de Narita, le 16 janvier 1980. À leur arrivée, Paul, Linda et leurs enfants, accompagnés de Laurence Juber empruntent un long couloir qui les mène au service de police et à la douane. C'est là que les fonctionnaires découvrent deux sachets contenant en tout 219 grammes de marijuana dans un sac appartenant à l'ex-Beatle et dans celui d'un de ses enfants. Macca, qui n'avait pu se résoudre à jeter une herbe d'une telle qualité dans les toilettes, est immédiatement arrêté et menotté. Les officiels l'escortent et le placent dans une voiture, sous les cris des fans japonais qui ignorent encore ce qui vient de se passer et tentent désespérément de s'accrocher au véhicule. Paul est transféré dans les locaux de la police pour y être interrogé.

C'est la stupeur dans l'entourage du groupe. Le promoteur local espère que l'affaire va se régler rapidement et que les onze concerts pourront bien avoir lieu. Il est donc décidé de ne pas se précipiter et d'attendre la suite des évènements. L'annulation totale représenterait une perte de plus de 100 millions de yens car 100 000 billets ont déjà été vendus. Linda emmène ses enfants à l'hôtel Okura, où ils retrouvent les musiciens et l'équipe de tournée. Une fois sur place, elle tente d'obtenir un droit de visite pour voir son mari, mais on le lui refuse. L'épouse de Paul est très en colère et trouve que les responsables locaux prennent toute cette affaire bien trop au sérieux. Elle annonce à la presse que c'est son dernier voyage au Japon et qu'elle n'y remettra jamais les pieds.

Au lendemain de son arrestation, Paul doit à nouveau répondre aux questions des enquêteurs. Il est désormais assisté de l'avocat Tasuko Matsuo, qui tente de le sortir de cette mauvaise passe. Pendant six heures, le musicien raconte qu'il a amené cette herbe pour sa consommation personnelle et qu'il n'avait aucunement l'intention de la fumer pendant ses concerts. Il précise que cette drogue est bien moins nocive que l'alcool, mais ne parvient pas à dérider les policiers. Au moment de quitter les lieux avec les agents des narcotiques, le convoi est bloqué par un groupe de 200 fans locaux qui manifestent pour la libération de leur idole. Le véhicule doit faire demi-tour et il faut une intervention très musclée pour disperser les mutins. McCartney doit donc passer une seconde nuit en prison. Il est devenu le détenu numéro 22 et partage le quotidien de ses camarades de cellule, très étonnés de le retrouver ici. Les gardiens lui concèdent néanmoins une petite faveur en lui apportant du café et du pain pour son petit-déjeuner.

La tournée est officiellement annulée et les organisateurs doivent rembourser 1,8 millions de yen aux détenteurs de tickets de concerts. Comme l'indique Kazunari Ogawa, le vice-directeur de Yomiuri, il était impossible de maintenir les shows dans de telles conditions. Pourtant tout était prêt pour cet évènement. Des affiches annonçaient la venue du groupe dans les grandes villes du pays et un programme avait été édité. Dans celui-ci, rédigé en japonais, on retrouvait une présentation du groupe et de chacun des musiciens, et quelques articles assez étonnants comme celui de Toyo Nakamura qui avoue avoir toujours préféré John Lennon et qu'on n'a jamais fait mieux que l'album « Plastic Ono Band » de décembre 1970. Il confesse malgré tout qu'il s'est converti à la musique de McCartney, qui est le seul à poursuivre une carrière honorable. Le critique Ichiro Fukuda raconte qu'il a vu Wings en juillet 1972, à l'Olympia de Paris. Il se trouvait dans la capitale française et a été très surpris de trouver une place pour le concert très facilement. Il précise que ce qu'il a vu et entendu, ce jour-là, n'était pas brillant et que l'ensemble restait très confus. Il n'a été guère plus convaincu par la retransmission d'un spectacle australien de 1975 et seule la prestation du Madison Square Garden de 1976 trouve grâce à ses yeux. Il pense malgré tout que cette tournée de 1980 devrait être encore meilleure. Puis, la musicienne Reiko Yukawa raconte son entrevue avec les Beatles, en 1964. Elle précise que Paul était le plus sympathique des quatre jeunes gens de Liverpool avant de s'égarer sur le thème astrologique de Macca. Un étonnant contenu pour un programme officiel qui laisse penser que les responsables de MPL n'ont pas pris le soin de se le faire traduire. Ces programmes ne seront pas détruits et sauront faire le bonheur des collectionneurs de toute la planète.

L'inquiétude est grande dans l'entourage de Paul qui risque sept années de réclusion pour ce délit. Le vendredi 18 janvier, la cour de justice du district de Tokyo demande une prolongation de la détention pour une durée minimum de dix jours afin de poursuivre les interrogatoires. Paul demande s'il peut récupérer sa guitare acoustique, mais la requête est à nouveau refusée. Le musicien s'inquiète énormément pour Linda et ses enfants. Le couple n'a jamais été séparé depuis toutes ces années et cette situation devient très pesante. Malgré tout, le détenu garde le moral et se montre très cordial avec les autres prisonniers. Ainsi, quand il se rend aux sanitaires pour prendre une douche, ses camarades lui demandent de chanter quelques chansons. C'est ainsi qu'il fredonne *When The Red Red Robin* (*comes Bob, Bob, Bobbin' Along*), une chanson populaire de Harry M. Woods de 1926 et *Take This Hammer*, une vieille rengaine de prisonniers dont les premières versions enregistrées datent de 1915. Paul l'avait déjà interprétée en janvier 1969 pendant les sessions pour le film « Let It Be », des Beatles. Mais ses spectateurs aussi privilégiés qu'insolites apprécient davantage quand il entame *Yesterday*. Il parvient à communiquer avec ses voisins de cellule en tapant dans les murs et en élevant la voix. Par chance, celui qui se trouve à proximité parle un peu anglais et ils peuvent donc discuter et se raconter quelques blagues. Il a également le droit d'aller fumer une cigarette dans la journée. Dans la cour, il croise un étudiant marxiste qui parle sa langue, mais également un meurtrier qui porte sur le dos le tatouage des triades de Yakuza. Grâce à ces quelques moments de détente et un moral à toute épreuve, Macca garde le sommeil mais commence à perdre du poids. Ce qui est le plus difficile à supporter, c'est de ne pas pouvoir sortir pour profiter de la lumière du jour car aucune promenade n'est prévue dans l'établissement.

Les musiciens de Wings sont abattus par cette situation. Alors qu'on leur avait bien notifié de ne pas emmener de produits illicites et de ne pas arriver à Tokyo avec des têtes de défoncés, c'est leur patron qui se fait prendre et provoque l'annulation d'une tournée lucrative. Le lundi 21 janvier, ils quittent donc le Japon. Steve Holly et Laurence Juber s'envolent vers les États-Unis alors que Denny Laine prend la direction de la France pour se rendre au Midem de Cannes et y signer un contrat pour un futur album solo. Paul appréciera moyennement que son fidèle lieutenant parte passer du bon temps sur la Côte d'Azur et gère ses affaires personnelles pendant que lui se morfond à Tokyo. Il se consolera avec le télégramme de soutien adressé par George Harrison et son épouse Olivia.

Le lendemain, Linda est autorisée à lui rendre visite et lui apporte quelques livres de science-fiction. Elle retrouve son conjoint en bonne forme et qui n'hésite pas à plaisanter. Cela lui remonte le moral de le retrouver ainsi, même si le parloir ne dure qu'une trentaine de minutes. À Heathrow, Ringo Starr est interrogé par la presse au sujet des déboires de son ex-collègue. Il précise que c'est le risque qu'encourent les personnes qui prennent de la drogue et que, sur ce coup, Paul n'a vraiment pas eu de chance.

Des rumeurs révèlent que la star serait particulièrement maltraitée dans les geôles nippones. Un représentant du ministère de la justice à Tokyo doit alors démentir ces allégations. McCartney est traité comme les autres prisonniers et les autorités locales ne s'acharnent pas sur lui pour prouver à leurs concitoyens que les célébrités étrangères reçoivent un traitement de choc si elles enfreignent la loi du pays.

Kenneth Alan Lambert, un jeune Américain de 29 ans se présente à l'aéroport international de Miami dans la soirée du 19 janvier. Il n'a que quelques pièces de monnaie et pas de document d'identité, mais il a un objectif très précis : aller libérer

Paul McCartney à Tokyo. Il explique tout cela au guichet de réservation et naturellement, les employés lui indiquent qu'il lui est impossible de prendre un vol pour le Japon dans ces conditions. Le fan insiste et le ton monte après plusieurs minutes. Lambert sort alors un pistolet en plastique et menace les salariés. L'objet semble suffisamment réaliste pour qu'un policier du Dade County fasse feu sur le pauvre bougre qui est donc abattu sans ménagement. Dans son sac, on retrouvera une bible. Kenneth, grand admirateur des Beatles avait prévenu ses amis qu'il deviendrait riche et célèbre, ou qu'il finirait en prison, ou mort.

Les fans japonais poursuivent leurs actions de protestations et le lundi 21 janvier, un grand rassemblement est organisé pour exiger la libération du musicien. Hideko Kobayashi, le coordinateur du mouvement, explique à la presse que quand bien même Macca aurait commis un délit, il est intolérable pour eux de voir son image ternie par les autorités locales.

Les jours passent et le 24 janvier, la presse japonaise révèle que la demi-livre de marijuana aurait coûté à Paul près de 700 livres sterlings. Les reporters demandent à Linda combien de temps elle va rester à Tokyo. Sa réponse est très claire : elle ne partira pas sans son mari et cela prendra le temps qui sera nécessaire. Son attente s'achèvera brusquement dès le lendemain, puisque McCartney est libéré de prison et immédiatement expulsé du pays avec femme et enfants. En fin de compte, aucune charge n'est retenue contre lui car les autorités ont admis qu'il avait apporté la drogue uniquement pour son usage personnel. Au moment de quitter la maison d'arrêt, le musicien entend les fans hurler « Sayonara », ce qui signifie « au revoir ». Il déclarera que ses admirateurs japonais sont formidables et qu'il souhaiterait revenir dès que possible pour un concert. Cela semble toutefois assez compromis. Pendant sa détention, le musicien a consigné tout ce qui lui est arrivé et ce qu'il a ressenti par écrit. Il a baptisé ce manuscrit « Japanese Jailbird », mais ne le publiera pas. Il a tenu à laisser une trace de ce triste épisode de sa vie pour ses enfants, qui pourraient un jour lui poser des questions à ce sujet.

Linda arrive à l'aéroport de Narita avec ses enfants. Elle porte James dans ses bras et exprime sa satisfaction de voir que toute cette mésaventure se termine bien. Elle remercie les fans nippons pour avoir été si gentils et déclare être très fatiguée par cette terrible épreuve. Escorté par une cohorte de policiers, le musicien arrive dans le terminal et affirme qu'il a été bien traité et qu'il est désolé que la tournée soit annulée. Il espère revenir un jour au Japon, mais on ne le sent pas très convaincu par ses propres affirmations. La famille McCartney embarque dans un avion qui doit les emmener à Amsterdam après une escale en Alaska et près de treize heures de vol. Aux quelques journalistes qui ont pu embarquer à bord de l'appareil, Paul déclare qu'il s'en veut d'avoir été aussi stupide et imprudent, qu'il a vraiment eu peur d'être emprisonné pendant une période plus longue et qu'il n'a pas supporté d'être éloigné de sa famille. Dans l'euphorie de cette liberté retrouvée, il va même jusqu'à prétendre que, désormais, il ne fumera que des cigarettes normales. Une promesse qu'il ne pourra cependant pas totalement honorer…

Le 26 janvier 1980, ils arrivent enfin en Angleterre et se réfugient dans leur maison de Peasmarsh dans le Sussex pour récupérer de cette terrible épreuve. Le journal The Sun met à la une de son édition du jour la déclaration de Paul : « Je ne fumerai plus jamais d'herbe ! » et relate la mésaventure du musicien telle qu'il l'a racontée pendant son retour au pays. Le Daily Express a quant à lui retrouvé un vieux professeur du bassiste qui déclare : « Tu as eu tort Paul ! ». Les journalistes cernent la propriété en espérant que la star vienne faire une déclaration. Le lendemain, Paul sort enfin et demande aux reporters de le laisser tranquille pendant quelques jours. De son côté, Denny Laine enregistre au Rock City Studios, à Shepperton pour son album solo. Le musicien ressent beaucoup d'amertume en raison de la mésaventure japonaise qui va provoquer une baisse de revenus très conséquente. Il appréhende sans doute également l'avenir du groupe car il se doute que cet incident peut être très préjudiciable.

McCartney ne reste pas reclus très longtemps puisqu'il apparaît dès le 30 janvier dans l'émission « This Is Your Life », qui célèbre le producteur des Beatles George Martin. Il a enregistré une petite apparition pour rendre hommage à son ami. Sollicité également par la production, George Harrison a décliné l'invitation en prétextant un départ en vacances. En réalité, il ne quittera le pays que le 11 février pour se rendre dans l'île de Saint-Barthélémy. De son côté, Ringo Starr s'apprête à débuter le tournage du film « Caveman », au Mexique. Mais quand il arrive à l'aéroport de Mexico, le 17 février, les douaniers inspectent ses bagages avec minutie. Les dernières aventures de McCartney ne sont sans doute pas étrangères à cet excès de zèle. C'est pendant la réalisation de ce long-métrage humoristique qui se déroule au temps des hommes des cavernes que Ringo fera la connaissance de l'actrice Barbara Bach, ex-James Bond girl qui deviendra sa compagne.

Pour se remettre de ces émotions, rien de tel qu'un petit séjour en Jamaïque. La famille McCartney s'installe à Montego Bay pour quelques jours. Puis, le 26 février, Paul se déplace aux British Rock And Pop Awards au Royal Café de Londres pour obtenir le prix de la personnalité la plus remarquable de l'industrie musicale. Le lendemain, il remporte un Grammy Award pour l'instrumental *Rockestra Theme*. Mais il n'est pas présent à Los Angeles pour recevoir son trophée. Les autres vainqueurs sont Billy Joel avec l'album « 52nd Street », Bob Dylan *avec Gotta Serve Somebody*, les Eagles avec *Heartache Tonight*, Donna Summer pour *Hot Stuff* et Michael Jackson avec *Don't Stop Till You Get Enough*.

Dès le 3 mars, McCartney travaille à nouveau à Abbey Road et dans son studio du Sussex. Il reprend les bandes de ses enregistrements en solitaire de l'été 1979, qu'il compte finalement commercialiser. Pendant trois semaines, il peaufinera la production de ces morceaux expérimentaux.

Le premier single extrait de ce nouvel opus solo sera *Coming Up*, la chanson qu'il interprétait pendant la tournée britannique de Wings. Il faut donc réaliser un vidéo clip pour l'occasion et Paul fait alors appel au réalisateur Keith McMillan qui travaillera à plusieurs reprises avec lui pour d'autres films.

Macca eut l'idée de se glisser dans la peau de quelques icônes du rock et c'est ainsi qu'on le retrouve déguisé en Frank Zappa, Ron Mael de Sparks, Ginger Baker de Cream, Hank Marvin des Shadows, Andy Mackay, le saxophoniste de Roxy Music et bien évidemment dans son propre rôle de Beatle Paul en 1963. Linda, quant à elle, interprète les choristes dont un masculin (avec une belle moustache !) et un féminin. Pour l'occasion, elle porte des costumes avec un côté noir et un blanc. Le résultat est très concluant et le film porte parfaitement cette chanson insolite sur laquelle Macca transforme sa voix pour obtenir un effet étonnant.

Le single *Coming Up* est commercialisé le 11 avril 1980, en Grande-Bretagne. En face B, on peut trouver une version live de la chanson enregistrée par Wings, à Glasgow, le 16 décembre 1979 et l'instrumental *Lunch Box / Odd Sox* capté pendant les sessions de « Venus And Mars », en février 1975. Contre toute attente, la plupart des programmateurs radio américains vont diffuser la version en concert à leurs auditeurs car ils n'apprécient guère le timbre trafiqué de la voix du chanteur sur la prise en studio. C'est ainsi que Wings va devenir numéro un en Amérique du Nord, bien qu'officiellement ce soit la version de Paul qui sera classée en tête des charts du Billboard. Ce succès inattendu provoque de nouvelles négociations entre la firme CBS et McCartney. La maison de disques veut inclure la version live au tracklisting du futur album « McCartney II », mais l'artiste s'y oppose fermement. Interrogé par Tim Rice, Paul reconnaît que l'enregistrement live comporte un son conforme à ce qu'attend son public alors que celle en studio est plus déroutante avec des effets un peu fantaisistes qu'il regrette même d'avoir enregistré, mais qui l'avaient amusé pendant la production.

Le 2 mai, Denny Laine publie le single *Japanese Tears*. Évidemment, la chanson est inspirée de la sinistre mésaventure de Tokyo. Il relate la réaction d'une fan nippone attristée par l'annulation des concerts de Wings. En face B, on trouve *Guess I'm Only Fooling*, enregistrée en 1978 avec Steve Holly. Bien que Laine ait voulu surfer sur une actualité encore fraîche et créer une certaine sensation, il échoue car le disque passe relativement inaperçu. De son côté, Paul est à nouveau honoré par une nouvelle récompense : l'award de l'accomplissement international qui lui est décerné par l'acteur Yul Brynner au Grosvenor Hotel, à Londres.

« McCartney II » est disponible à la vente, le 16 mai 1980. Ce second opus solitaire, qui est publié dix ans après son prédécesseur, va en déconcerter plus d'un. Si les fans vont retrouver quelques ballades familières comme *One Of These Days*, *Summer Day Song* ou *Waterfalls*, ils vont être surpris par *Bogey Music*, *Darkroom*, *Temporary Secretary*, *Front Parlour* ou *Frozen Jap* qui s'avèrent bien plus expérimentaux. À propos de cette dernière chanson, Paul précise qu'elle n'a pas été composée après son arrestation et qu'il n'a pas voulu offenser le peuple japonais. Le morceau a été créé pendant l'été 1979 et des influences orientales sont apparues. Il a donc voulu lui donner un titre particulier et a pensé à *Snow Scene In The Orient* (Scène de neige en Orient) ou au très long *Crystalline Icicles Overhang The Little Cabin By The Ice-Capped Mount Fuji* (Amas de glace cristalline qui surplombe la petite cabane sur le Mont Fuji). Il a finalement opté pour *Frozen Jap*. Pour ne pas heurter la sensibilité du public nippon, on a pensé à changer le nom en *Frozen Japanese* pour l'édition locale du disque, mais les réactions au pays du Soleil Levant ont été plus que partagées et beaucoup l'ont ressentie comme un affront. Il y a également le titre *Nobody Knows* que Macca a composé en pensant à tous ces experts qui viennent donner leur avis à la télévision et dont on découvre quelques mois plus tard qu'ils avaient tort, puisque finalement personne ne connaît la vérité. Pour beaucoup d'admirateurs de l'ex-Beatle, ce « McCartney II » restera vraiment un disque à part dans la discographie de leur idole.

Le 16 mai 1980, Paul accompagne Linda au festival de Cannes. Le film d'animation d'Oscar Grillo tiré de la chanson *Seaside Woman* est présenté en compétition. Le couple assiste à la projection dans le palais de la Croisette. Même si certains jugeront, à tort, l'œuvre un tantinet raciste, l'accueil chaleureux du public et les applaudissements à la fin de la soirée leur font immensément plaisir. Macca profite évidemment de la présence des nombreux journalistes pour assurer la promotion de son nouvel opus, mais les attachés de presse d'EMI distribuent trop généreusement les copies de l'album et se retrouvent vite à court de stock. Malgré cette erreur, l'opération est un succès. Pourtant, les journalistes présents à la conférence qui est organisée se montrent irrévérencieux et peu inspirés. L'un d'eux demande au musicien comment il a trouvé le Japon. Il répond qu'il n'a effectivement pas vu grand-chose du pays. On lui indique que Roger Daltrey est à Cannes pour présenter le film de Tom Clegg « McVicar ». Va-t-il essayer de lui voler la vedette ? Bien sûr que non ! Il y a de la place pour deux grandes stars du rock dans ce prestigieux festival. Après la récurrente question sur la reformation des Beatles, un reporter indique qu'il a rencontré des enfants de douze ans qui n'ont jamais entendu parler des Fab Four. Il lui demande ce que cela lui fait. Macca lui rétorque que cela lui donne un sacré coup de vieux !

Pendant cette longue journée, l'artiste est interrogé par l'Américain Rex Reed qui souhaiterait savoir s'il existe une chance de pouvoir entendre un jour une nouvelle chanson de Lennon et McCartney. Paul lui réplique que la dernière fois qu'il a vu son camarade, en 1976, il n'avait plus envie de composer et d'écrire. Il ajoute qu'il comprend que John a sans doute atteint le point où il n'a plus besoin de se fatiguer à travailler davantage. Macca ne sait alors pas que son ex-partenaire s'apprête à faire un retour sous les projecteurs avec un nouveau disque.

Les McCartney séjournent à l'hôtel Montfleury, sur l'avenue Beauséjour et y retrouvent Ringo Starr qui leur demande de participer à l'enregistrement de son futur album. La réponse est évidemment positive et le rendez-vous est pris pour le mois de juillet. Finalement, le jury, présidé par l'acteur américain Kirk Douglas attribue la Palme d'Or du court-métrage à « Seaside Woman » lors de la cérémonie de clôture qui se déroule le 23 mai. Les McCartney ne sont pas présents pour recevoir la prestigieuse récompense car ils sont retournés en Angleterre pour s'occuper de leurs enfants. Parmi les autres films primés, on trouve « Mon Oncle d'Amérique » d'Alain Resnais, qui remporte le Grand Prix, « All That Jazz » de Bob Fosse et « Kagemusha » d'Akira Kurosawa qui se partagent la Palme d'Or du long-métrage.

Le 17 mai, Paul et Linda sont les invités de la célèbre émission Saturday Night Live animée par Billy Crystal. Ils apparaissent en pyjamas pendant la liaison satellite entre New York et Londres. Il est en effet 4 heures trente du matin en Angleterre et 23 heures trente aux États-Unis. Le père Guido (interprété par Don Novello), qui les a réveillés en jetant des cailloux sur leurs fenêtres, n'hésite pas à provoquer l'artiste sur son usage de la marijuana et il massacre allègrement quelques chansons des Beatles et de Wings dans un medley mémorable. Tout cela a bien évidemment été enregistré quelques jours plus tôt... Le clip de *Coming Up* est diffusé pour la première fois en Amérique pendant le show.

Alors que Paul poursuit la promotion de son album solo, Denny présente *Japanese Tears* aux médias, ainsi qu'un livre pour les musiciens amateurs : « The Denny Laine Guitar Book ». Dans cet ouvrage, le lecteur retrouve les guitares de l'ex-Moody Blues et notamment ses belles Gibson Les Paul, la liste des grands virtuoses et quelques dessins avec des accords essentiels à connaître. De son côté, Laurence Juber est parti visiter les États-Unis pour trouver l'inspiration pour de futures chansons. Il doit également enregistrer un album comprenant des versions instrumentales de quelques standards de la musique qui figurent dans le catalogue d'édition de MPL.

Le 31 mai, « McCartney II » atteint la première place des charts britanniques, malgré ses sonorités déroutantes. Les fans de la première heure sont restés fidèles et Paul a certainement séduit un autre public avec ce disque. Le 13 juin, un nouveau single est lancé avec *Waterfalls* et l'inédit *Check My Machine* en face B. *Waterfalls* est le nom du cottage que les McCartney ont acquis en 1974 et qui a donc inspiré le musicien. Dans la vidéo qui a été produite pour la chanson, on retrouve l'ours blanc Olaf, qui appartient au Cirque Chipperfields et qui trône sur une demi-tonne de polystyrène censée remplacer la neige et la glace. Le single est illustré par une œuvre de Christian Broutin, un peintre maxiréaliste français qui a réalisé de nombreuses affiches de cinéma comme celle de « Jules et Jim » de François Truffaut.

Le 26 juin, Denny Laine annonce qu'il va partir en tournée avec son épouse Jo Jo et le batteur Steve Holly. Il commence à trouver le temps long et veut retrouver les sensations de la scène. Il ajoute qu'il est toujours un membre de Wings. Et en effet, le groupe se réunit enfin, deux jours plus tard, au Finston Manor, à la sortie de Tenterden, dans le Kent pour deux semaines de répétitions. Le groupe travaille des titres des Beatles comme *Got To Get You Into My Life* et *Eleanor Rigby*, mais également *With A Little Luck* et *Coming Up*. Une équipe de télévision vient filmer ces performances et Paul en profite pour saluer ses fans japonais. Pourtant, près de six mois après son arrestation à Tokyo, McCartney est toujours interdit de diffusion sur les radios et télévisions nippones. On l'entend également chanter *Video Killed The Radio Star*, le tube des Buggles qui a marqué la fin de l'année 1979.

Alors que Macca élabore de nouveaux projets musicaux, Lennon est en vacances aux Bermudes avec son fils Sean. Yoko les a rejoints pendant deux jours, mais elle est vite repartie à New York car elle ne supportait pas la chaleur. Le couple vit un moment difficile et certains membres de l'entourage évoquent une possibilité de divorce. D'ailleurs, le musicien vient de composer une nouvelle chanson intitulée *I'm Losing You* (Je te perds) et a l'intention de reprendre très vite le chemin des studios. De son côté, Harrison publie ses mémoires sous le titre « I Me Mine », tiré d'une de ses chansons qui figure sur l'album « Let It Be ». Dans la première version limitée à 2000 exemplaires et qui est vendue 148 livres sterling, George raconte donc ses souvenirs de musicien. Lennon se vexera d'être rarement cité par son camarade. Les relations entre les deux hommes ne vont pas s'améliorer après cette publication.

Paul et son groupe apparaissent dans l'émission « Day by Day », le 10 juillet. On les voit répéter puis McCartney répond à quelques questions, notamment sur le fait d'être devenu le compositeur qui a obtenu le plus de succès de tous les temps. Quant à ses projets pour les années 80, il n'a pas d'idée précise sur ce qu'il va faire. Quand l'animateur Kevin Keegan (homonyme du grand footballeur anglais) lui demande ce qu'il ressentira quand les gens ne se souviendront plus des Beatles, le musicien indique que c'est déjà le cas et que beaucoup de jeunes ne le connaissent que par *Mull Of Kintyre*. Et à la question autour de la reformation des Fab Four, il rétorque qu'on ne peut pas récupérer un soufflé qui est retombé et qu'aucun des quatre n'a vraiment envie de reprendre l'aventure.

Dans les cinémas britanniques, les spectateurs qui sont venus voir le film de Hal Ashby « Bienvenue Mister Chance », avec Peter Sellers et Shirley MacLaine, peuvent découvrir le court-métrage « Seaside Woman » en avant programme. Une belle promotion pour l'œuvre primée à Cannes. Paul et Linda, accompagnés de leurs enfants, retournent en France, le 11 juillet, pour retrouver Ringo aux studios Super Bear à Berre-les-Alpes, près de Nice. Dans cet ancien restaurant où les musiciens peuvent se détendre en jouant au tennis ou en flânant au bord de la piscine, les deux ex-Beatles vont enregistrer trois chansons. Laurence Juber est également venu dans les Alpes-Maritimes et travaille sur *Private Property* et *Attention*, les deux compositions de Macca, ainsi que sur *Sure To Fall*, une reprise d'un titre de Carl Perkins. Lloyd Green de Nashville apporte la touche country si chère à Ringo, avec sa steel guitare, sans oublier Linda aux chœurs. *You Can't Fight Lightning* est enregistré, avec Paul à la batterie, Barbara Bach aux maracas et Linda pour les harmonies vocales. Le morceau restera longtemps inédit jusqu'à la réédition CD en 1994. Finalement, le 16 juillet, les trois Wings présents profitent des installations pour graver les bases d'une nouvelle chanson de Linda *Loves Full Glory*, avec également Green à la steel.

En août, la famille McCartney part se reposer sous le soleil des Caraïbes, alors que John Lennon retourne enfin en studio, le 4 août, pour travailler de nouvelles chansons. C'est au Hit Factory, sous la production de Jack Douglas, qu'il met en boîte les premières épreuves de son futur album « Double Fantasy ».

Parmi les musiciens présents : le guitariste Earl Slick, le bassiste Tony Levin et… Hugh McCracken présent sur « Ram » et qui avait bien failli devenir un membre de Wings. Finalement, Yoko a abandonné toute velléité de divorce et se raccroche au projet musical en enregistrant quelques titres.

Informé que son camarade a repris le chemin des studios, Paul tente de le joindre le 13 août, pour lui proposer une collaboration. Une nouvelle fois, Yoko intercepte l'appel, mais ne donne pas suite. Pire : elle n'en parle même pas à son mari qui avait avoué à Jack Douglas qu'il s'attendait à ce que son ancien partenaire le sollicite.

Le 15 septembre 1980, le maxi-single *Temporary Secretary* est commercialisé avec en face B *Secret Friend* qui dure plus de dix minutes. Pour la première chanson, Paul s'est amusé à raconter l'histoire de ce patron qui cherche une secrétaire intérimaire. Il a utilisé une sorte de tempo qui rappelle le bruit d'une machine à écrire. Il a été influencé par Ian Dury qui a créé le spectaculaire *Sex And Drugs And Rock'n'Roll*. Le disque est illustré par un dessin de Jeff Cumins sur lequel Macca est représenté avec une secrétaire à lunettes sur ses genoux. Déconcerté par l'ambiance expérimentale de l'ensemble, le public boudera ce 45 tours géant qui ne fera pas son entrée dans les hit-parades. Pourtant, McCartney recevra une demande de la société de travail temporaire Alfred Marks pour qu'elle puisse utiliser la chanson dans ses campagnes publicitaires, mais l'artiste déclinera l'offre.

Après avoir terminé la production de son nouvel opus, John Lennon accorde des interviews pour Newsweek et Playboy. Il raconte ses souvenirs et n'hésite pas à égratigner son passé de Beatle et surtout Paul. Quand on lui fait remarquer que ce dernier avait déclaré qu'il vivait reclus parce qu'il avait tout réalisé dans sa vie, John s'emporte et rétorque que Macca ne connaît rien de sa vie actuelle et qu'ils ne se sont quasiment pas parlé depuis dix ans. Il prend alors un malin plaisir à relater le soir de 1976, quand McCartney est arrivé au Dakota avec sa guitare et qu'il l'a expédié parce qu'il était fatigué de sa journée avec son fils Sean.

Les Wings regagnent le Finston Manor, dans le Kent, le 2 octobre, pour répéter à nouveau. Pendant plus de trois semaines, le groupe enchaîne les nouvelles compositions de Paul qui a été très prolifique. Ils enregistrent donc les premières versions de *Rainclouds, Average Person, Keep Under Cover, Ebony And Ivory, Ballroom Dancing, Boil Crisis, Hear Me Lover, Dress Me Up As A Robber, The Pound Is Sinking, Sweetest Little Show In Town, Wanderlust* et *Take It Away* tout en jammant sur des oldies telles que *Movie Magg, Cut Across Shorty* ou encore *Stealin' Back To My Same Old Used To Be*. Paul laisse Denny Laine chanter sur *Old Man Lovin'*. La plupart de ces chansons ne collent pas vraiment à l'esprit rock de la formation actuelle et les démos qui proviennent de ces journées ne sont guère convaincantes.

Pendant cette période, le couple McCartney fait savoir qu'il a offert 500 livres sterling au boxeur gallois Johnny Owen, qui se trouve dans le coma depuis un terrible combat qui l'a opposé au mexicain Lupe Pintor à Los Angeles, le 19 septembre 1980, pour le titre de champion du monde. Après être allé au tapis par deux fois, il fut mis KO par son adversaire et ne se releva jamais. Le frêle sportif décédera le 4 novembre, à seulement 24 ans.

EMI anticipe le retour de John Lennon qui vient de commercialiser son nouveau single *(Just Like) Starting Over*, le 17 octobre et publie « The Beatles Ballads », un album regroupant les plus belles chansons du groupe comme *Yesterday, The Fool On The Hill, Here Comes The Sun, Nowhere Man, Something, Let It Be* ou *The Long And Winding Road*. Bien évidemment, dans cet exercice, on retrouve beaucoup de titres (13) de McCartney qui a toujours été un grand spécialiste du genre. Le disque restera en tête des charts australiens pendant sept semaines.

Paul retrouve le producteur des Beatles, George Martin, le 27 octobre, aux studios AIR de Londres pour travailler sur la musique du film d'animation « Rupert The Bear », un projet qui a bien du mal à aboutir. Il chante *We All Stand Together* avec The King's Singers et le St Paul's Boys Choir qui assurent les chœurs. La chanson ne sera commercialisée en single qu'en novembre 1984. Pendant ces séances, il fait un bref aller-retour pour superviser les derniers détails de la production du film « Rockshow » qui relate la tournée Wings de 1976 et qui sera projeté dans les salles américaines après les fêtes de Noël et une première à New York, le 27 novembre 1980.

La préparation du nouvel album de Wings reprend dès le 10 novembre dans le studio personnel de Paul à Rye, dans le Sussex. Linda et Denny assistent Paul pour quelques overdubs sur les démos enregistrées par le quintette. Le 27 novembre, le couple McCartney est invité par l'émission Good Morning America. L'interview est retransmise par satellite depuis la maison du Sussex. Macca souhaite un joyeux Thanksgiving aux téléspectateurs américains et il déclare que sa famille célèbre également cette fête, mais en savourant une dinde de macaronis car ils sont végétariens. Dans leur salon, auprès de la cheminée, ils répondent aux questions de David Hartman. Quand celui-ci, qui ne semble pas connaître l'histoire des Beatles, lui demande si les paroles de *Yesterday* concernaient Linda, Macca répond : « Non, c'était pour votre épouse ! ». Interrogé sur l'éducation de ses enfants, il révèle qu'il souhaitait être plus compréhensif avec eux que ses propres parents avaient pu l'être, mais finalement, il applique quasiment les mêmes règles. Maintenant que Heather, la première fille de Linda, a quasiment 17 ans, il se montre assez inquiet car il sait comment il se comportait quand il avait lui aussi cet âge. Hartman lui demande également ce qu'il pense du ressentiment de John à son égard qui semble revenir régulièrement dans les dernières interviews. Paul indique qu'il essaie de rester tranquille et de ne pas faire de déclaration qui pourrait à nouveau provoquer le courroux de Lennon. Mais, il ne comprend pas pourquoi son ex-partenaire a ces pensées négatives.

Le rêve est terminé

Le lendemain, Paul retrouve Denny Laine et George Martin aux studios Air pour le nouvel album. C'est donc l'ancien producteur des Fab Four qui va réaliser un disque de McCartney, pour la première fois depuis « Abbey Road », en 1969 et le single « Live And Let Die » en 1973. Il est temps de collaborer comme au bon vieux temps pour reconquérir le public. Mais Martin souhaite peaufiner un disque pour Paul et non pour Wings. À partir de ce moment, Juber et Holly sont donc écartés du projet. Pendant que l'équipe s'affaire sur les nouvelles chansons, un disque intitulé « The McCartney Interview » est commercialisé aux États-Unis, le 4 décembre 1980. Comme son nom l'indique, il s'agit d'un entretien d'environ une heure, mené par le journaliste Vic Garbarini du magazine Musician. Ils parlent de « McCartney II », des critiques envers les Beatles et Wings, de ses influences, des albums « Venus And Mars », « Wild Life » et « Band On The Run ». Puis la discussion s'oriente fortement sur les Fab Four avec beaucoup d'informations sur les débuts du groupe et quelques anecdotes croustillantes. Ce disque est vraiment à classer en marge de l'œuvre de Paul, mais sera une pièce très recherchée par tous ses fans.

À New York, John Lennon assure quant à lui la promotion de « Double Fantasy », qui signe son come-back et que le public peut se procurer dès le 17 novembre. Début décembre, il poursuit également le mixage de quelques chansons pour Yoko au studio Hit Factory. Le musicien revit et est bien décidé à remiser son costume d'homme au foyer. Il a déjà planifié une tournée mondiale qui devrait lui permettre de revenir en Grande-Bretagne et de revoir sa tante Mimi ainsi que ses vieux amis. Le 8 décembre 1980, après avoir réalisé une session de photos avec Annie Leibovitz dans laquelle il n'a pas hésité à poser nu, il retrouve le journaliste Dave Sholin à son domicile pour une interview destinée la radio RKO de San Francisco. Lennon raconte sa vie de père au foyer pendant ces cinq dernières années avec sa créativité en sommeil. Il déclare que ces années 80 qui commencent sont une chance pour lui. John et Yoko quittent le Dakota vers 16 heures trente. Avant de monter dans sa limousine, il dédicace son nouveau disque à un fan nommé Mark Chapman. Sholin les accompagne dans le véhicule. La conversation tourne autour des Beatles et le reporter lui demande ce qu'il se passe vraiment entre McCartney et lui. Le musicien répond qu'ils ont eu des hauts et des bas, mais Paul est un frère et il l'aimera toujours. Le couple Lennon travaille à nouveau en studio sur une chanson de Yoko et apprennent que « Double Fantasy » est déjà disque d'or après seulement deux semaines de commercialisation. À 22h50, le couple Lennon rentre à son domicile. John s'engage dans la cour de l'immeuble quand un homme se poste derrière lui et tire cinq balles de colt 38 dont quatre vont l'atteindre mortellement. L'artiste s'écroule et malgré l'intervention rapide des secours, il décède à son arrivée à l'hôpital Roosevelt. Son assassin n'est autre que le fan Mark Chapman, qui l'a donc attendu depuis son départ du Dakota. Le meurtrier reste sur le lieu du crime et est rapidement arrêté par la police.

La nouvelle est diffusée sur les médias américains : le Beatle John Lennon a été assassiné ! Comment peut-on avoir l'idée de vouloir tuer un musicien et un mythe de surcroît ? Chapman, âgé de 25 ans, était un véritable fan de Lennon, en qui il voyait un véritable modèle. Il avait poussé le mimétisme jusqu'à épouser une jeune femme de type asiatique. La passion débordante a progressivement fait place à la déception, et Mark a alors eu l'idée de supprimer son idole pour devenir lui-même célèbre et associer à jamais son nom au sien.

Avec le décalage horaire, l'Europe apprend la terrible nouvelle au petit matin du 9 décembre. George Harrison est réveillé par sa sœur Louise, à 5 heures, mais il ne réalise pas encore que son ex-partenaire n'est plus. Il publiera un communiqué depuis sa propriété de Friar Park : « Après tout ce que nous avons traversé ensemble, j'avais et j'ai toujours beaucoup de respect pour lui. Je suis sous le choc et totalement assommé. Lui voler sa vie, c'est le vol ultime… ». Ringo et sa compagne Barbara se trouvent en vacances aux Bahamas et sont également informés. Ils décident de partir immédiatement à New York pour réconforter Yoko et Sean. Après leur visite au Dakota, ils découvrent la foule des fans venus rendre hommage à Lennon. L'apparition du batteur des Beatles provoque évidemment une émeute qui va considérablement le choquer.

McCartney a été prévenu dans la matinée par son manager. Linda a emmené les enfants à l'école, et le musicien est lui aussi resté sous le choc. Une journée de travail est prévue à Londres avec George Martin et Denny Laine. Après avoir partagé sa détresse avec son épouse, il ne peut pas rester à la maison. Bien que le producteur des Beatles le contacte par téléphone pour savoir s'il annule la séance, Paul maintient l'agenda prévu et quitte sa maison du Sussex, vers 11h30. Une horde de reporters l'attend depuis plusieurs heures. Il parvient à dire quelques mots laconiques : « Je ne peux pas encore me faire à cette nouvelle. John était un homme formidable dont on se souviendra pour sa contribution unique pour l'art, la musique et la paix. Il va manquer au monde entier ».

Macca arrive aux studios AIR et tente de travailler sur la chanson Rainclouds. Heureusement Paddy Maloney, des Chieftains, est présent pour jouer un solo de cornemuse irlandaise. C'est le personnage idéal pour ce genre de journée funèbre car c'est une sorte de farfadet magique. Tel un gourou, Paddy va s'affairer pour rendre l'atmosphère moins pesante. Paul appelle Yoko dans l'après-midi pour lui présenter ses condoléances.

À l'extérieur du bâtiment, les journalistes attendent à nouveau Paul pour capter une nouvelle réaction. Il explique qu'il a appris la nouvelle tôt dans la matinée et, avant de quitter les lieux, il lâche un déconcertant : « C'est moche, n'est-ce pas ? ». À toujours vouloir maîtriser ses émotions devant les autres, Paul a donc livré ce pitoyable : « C'est moche ! » devant des journalistes qui s'attendaient à recueillir toute sa détresse. Évidemment, quelques tabloïds vont faire leur Une de cette réaction inappropriée et le musicien devra se justifier pendant de longues années et expliquer le véritable fond de sa pensée. Comme tous les fans de John, il a été dévasté par sa disparition.

Ainsi, avec le décès de Lennon, tout espoir de reformation des Beatles disparaît à jamais. On peut raisonnablement penser que celle-ci aurait bien fini par s'accomplir avec le temps. Mais, il est vain de disserter sur ce qui se serait passé si le cours de l'histoire avait été changé. Et comme le précisera George Harrison quelque temps plus tard : « Les Beatles ne se reformeront pas tant que John Lennon restera mort ! ».

L'assassinat du working class hero va avoir une terrible conséquence sur l'avenir de Wings. Paul réalise alors qu'il peut être également la cible d'un déséquilibré et commence sérieusement à s'occuper de sa propre sécurité et de celle de sa famille. Il engage des gardes du corps et se montre plus prudent dans ses déplacements. Mais la décision la plus préoccupante pour le groupe est l'annulation de tout projet de tournée. Cela sera fatal pour la formation. Pourtant, le magazine des fans « Club Sandwich » indique qu'en octobre le groupe a repris le projet « Cold Cuts » et qu'ils ont commencé à répéter de nouveaux morceaux en vue d'une session à Montserrat avec le producteur George Martin.

Encore sous le choc de la perte de son ami, McCartney va se trouver à nouveau sous le feu des projecteurs pour une sombre affaire, puisqu'une jeune Allemande nommée Bettina Hubbers affirme être sa fille, alors qu'elle vient d'avoir 18 ans, ce 19 décembre 1980. Paul avait rencontré sa mère Erika en 1962 et aurait eu une liaison avec elle. Cette dernière avait déjà alerté l'opinion publique sur cette affaire dès 1964, en pleine Beatlemania, mais n'avait pas eu gain de cause. Avec l'évolution des techniques, il est désormais possible de démontrer le lien de parenté entre un individu et sa prétendue progéniture. C'est pour cette raison, et pour se substituer à un éventuel test sanguin, que la star préfère régler 5897 livres à Bettina, pour qu'elle abandonne toute poursuite. Le prix de la tranquillité. Les journaux et les magazines people vont cependant faire leurs choux gras avec cette affaire qui, en revanche, n'aura aucune conséquence sur la situation familiale du musicien.

Au début de l'année 1981, John Lennon est en tête de tous les hit-parades avec l'album « Double Fantasy » et son single *(Just Like) Starting Over*. En Grande-Bretagne, c'est le 45 tours *Imagine* qui a été réédité qui est au sommet des charts. Le 14 janvier, Ringo retourne en studio pour terminer l'enregistrement de son album. L'atmosphère est lourde car John devrait être présent. Ron Wood, des Rolling Stones est venu prêter main-forte au batteur.

McCartney reste à l'écart de la vie publique. Il prépare la production de son prochain album et a déjà pris une décision importante : ce disque ne sera pas enregistré par Wings. L'ex-Beatle partira à Montserrat, dans les Caraïbes, pour travailler dans le studio que George Martin a fait construire sur l'île. Paul sort malgré tout de sa retraite pour participer à l'enregistrement de la chanson de George Harrison *All Those Years Ago*. Ringo Starr a déjà pris part aux premières prises en novembre 1980, mais après le décès de John, George a modifié le texte du morceau pour rendre hommage à son ami. Le couple McCartney et Denny Laine viennent mettre en boîte des chœurs à Friar Park, la demeure des Harrison. Il aura donc fallu cet évènement tragique pour retrouver trois Beatles sur le même titre.

Dans le courant du mois de janvier 1981, Macca travaille à nouveau avec les Wings afin de terminer « Cold Cuts », une compilation de titres produits entre 1971 et 1979 qui n'ont pas trouvé leur place sur les albums ou les singles officiels et sont donc restés inédits. Des overdubs sont enregistrés. Laurence Juber reprend quelques parties de guitares. Les morceaux qui doivent figurer sur le disque sont : *A Love For You, Best Friend, Cage, Did We Meet Somewhere Before ?, Hey Diddle, Momma's Little Girl, My Carnival, Night Out, Proud Mum, Robber's Ball,*

Same Time Next Year, Waterspout et la reprise d'une chanson de Thomas Wayne, *Tragedy*. Malheureusement, la commercialisation de l'œuvre sera annulée car jugée peu opportune après la mort de Lennon. Steve Holly le regrettera car un titre comme *Watersprout* aurait pu connaître une belle carrière. Les fans la trouveront en version non-officielle sur des disques pirates disponibles dès le milieu des années 80.

Le 28 janvier, McCartney fait partir vers Antigua son matériel par avion et le 1er février, il arrive avec Linda dans les studios AIR de Montserrat, un îlot volcanique paradisiaque. Martin a fait construire le bâtiment quatre ans plus tôt et tout est en place pour réaliser des chansons. Macca peut disposer des lieux pendant un mois, ce qui lui laisse le temps de s'appliquer tout en profitant du cadre de vie exceptionnel. Quelques amplis et enceintes ont subi des dommages pendant leur transfert en DC3 et John et Trevor, les techniciens, doivent tout remettre en état. Dès le lendemain, il commence à travailler avec le batteur Dave Mattacks, qui s'est révélé avec le groupe Fairport Convention et a travaillé récemment avec George Harrison. Avec Denny Laine, ils reprennent plusieurs chansons dont *Somebody Who Cares, The Pound Is Sinking* et *Hey Hey*. Sur ce dernier instrumental, c'est le bassiste de jazz Stanley Clarke qui vient enregistrer sa partie, le 9 février. Paul est impressionné par la technique de slapping du virtuose de Philadelphie. Elle consiste à frapper rapidement d'un coup sec les cordes graves de la basse. Avec un tel maître, l'autodidacte de Liverpool va pouvoir encore progresser. Le batteur Steve Gadd, originaire de Rochester comme Joe English, a remplacé Mattacks et jamme avec les deux musiciens. Steve est doté d'une solide expérience acquise auprès de Chick Corea, Al Di Meola, George Benson et Paul Simon.

Denny Laine est donc le seul membre de Wings à avoir été convié sur l'île. Il est présent pendant les journées de travail, mais il traîne sa peine. Son épouse Jo Jo a été invitée… à rester chez elle, mais il découvre avec stupéfaction qu'elle est venue sur l'île quelques jours plus tôt avec le chanteur et multi-instrumentiste John Townley. Il se sent trahi et terriblement meurtri par le comportement de sa compagne. L'ex-Moody Blue a également compris que le point de non-retour est atteint. Le 15 février, Ringo Starr et sa compagne Barbara arrivent à Montserrat. Le batteur a apporté son matériel et, dès le lendemain, il débute avec Paul la session de *Take It Away*. Si McCartney a souvent contribué aux œuvres de son camarade, c'est la première fois que la réciproque se produit.

Le 18 février, la famille McCartney fait une pause et profite du soleil au bord d'une piscine, mais Macca abusera des plongeons dans l'eau et son oreille va le faire souffrir terriblement. Le 20 février, alors que Ringo est déjà parti, c'est Carl Perkins qui débarque à Montserrat. L'auteur de *Blue Suede Shoes* est l'une des légendes du rock'n'roll et, bien évidemment, Paul était l'un de ses admirateurs. C'est tout naturellement qu'il l'a invité à chanter avec lui sur *Get It.* Carl, bien qu'ignorant où se situe Antigua, est parti immédiatement quand il a reçu le billet d'avion. Linda et son mari l'accueillent à sa descente d'avion et lui réservent un traitement de faveur. Le lendemain, les amis enregistrent les voix de *Get It* puis, avec Denny Laine, ils s'offrent une jam session mémorable, avec *Honey Don't, Boppin' The Blues, Lend Me Your Comb, When The Saints Go Marchin' In, Cut Accross Shorty,* et *Red Sails In The Sunset.* Très touché par ce séjour et la gentillesse des McCartney, Perkins écrit les premières lignes d'une nouvelle chanson, *My Old Friend* : « Sur l'Ile de Montserrat, quoique je n'oublie jamais, juste un gars de la campagne, une guitare et une chanson. Vous m'avez invité et traité comme un roi et vous m'avez donné une raison de continuer. » Un autre passage va émouvoir Paul quand il entendra cette ébauche avant que Carl ne reparte : « Si on ne se revoit pas de ce côté de la vie, de l'autre côté, où il y a la paix et la quiétude, mon vieil ami, penseras-tu à moi de temps en temps ? » Quand il entend ce passage, Macca fond en larmes car cela lui fait irrémédiablement penser à John. Le rocker quinquagénaire retarde alors son départ pour enregistrer à chaud cette émouvante composition avec Paul.

Le 26 février, une autre star débarque à Montserrat. Stevie Wonder, accompagné de sa petite amie Stephanie, vient enregistrer deux morceaux avec Paul. Il souhaitait le faire tranquillement dans son propre studio, mais l'ex-Beatle est parvenu à le convaincre de faire le déplacement afin de prendre du bon temps. Ils attaquent donc la production de *What's That Your're Doing ?*, qu'ils ont co-écrit. Puis, le lendemain, ils jouent *Ebony And Ivory*, un hymne à la tolérance, composé par un McCartney inspiré par le poète et comédien irlandais Spike Milligan qui avait déclaré que, sur un piano, on ne peut pas jouer uniquement avec les touches blanches ou les noires, mais qu'il est nécessaire de les mélanger pour obtenir de belles harmonies. Macca souhaitait d'ailleurs que Stevie la chante avec lui. Alors qu'il assure le piano et la basse, le virtuose non-voyant s'occupe de la batterie et des synthétiseurs. La présence du musicien américain est un véritable évènement pour les habitants de Montserrat, car ils le considèrent comme un dieu vivant. Il faut avouer qu'ils sont moins impressionnés par les rockers blancs, même si c'est un Beatle !

Après un séjour de rêve dans les Caraïbes, la famille McCartney s'en retourne à Londres. Les sessions reprennent aux studios AIR, à Hampstead. Michael Schenker, qui s'était illustré avec les groupes Scorpions et UFO, y enregistre avec son nouveau groupe. Le batteur Cozy Powell (ex-Rainbow) suggère à Paul de les rejoindre à la basse. Malheureusement, le résultat de la séance restera à jamais inédit.

Le 30 mars, un double album intitulé « Concerts For The People Of Kampuchea » est commercialisé aux Etats-Unis puis, quelques jours plus tard, dans le reste du monde. Il regroupe les meilleurs moments des spectacles organisés en décembre 1979, à l'Hammersmith Odeon de Londres. La dernière face est consacrée aux Wings et à la prestation du Rockestra. McCartney ne semble pas informé de cette publication sur le label Atlantic. Alors qu'il écoute Capital Radio dans sa voiture, il entend un extrait de son concert et contacte le directeur de la station pour lui demander de quel droit il se permet de diffuser des enregistrements pirates. Il apprend alors, à son grand étonnement, que le disque est disponible et qu'il n'y a donc rien d'illégal.

Le mercredi 8 avril, le film « Rockshow » est diffusé en

avant-première au Dominion Theatre de Londres. Le court-métrage « Seaside Woman » est également projeté. Les McCartney ont organisé, à l'issue de la projection, une fête à laquelle sont venus Mike Oldfield, Gary Glitter, Steve Strange de Visage, Steve Harley, Phil Lynott de Thin Lizzy, Kenny Jones des Who, Billy Connolly, Victor Spinetti et Eric Stewart de 10cc. Ce dernier va devenir l'un des collaborateurs de Paul sur ses futurs albums et composera quelques chansons avec lui.

Après quelques jours de repos en Écosse, les McCartney sont invités au mariage de Ringo et Barbara qui est célébré le 27 avril 1981, au Marylebone Office de Londres, là même où Paul et Linda se sont unis en mars 1969. George et Olivia Harrison sont également de la fête pour une nouvelle apparition publique de trois Beatles. Mieux, pendant la soirée, les musiciens s'unissent pour un bœuf inédit avec Macca et Harry Nilsson au piano, George à la guitare et Ringo qui joue des percussions avec deux cuillères à thé. Yoko Ono n'a pas été conviée à la noce, sans doute pour respecter son deuil. Elle regrettera amèrement de n'avoir pas reçu son carton d'invitation. Une photo regroupant les trois ex-garçons dans le vent sera diffusée dans la presse qui ne manquera pas de saluer cet évènement.

C'est en ce jour de fête que Denny Laine décide d'annoncer officiellement qu'il quitte le groupe Wings. Après avoir prévenu son patron de sa décision par téléphone, il profite d'un passage dans l'émission « ATV Today » pour confirmer qu'il entame une carrière solo. Interrogé alors qu'il arrive aux Rock City Studios de Shepperton, il précise qu'il veut retourner sur la route alors que Paul est une personne de studio, mais qu'ils sont toujours de bons amis. Quand le journaliste lui demande si McCartney est difficile à vivre, Denny répond en riant qu'il a eu des moments difficiles, mais que tous les musiciens sont compliqués et que Macca est avant tout un perfectionniste. L'ex-Moody Blue poursuit alors l'enregistrement des chansons qui figureront sur son album « Anyone Can Fly », qui sera publié dans une poignée de pays, en 1982.

La presse relaye l'information du split de Wings, et c'est en lisant son journal que le batteur Steve Holly apprend la nouvelle. Il contacte immédiatement Paul qui lui confirme les faits et précise que c'est le producteur George Martin qui a suggéré que le prochain album soit à nouveau un projet en solo. Macca lui indique qu'il regrette de ne pas l'avoir contacté plus tôt pour l'en informer. Steve n'en tiendra pas trop rigueur à l'ex-Beatle car cette expérience musicale lui aura énormément appris et lui permettra de mener une honorable carrière de musicien. Laurence Juber, qui s'est installé à New York depuis le mois de janvier, reçoit la même explication de la part de Macca. Plus proche de la star, il regrettera de ne pas avoir rejoint les sessions de Montserrat. Mais la suite de sa carrière sera brillante et il deviendra un véritable virtuose du fingerpicking.

Dans le magazine « Club Sandwich », il sera indiqué que Steve, Denny et Laurence ont quitté le groupe pour continuer leurs carrières en solitaire, mais aucun véritable détail de la séparation ne sera révélé. Dans un précédent numéro consacré au séjour à Montserrat, le périodique a rendu hommage à Denny Laine qui a donc finalement quitté l'orchestre. Trois photos et des vœux de réussite pour sa tournée à venir. Paul avait pensé à un jeu de mots pour le split de son quintette : « Wings fold » (Les ailes se sont repliées). Mais on pourrait plutôt affirmer qu'ils se sont dissous comme un sucre dans une tasse de thé.

L'album « Tug Of War » sera publié le 26 avril 1982. Ce sera l'occasion pour Paul de revenir sur la fin du groupe. Il expliquera qu'à l'approche de ses quarante ans, il se sentait de moins en moins à l'aise dans l'environnement d'une formation, et que cela devenait usant de gérer les problèmes et de s'inquiéter pour des futilités. Il souhaitait simplement essayer de faire un disque en se concentrant sur la musique, sans se préoccuper du style. Il a surtout mal vécu tous les changements de personnel, qui étaient complexes à appréhender et qui le détournaient de la musique. Il confessera que tout le monde était déçu et qu'il était lui-même triste que tout soit fini, mais c'était devenu une sorte de fardeau. Comme un mariage qu'il faut porter à bout de bras.

En 1984, à l'occasion d'un entretien avec le magazine Playboy, Linda se montrera très critique envers son ancien groupe en déclarant que son mari se sentait très frustré car il voulait travailler avec Wings, mais il avait choisi les mauvaises personnes. Il avait besoin des meilleurs, mais se retrouvait à supporter tout le poids de l'entreprise. Elle ajoute que Paul est un musicien si exceptionnel qu'aucun des autres membres n'était assez bon pour jouer avec lui. Y compris elle-même, bien évidemment.

Beaucoup se demandent si Wings était une véritable entité ou un groupe d'accompagnateurs sans importance. Les membres qui ont quitté l'aventure en cours de route ont pointé du doigt ce problème, notamment Henry McCullough et Jimmy McCulloch. Interrogé par l'auteur, en mai 2010, le producteur Geoff Emerick confiait qu'il n'a pas ressenti de différence entre le travail avec Wings et celui avec McCartney en solo. Pour lui, c'était tout simplement collaborer avec Paul.

McCartney n'a pas de regret à propos de Wings. Chaque formation était particulière et a donné de la bonne musique. En regardant le triomphe des tournées, surtout celle de 1976 aux États-Unis, et les succès dans les hit-parades, Macca peut s'enorgueillir d'avoir atteint l'excellence après avoir quitté les Beatles.

Désormais seul (avec Linda) pour poursuivre sa carrière, le musicien n'aura pourtant de cesse de rechercher des partenaires pour l'aider à composer. Comme s'il cherchait à compenser l'absence inéluctable de son alter égo : John Lennon.

Que sont-ils devenus ?

Hugh McCracken

Après avoir quitté précipitamment la ferme écossaise pendant l'été 1971 et renoncé définitivement à devenir un membre de Wings, Hugh McCracken reprend son emploi de sessionman à New York. Le destin met rapidement un autre ex-Beatle sur son chemin, puisque John Lennon l'enrôle pour l'enregistrement de *Happy Xmas (War Is Over)*, en octobre 1971, au Record Plant, sous la direction de Phil Spector. John confesse qu'il a apprécié son jeu de guitare sur l'album « Ram » de McCartney et qu'en quelque sorte, cette prestation lui a évité une audition supplémentaire. Il retrouve Lennon pour l'album « Mind Games » en 1973, et en 1980 pour « Double Fantasy ».

Soliste reconnu et arrangeur recherché, McCracken a également exercé ses talents avec Donald Fagen, Carly Simon, Billy Joel pour le superbe « The Stranger », Roland Kirk, Roberta Flack, B. B. King, Paul Simon, Art Garfunkel, James Taylor, Bob Dylan, Graham Parker, Eric Carmen, Aretha Franklin, Van Morrison, Daryl Hall & John Oates, Foreigner pour l'album « 4 » ou, plus récemment, Alicia Keys, en 2002 (The Diary of Alicia Keys).

Atteint de leucémie, il lutte courageusement contre la maladie, mais s'éteint le 28 mars 2013. La nouvelle de son décès émeut les fans de McCartney.

Henry McCullough

Dernier arrivé de la première mouture de Wings, il est également le premier à quitter le groupe, quelques heures avant le batteur Denny Seiwell. Lassé de gagner 70 livres par semaine, il tente de relancer sa carrière, dès septembre 1973. Il collabore de nouveau avec Denny Seiwell puis intègre la formation de Frankie Miller pendant près de deux ans, avant de produire son premier album solo, « Mind Your Own Business ». George Harrison trouve sans doute amusant de publier ce disque sur son propre label Dark Horse, afin de contrarier son vieil ami McCartney.

McCullough enregistre à nouveau quelques titres pour Joe Cocker puis travaille avec Spookie Tooth, Eric Burdon, Viola Wills, Marianne Faithfull, Ronnie Lane et Donovan. Il participe aux séances de l'album de Roy Harper « Bullinamingvase » et son nom figure donc sur un autre disque avec Paul et Linda McCartney, puisque ces derniers apparaissent également sur le titre *One Of Those Days In England.* L'Irlandais joue sur « Evita », la production d'Andrew Lloyd Webber et Tim Rice qui relate la vie d'Eva Peron. En 1977, il rejoint très brièvement le groupe de Lee Brilleaux, Dr Feelgood, en remplacement de Wilko Johnson. Henry, qui a tendance à abuser de la bouteille, se coupe la main avec un couteau et plusieurs tendons sont touchés. Il s'installe en Irlande où il retrouve l'usage de ses doigts et peut à nouveau rejouer de la guitare. Pendant cette période, il publie deux albums : « Hell Of A Record » en 1984 et « Cut » en 1987. Il intègre The Fleadh Cowboys avant de former son propre groupe en 1988, afin de sillonner les routes irlandaises et de réaliser le live « Get In The Hole », en 1989.

En 1998, il s'exile en Pologne pour jouer avec une formation locale. Ils enregistrent un album live, « Blue Sunset », qui leur permet d'effectuer une grande tournée dans ce pays. McCullough enchaîne avec « Failed Christian », en novembre 1998. Malheureusement, au cours de l'été 1999, sa guitare Gibson Cherry Red ES 335 de 1963, avec laquelle il a joué avec Wings, disparaît pendant un vol entre Varsovie et Londres. Le musicien en est très affecté. Il conserve malgré tout sa Gibson

Gold-Top avec laquelle il a joué à Woodstock, en 1969.

Dans les années 2000, tout en collaborant avec Brendan Quinn, Kevin Doherty ou Richard Gilpin, il publie quelques œuvres en solo : « Belfast To Boston », en 2001, « Unfinished Business », en 2002, sur lequel il s'autorise une nouvelle version de *Big Barn Bed*, « Live At The FBI », en 2007 et « Poor Man's Moon », en 2008.

En 2012, il rejoint son collègue Denny Seiwell pour « Shabby Road », un disque de reprises de chansons des Beatles comme *Come Together*, *You Can't Do That*, *Here Comes The Sun*, *From Me To You* ou *Can't Buy Me Love*. Ils se produisent ensemble pendant des conventions Beatles aux États-Unis.

McCullough est présent pendant le concert de Paul McCartney à l'O2 de Dublin, le 20 décembre 2009. Les retrouvailles se déroulent en coulisse pendant une quarantaine de minutes avant le show. Ils n'évoquent pas le passé, mais partagent simplement un peu de temps ensemble. Durant, le spectacle, l'ex-Beatle l'interpelle devant le public. Il ne lui demande toutefois pas de venir jouer le solo de *My Love*.

En novembre 2012, il est victime d'une attaque cardiaque dont il a bien des difficultés à se remettre.

Denny Seiwell

Dès son départ de Wings, Denny Seiwell est engagé pour les concerts de la tournée « Tommy » des Who, produites par Lou Reizner avec Rick Wakeman de Yes. Il doit rentrer précipitamment à New York avec son épouse Monique à la suite du décès de son père, le 28 septembre 1973. Il fait un bref retour à Londres et travaille avec Donovan et le producteur Andrew Loog Oldham dans les studios Morgan de Londres, pour l'album « Essence To Essence ». Pour l'occasion, il rejoint McCullough sur le titre *Yellow Star.* Il œuvre pour Joe Cocker sur « Put Out The Light ». Denny s'associe avec son compère Henry McCullough pour monter le groupe Druth avec Mick Weaver et Chris Stewart. La formation travaille avec Andy Fairweather Lowe, Rab Noakes, Juice Newton. Ils participent également à l'album posthume de Janis Joplin « Farewell Song ».

Le batteur participe aux sessions du deuxième album solo d'Art Garfunkel, « Breakaway », en 1975. On le retrouve sur les disques de Liza Minelli, Rick Danko ou Denice Williams. En 1978, il forme une paire rythmique inédite avec John Entwistle des Who pour l'album de Dave Lambert. Il travaille également sur des bandes originales de films comme « Grease II », « The Last Waltz », « Un Fauteuil Pour Deux », « Murder Of Crows », «The Postman », « Waterworld », « Vertical Limit » ou « Atlantis ».

Denny s'est installé en Californie depuis 1976. Il réside dans les environs de Los Angeles avec Monique, son épouse française qu'il a rencontrée sur la Côte d'Azur, en 1966, alors qu'il était dans la marine américaine.

En juillet 2007, il rejoint Denny Laine et Laurence Juber pour jouer à la Beatlefest à l'hôtel Mirage de Las Vegas. Il est mis à l'honneur dans le DVD Performance and Legends Award Ceremony dans lequel on peut le voir jouer sur *Live And Let Die* et *Too Many People*. Dans la jaquette de présentation, on retrouve quelques mots de Paul McCartney pour son ancien collaborateur. Les deux hommes se sont revus en 1993, à l'occasion d'un concert à Anaheim. Avec son épouse Monique, ils visitèrent les McCartney dans les loges et Linda lui donna leur numéro de téléphone personnel. Seiwell est venu rendre une visite dans le studio du Sussex et a rencontré Abe Laboriel Jr., qui lui a succédé depuis 2001.

En 2011, sur son disque « Reckelss Abandon » enregistré à la maison, en trio avec John Chiodini à la guitare et Joe Bagg à l'orgue, il offre de nouvelles versions de titres de Paul : *Bip Bop, Coming Up, Dear Friend, Every Night, Loup (1st Indian On The Moon)* entre des compositions originales. Depuis quelques années, il est revenu à ses racines musicales qui sont bien plus jazzy que pop, en se produisant en trio. Le 7 novembre 2011, il participe au concert « Let Us in Nashville » en hommage à Linda McCartney. Au côté de Laurence Juber, Mark Hudson et Timothy B. Schmit (The Eagles), il interprète *Every Night*. Parmi les autres participants figurent Tommy Emmanuel, Kenny Loggins, Jeff Daniels, Ricky Skaggs et Juliana Cole.

En 2012, Denny reprend les grands titres des Beatles avec Henry McCullough sur l'album « Shabby Road », dont la photo de pochette parodie celle d'Abbey Road. Il retrouve la chanteuse Shelby Flint dont il était le batteur dans les années quatre-vingt et qui fait son retour sur scène. Il enseigne son art chez lui, aux jeunes et à des batteurs plus confirmés qui souhaitent se perfectionner.

Geoff Britton

Batteur éphémère de Wings pendant quelques mois de 1974 à 1975, Geoff Britton profite de sa courte expérience pour intégrer quelques formations.

En 1976, il rejoint le combo de hard rock Rough Diamond avec David Byron (ex-chanteur d'Uriah Heep), Clemp Clenson, Willie Bain et Damon Butcher. Ils publient un album éponyme en 1977 et assurent la première partie de Peter Frampton aux États-Unis, mais l'aventure tourne court assez rapidement. Il participe ensuite à l'enregistrement du disque « Her Father Didn't Like Me Anyway » de Raphael Ravenscroft qui a interprété le fameux solo de saxophone de *Baker Street* pour Gerry Rafferty.

En 1979, Britton est embauché par le Manfred Mann's Earthband et enregistre l'album « Angel Station » sur lequel il joue également du saxophone alto. Il co-signe le titre *Platfom End* avec les autres membres du groupe.

Au début des années 80, il intègre The Keys, une formation de power pop qui colle bien à l'ambiance post punk du moment, avec Drew Barfield, Steve Tatler et Ben Grove. Ils enregistrent un album produit par Joe Jackson. The Keys ne parviennent pas à percer et se séparent en 1983. Geoff retrouve ensuite une place avec Sonny King And The Sons Of Swing qui propose une sorte de rockabilly rétro. Un véritable retour aux sources pour le batteur qui a accompagné l'immense Vince Taylor. Le groupe tourne en Grande-Bretagne, notamment en première de Del Shannon. Britton fait une pige pour Chicken Shack, une formation créée en 1967, et dans laquelle a débuté Christine Perfect, qui connut le succès avec son mari John McVie au sein de Fleetwood Mac.

Installé en Espagne depuis 1989, Geoff réside sur la Costa Blanca et s'est produit avec les Rockets dès 1996, en compagnie de Jools Cooper (Uriah Heep, Motorhead, Yes, Slade, AC/DC, Paul Young) et Steve Emery qui a travaillé avec Eric Clapton. Il quitte le groupe avant l'enregistrement de l'album « Ten Years On ». Il a en outre joué avec Black Diamond.

Ces dernières années, Britton est revenu au Royaume-Uni et se produit par intermittence avec The Looters, une formation qui propose des reprises des Kinks, Who, T Rex, Temptations, James Brown et… des Beatles. Il partage d'ailleurs le poste de batteur avec son neveu James.

Jimmy McCulloch

Le 8 septembre 1977, Jimmy McCulloch quitte le groupe Wings pour rejoindre les Small Faces et son ami Steve Marriott. Il participe à une tournée de neuf dates en Angleterre. Les Faces enregistrent l'album « 78 In The Shades », sur lequel le guitariste écossais ne parvient pas à imposer une de ses compositions. Puis, Jimmy décide à nouveau d'aller voir ailleurs. La formation de Marriott se sépare assez rapidement par la suite. Jimmy travaille avec Ricci Martin pour « Beaches ».

Début 1978, McCulloch et le batteur des Faces, Kenney Jones, intègrent Wild Horses, un combo composé de Brian Robertson (ex-Thin Lizzy), Jimmy Bain (ex-Rainbow). Mais les deux musiciens abandonnent l'aventure avant que l'orchestre enregistre son premier opus éponyme. Jones rejoint les Who, en remplacement de Keith Moon et Jimmy prend la place de soliste dans The Dukes, groupe du chanteur Miller Anderson, un ami de Ian Hunter. Ils tournent en première partie de Wishbone Ash et produisent un album de neuf titres. Jimmy signe le neuvième, *Heartbreaker*, sur lequel il assure le chant.

Le 27 septembre 1979, le corps du jeune musicien est découvert dans son appartement de Maida Vale dans le nord-ouest de Londres. Ainsi s'achève la carrière de ce virtuose qui avait tout pour devenir un grand guitar-hero.

Joe English

Le batteur Joe English quitte Wings en septembre 1977, peu de temps après les sessions de *Mull Of Kintyre*. Il veut savoir s'il peut exister en tant qu'artiste à part entière. Il regagne Macon en Géorgie et intègre brièvement Kingfish, la formation de Matthew Kelly avec laquelle il enregistre l'album « Trident ». Puis il participe à l'aventure Sea Levell, le groupe de jazz rock emmené par Chuck Leavell, né sur les cendres des Allman Brothers. Il assure la batterie sur trois albums : « On the Edge » (1978), « Long Walk on a Short Pier » (1979) et « Ballroom » (1980). L'aventure est brève et Joe forme alors son propre orchestre pour enregistrer enfin ses chansons. Bien que toujours très dépendant de la drogue, il décide de se lancer dans le « Christian Rock » et de chanter les louanges à Dieu sur des tempos endiablés. Huit albums voient le jour dont un live en 1984. English participe en 1986 au lancement du groupe The Volz de Greg X, avec Kirk Henderson, guitariste et ancien témoin de Jéhovah, le bassiste Spencer Campbell et Mike Demus aux claviers et guitare. Après avoir enregistré les bases du disque, le batteur rentre en Caroline du Nord et est victime d'un accident de voiture qui l'envoie à l'hôpital pour six semaines. À la suite d'un séjour à Memphis, il devient, avec son épouse, un membre de la Bethel Chapel Family. Son engagement dans la foi ne cesse de croître.

À la fin des années quatre-vingt, il figure dans le Compassion All Star Band avec le chanteur Randy Stonehill. L'album « One By One » est gravé en 1988. Dans les années quatre-vingt-dix, des soucis à la cheville le contraignent à arrêter de jouer de la batterie. Joe prend également conscience de sa situation. Il joue de la musique à la gloire du tout puissant, mais il continue de se défoncer. Il constate également que les spectateurs viennent toujours voir l'ex-batteur de Paul McCartney. Tout ceci n'est finalement que de l'idolâtrie. Même s'il aime ça, il faut bien que cette abomination cesse. Il s'installe à Spindale, en Caroline du Nord avec son épouse et intègre le Word Of Faith Fellowship, une église protestante locale dont le pasteur parvient à le faire renoncer à ses excès.

Dans une vidéo, il raconte son parcours de musicien et de drogué débuté à l'âge de treize ans. Comme pour exorciser ses vieux démons, il confirme que pendant son passage chez les Wings, il faillit mourir deux ou trois fois d'overdose. Il reconnaît qu'il a manipulé les gens à travers la musique. Il clame alors que c'est miraculeux pour lui d'avoir tout changé du jour au lendemain, grâce à l'aide de sa communauté. English a renoncé à la musique et surtout à sa batterie qu'il associe à son parcours maléfique et dédie désormais sa vie à son église.

Steve Holly

Steve Holly apprend donc que les Wings n'existent plus en lisant son journal. Il part à New York avec sa nouvelle compagne pendant six semaines et décide finalement de s'y installer. Le hasard lui fait croiser un autre acteur de la fabuleuse histoire des Beatles. Julian Lennon, le fils aîné de John, enregistre son premier album « Valotte » au Hit Factory de New York, entre février et août 1984. Il fait appel à Steve qui a alors repris son véritable patronyme Holley. Le batteur participe également à la promotion de ce disque, qui marque le public tant la ressemblance physique et vocale entre Julian et son illustre géniteur est troublante. Il continue ensuite à œuvrer pour divers artistes dont la chanteuse country Katy Moffatt, en 1988 et Junior Brown (1995).

Il est engagé par Joe Cocker et reste trois années avec l'inoubliable interprète de *With A Little Help From My Friends*. Ils jouent d'ailleurs cette chanson le 9 novembre 1989, à Berlin, le jour de la chute du mur qui séparait la ville en deux depuis 1961.

En 1993, il est engagé par Mike Scott des Waterboys, à New York pour l'ultime album du groupe « Dream Harder ». Le 21 novembre 1995, il participe au concert pour les orphelins de Bosnie-Herzégovine, à New York, en compagnie de Steve Howe (Yes), Ian McDonald (King Crimson), Gary Brooker (Procol Harum, Rockestra), Annie Haslam (Renaissance) et Justin Hayward qui a remplacé Denny Laine au poste de chanteur des Moody Blues, en 1966.

En 2000, il est le batteur de la soirée « A Very Special Christmas » de Washington, à laquelle figurent Stevie Wonder, Sheryl Crow, Jon Bon Jovi, Wyclef Jean, Macy Gray, Tom Petty et BB King. Un disque immortalise cette soirée d'exception pour le musicien.

En 2001, il participe à la compilation en hommage à Nick Lowe : « Labour Of Love » en enregistrant plusieurs reprises du leader de Rockpile avec l'ex-guitariste de Hall & Oates, GE Smith et divers chanteurs dont Doug Wainoris et Christine Ohlman. Il collabore à l'album solo de John Oates « Phunk Shui », en 2002. Il tourne avec Dar Williams à plusieurs reprises, dans les années 2000, notamment pendant le « My Better Tour », en 2005.

Steve travaille à New York avec le producteur Will Schillinger dans le studio Pilot. C'est dans ce superbe endroit qu'il enregistre son unique album « The Reluctant Dog ». Pour l'occasion, il retrouve Denny Laine, venu participer aux sessions. Le disque ne parvient pas à convaincre le public car Holly n'est pas un véritable chanteur, bien que son travail soit remarquable sur le CD publié en 2003. Puis, ce sont l'album « A History » de Sean Fleming et une tournée avec le chanteur aux sonorités irlandaises.

En 2009, Jim Keller le sollicite pour l'album « Sunshine In My Pocket ». Il participe à de nombreuses tournées de son ami Ian Hunter qui fut le leader de Mott The Hoople et figure sur de nombreux enregistrements dont « The Truth, The Whole Truth… », en 2005, « Shrunken Heads », en 2007 et « When I'm President », en 2012. En 2012, les deux musiciens tournent encore ensemble avec le Rant Band.

Il refuse rarement de se rendre à des manifestations consacrées aux Beatles ou aux Wings comme en 2008 avec les Fab Faux, ou en 2011 à Liverpool.

Laurence Juber

Comme Steve Holly, le guitariste Laurence Juber apprend la fin des Wings par la presse. Mais il n'en est pas affecté très longtemps, puisqu'il rencontre le 28 avril 1981, à New York, une jeune actrice nommée Hope Sherwood. Il la suit en Californie et l'épouse l'année suivante. En 1982, il publie « Standard Time », son premier album solo dans lequel il interprète des reprises de grands morceaux appartenant à MPL comme *Stormy Wheather*, *Four Brothers* ou *After You've Gone*. Il utilise un inédit de Wings avec l'instrumental *Maisie* qu'il a composé et sur lequel McCartney jouait de la basse, Laine tenait l'harmonica et Holly la batterie. Les enregistrements ont été effectués à Londres, aux studios Abbey Road et Air, alors que le groupe existait toujours.

À Los Angeles, Juber devient un soliste de studio très recherché. Il travaille énormément pour le cinéma et la télévision. On le retrouve ainsi au générique des séries « Happy Days » (Les Jours Heureux), « Roseanne » et de longs-métrages comme le blockbuster « Dirty Dancing », « Splash », « Ladyhawke », « Will Hunting », « Pocahontas », « Men In Black II » ou « Les Muppets, le Retour ». En avril 1986, il joue avec George Harrison pour « Shangai Surprise » dont la bande originale ne sera jamais commercialisée. Pour le film « Ishtar », en 1987, il travaille avec Paul Williams qui a composé tous les thèmes, Jim Keltner et le contrebassiste Abraham Laboriel Sr. (le père du batteur de McCartney). Ils enregistrent des morceaux inédits en vue d'un album qui ne verra jamais le jour. Juber accompagne également une belle brochette d'artistes : Sonja Kristina de Curved Air (1982), Belinda Carlisle (1986), Russel et Hitchcock d'Air Supply (1988), Barry Manilow (1989), Andy Williams (1990) et Al Stewart avec qui il grave plusieurs disques entre 1995 et 2008 et qu'il accompagne en tournée.

Laurence attend 1990 pour proposer au public son second opus discographique « Solo Flight » sur lequel il joue seul les quatorze morceaux à la guitare. Il récidive en 1993, avec « Naked Guitar », puis en 1995 pour « LJ » et 1997 « Winter Guitar ». Toujours en 1997, il collabore avec Preston Reed sur « Groovemasters Vol 1 » dans lequel les deux guitaristes étalent tous leurs talents de spécialistes du fingerpicking. L'année suivante, il propose un EP en édition limitée, « LJX4 », et l'album « Mosaic ». Après « Altered Reality », en 1999, Juber réalise un disque de reprises instrumentales des chansons des Fab Four « LJ Plays The Beatles », en 2000. « Guitarist », en 2003, qui succède à « Different Time » (2001), est salué par la critique.

En 2005, il propose un florilège de reprises de chansons de son ancien groupe intitulé « One Wing », avec *Band On The Run*, *Another Day*, *Jet*, *Maybe I'm Amazed*, *My Love*, *Silly Love Songs*… Cette année-là, il reçoit un Grammy pour son interprétation du solo du thème du film de la « Panthère Rose ». Il est régulièrement désigné comme l'un des meilleurs guitaristes acoustiques par les lecteurs de nombreuses revues spécialisées. Il enchaîne les disques : « I've Got The World On Six Strings » (2006), « PCH » (2007), « Pop Goes Guitar » (2008), « Wooden Horses » (2009), avant un second volume de « LJ Plays The Beatles », en 2010. Ses dernières productions sont « Children Of The Harvest » (2011), « Soul Of Light » (2012), « Catch LJ Live » (2013) et « Under An Indigo Sky » (2013).

Depuis 2002, la société Martin & Co propose des séries de guitares acoustiques portant la « LJ » signature. Une belle reconnaissance pour un soliste d'exception.

Juber se produit régulièrement en concert à travers les États-Unis et n'hésite pas à se rendre à des manifestations Beatles ou à des hommages au groupe Wings, comme en juillet 2007, avec Seiwell et Laine. Sa fille Ilsey est également musicienne et a côtoyé Will.i.Am des Black Eyed Peas, Stanley Clarke et l'acteur Terrence Howard.

Denny Laine

Après avoir officialisé la séparation de Wings, en avril 1981, Denny Laine enregistre les chansons de son album « Anyone Can Fly » qui est produit au Rock City Sound Studios de Shepperton, avec John Hollywood et Chris Slade (batterie), Gordon Sellar (basse). Norman « Hurricane » Smith, l'ancien ingénieur du son des Beatles et producteur de Pink Floyd, s'installe au piano. Si le single, *Who Moved The World*, est publié en Angleterre fin 1981, l'album « Anyone Can Fly », ne connaît en revanche qu'une distribution très limitée, l'album n'est commercialisé qu'en Allemagne et en France.

Mais malgré son envie de partir en tournée, aucun concert n'est organisé après le split du groupe de McCartney. Il récidive en 1985 avec « Hometown Girls », pour lequel il fait appel au batteur Steve Holley. La chanteuse Maggie Bell, ancienne partenaire de Jimmy McCulloch dans Stone The Crows, enregistre le duo sur le titre *Street*.

En 1984, il livre quelques révélations croustillantes, ou graveleuses selon les avis, au journal The Sun sur sa collaboration avec l'ex-Beatle. Sous le titre « Le Vrai Paul McCartney » et en quatre épisodes, il balance des détails sur l'addiction de Linda et son mari pour la marijuana, qui leur coûterait plus de mille livres sterling par semaine. Il précise que Macca dissimulait la drogue dans le manteau d'un de ses enfants et qu'il semblait toujours excité par le risque de se faire prendre en flagrant délit par la police. Il se plaint des conditions de vie à Campbeltown en Écosse, et préférait habiter dans une caravane plutôt que dans la maison que les McCartney mettaient à sa disposition. Pour Laine, Paul est un homme complexe et, bien qu'ils aient composé des chansons et fumer des kilos de dope ensemble, il a vraiment l'impression de ne pas être si proche de lui. Comme si cela était vraiment nécessaire, son épouse Jo Jo ajoute d'autres détails chocs dans Sunday People sous le titre « Vivre comme des paysans dans la ferme du millionnaire Paul ». On apprend donc que Linda a une hygiène corporelle douteuse, qu'elle sent mauvais et que sa maison est dans un état épouvantable à cause des moutons qui viennent déféquer au milieu de la pièce. Prête à tout pour faire parler d'elle, Jo Jo n'hésite pas à exhiber sa poitrine dans un autre numéro du journal.

Le 15 mars 1986, Denny participe à un concert de charité pour l'hôpital pour enfants de sa ville natale de Birmingham. Il chante *Go Now* et *Mull Of Kintyre* devant une salle comble. Ses anciens collègues des Moody Blues interprètent *Night In White Satin* et parmi les autres artistes présents figurent Robert Plant, Electric Light Orchestra, UB40 et George Harrison qui se joint au final.

Mais il est bien compliqué de s'imposer dans ces années 80 pendant lesquelles les synthétiseurs règnent sans partage et mettent bon nombre de musiciens sur la paille. Malgré son parcours, Laine n'échappe pas à son destin. Le 16 décembre 1986, il est déclaré en situation de faillite par la cour de justice de Londres, avec un passif considérable et plus de 76 000 livres sterling de dettes. Il vient de revendre ses droits pour *Mull Of Kintyre* et d'autres chansons qu'il a co-écrites à Paul, mais l'opération financière (90 000 livres) ne s'avère pas suffisante pour rééquilibrer sa situation. Lui qui possédait des superbes voitures (Rolls-royce, Ferrari, Daimler) et le yacht Louis-Philippe, quelques années plus tôt, a donc tout perdu. Il abandonne également la maison de Laleham, dans le Suffolk, qu'il avait rachetée à crédit à MPL, la société de production de McCartney. En février 1975, l'ex-Moody Blue souhaitait acquérir cette belle propriété, mais les conseillers financiers l'en avaient dissuadé pour des questions de taxes. Avant de l'acheter au nom de Paul.

Son épouse Jo Jo n'est plus là depuis 1981. Moins de trois ans après leur mariage, elle a appris que Denny l'avait trompée avec sa meilleure amie et elle n'était elle-même pas exempte de reproche. Le divorce prononcé en 1982 est donc inévitable et la jeune femme retourne vivre aux États-Unis avec ses enfants Laine et Heidi. Atteinte d'un cancer du foie et d'une cirrhose, elle fait une chute fatale dans ses escaliers et décède quelques jours plus tard à l'hôpital St George de Londres, le 29 octobre 2006. Elle n'avait que 54 ans.

L'album « Wings On My Feet » de 1987 passe inaperçu et n'arrange donc pas les finances du musicien. « Lonely Road », « Master Suite » (1989) puis « All I Want Is Freedom » (1990) connaissent un destin sinistre similaire. Après une traversée du désert, Laine revient avec le bien nommé « Reborn », en 1996. Il publie également « Wings At The Sound Of Denny Laine », un disque dans lequel il reprend ses propres chansons du répertoire Wings (*Time To Hide*, *Children Children*, *Go Now*, *Again & Again & Again*, *Say You Don't Mind*, *Deliver Your Children*, *The Note You Never Wrote*), mais également quelques chansons de McCartney (*Mull Of Kintyre*, *Silly Love Songs*, *Listen To What The Man Said*, *Band On The Run*...). Ce disque sera commercialisé par plusieurs maisons de disques avec des pochettes différentes.

En 1996, il produit « Arctic Song » dans lequel il fait part de son émotion du sort réservé à la planète. Un peu trop en avance sur ce sujet, son discours ne trouve guère d'écho auprès du public car, depuis ses révélations au Sun de 1984, il est en quelque sorte blacklisté par les fans de McCartney. Et d'ailleurs Paul, qui a la rancune tenace, n'a jamais donné un signe d'ouverture vers une possible réconciliation... avant ce 7 décembre 2007, quand les deux hommes se retrouvent à Wembley dans les coulisses du concert du groupe UB40. Denny, venu en Angleterre pour un bref séjour, a quelques difficultés pour renouveler son visa afin de repartir aux États-Unis, à cause d'une énième affaire de stupéfiants. Les deux anciens Wings échangent quelques mots à propos du bon vieux temps et immortalisent ce moment sur une photo.

Denny vit désormais à Las Vegas et se produit dès que possible où on le demande. Comme en 2007 avec Denny Seiwell et Laurence Juber. En 2013, il propose le spectacle « Abbey Road Memories » dans lequel il reprend l'intégralité de l'ultime album des Beatles et les grands classiques de Pink Floyd, des Zombies, de Manfred Mann, enregistrés dans les célèbres studios. Pendant ce show, Laine ne manque pas d'interpréter ses chansons *Go Now* et *Time To Hide* ainsi que les tubes de Wings *Band On The Run* et *Live And Let Die*.

Ses deux enfants se sont lancés également dans la musique. Son fils Laine propose un folk blues avec quelques réminiscences sonores paternelles troublantes. Il n'a pourtant pas été signé par une maison de disques. Heidi Jo distille une pop soignée et s'accompagne à la guitare. Elle a participé à l'album « Plastic Soul » du groupe de rock progressif hollandais PBII, en 2009. Elle se produit avec le groupe Earth Prayer qui a publié « Nine Days », en mai 2011.

Linda McCartney

Après l'aventure Wings, Linda participe à la carrière solo de son mari, tout en élevant ses enfants. Elle est présente à toutes les sessions d'enregistrement des albums de Paul et participe au tournage du film « Give My Regards To Broadstreet » sorti en 1984. En 1986, le couple est photographié par George Hurrel pour la couverture de « Press To Play ».

Après son single *Seaside Woman*, Linda ne persévère pas dans une carrière solo, mais continue à enregistrer quelques chansons pour le plaisir. Ainsi, en octobre 1987, elle s'enferme en studio, pour deux titres avec Ian Maidman : une reprise de *Poison Ivy* des Coasters et *Endless Days*, un original composé avec le pianiste Mick Bolton (ex-Mott The Hoople et Dexys Midnight Runners). Elle récidive en mars et avril 1988, avec Paul et son amie Carla Lane pour deux morceaux : *The White Coated Man*, un pamphlet contre la vivisection et *Cow*, inspiré par son engagement pour le végétarisme. Toutes ces œuvres resteront longtemps inédites. Elle aime se promener avec Carla qui est un auteur réputée et la voisine des McCartney. Avec leurs chiens, elles observent la nature et se demandent fréquemment pourquoi les humains peuvent se montrer aussi cruels envers les animaux.

Devant l'insistance de ses fans, l'épouse de l'ex-Beatle rassemble ses meilleures recettes dans l'ouvrage « Ma Cuisine Végétarienne » co-écrit avec Peter Cox, en 1989. Elle récidive en 1997 avec « Linda's Kitchen : Simple and Inspiring Recipes for Meatless Meals » (la cuisine de Linda : des recettes simples et inspirées pour des plats sans viande) et « Linda's Summer Kitchen » (la cuisine d'été de Linda).

Linda publie un nouveau livre de ses plus belles photographies en 1992. « Linda McCartney Sixties : Portrait Of An Era » regroupait des clichés exceptionnels des Rolling Stones, de Jimi Hendrix, Janis Joplin, Aretha Franklin, Jim Morrison ou les Who. Inspirée par le travail du français Henri Cartier Bresson, le pionnier du photojournalisme, l'artiste aime également photographier les gens dans les rues pour capter des moments de vérité. Elle présente ses œuvres à la galerie Hamilton de Londres en janvier 1993. Plus tard, une gamme de plats cuisinés à son nom est commercialisée.

En 1989, quand Paul décide de reprendre enfin les tournées, il est évidemment impensable que son épouse ne soit pas de l'aventure. Elle participe donc au retour triomphal du musicien, épaulée par le talentueux Paul « Wix » Wickens aux claviers. Pourtant, un technicien isole la piste de son micro lors de l'interprétation des chœurs de *Hey Jude* pendant le concert de Knebworth, en juin 1990. Le résultat est assez déroutant et commence à circuler dans le milieu des techniciens et du business musical, pour finalement arriver aux oreilles de Macca lui-même qui se montre furieux de cette moquerie. Avec l'avènement, d'Internet, l'enregistrement fait le buzz, même si beaucoup de fans ont tendance à penser qu'il s'agit d'un canular.

Le couple repart en tournée en 1993 avec l'album « Off The Ground ». Pendant de longs mois, Linda parcourt le monde, de Milan, le 18 février, à Santiago, au Chili, le 16 décembre. Elle adore placer des peluches sur ses claviers et le public qui l'a enfin adoptée n'envisage plus un show de Paul sans Linda.

Le 7 décembre 1995, alors que les trois Beatles survivants ont présenté le premier volet de leur Anthologie, Linda apprend qu'elle a une tumeur maligne au sein. Paul l'emmène immédiatement à Londres où elle entreprend un programme de soins qui durera deux ans et demi. Le couple fait front face à la maladie et la patiente se montre très courageuse. Toutefois, elle est bien trop faible pour assister à l'anoblissement de son mari, le 11 mars 1997, à Buckingham Palace. Elle participe à l'enregistrement de l'album « Flaming Pie » de Paul. Elle fait sa dernière apparition dans le clip tourné pour *Beautiful Night*.

Le 11 mars 1998, le couple assiste, à Paris, au défilé de mode de Stella McCartney pour Chloé. Linda apparaît très affaiblie et les cheveux courts. Le 18 mars, elle a la force d'enregistrer deux nouvelles chansons dont *The Light Comes From Within* avec son fils James et *Apaloosa*, une chanson consacrée à un des chevaux qu'elle aime tant. Alors que son état de santé se dégrade de jour en jour, elle prend la décision de retourner dans son ranch d'Arizona où elle se sent si bien. C'est là, qu'elle s'éteint le 17 avril 1998, à 3 heures du matin, à l'âge de 56 ans. Elle est incinérée à Tucson et ses cendres sont rapatriées dans le Sussex. Le 22 juin, une messe est célébrée en sa mémoire, à l'église Riverside de New York. Les anciens Wings Steve Holley et Laurence Juber y assistent avec les familles McCartney et Eastman.

Même si elle avait préparé sa famille depuis près de deux ans à cette issue fatale, le choc est dur pour Paul et ses enfants. Elle manque cruellement pour le mariage de Mary, le 26 septembre 1998. Macca trouve la force de rassembler tous les enregistrements de Linda et les publie le 26 octobre 1998 sous le titre « Wide Prairie ». Les fans peuvent enfin entendre les chansons qu'elle a créées pendant la période Wings et au-delà.

Paul McCartney

McCartney semble ne pas appréhender la suite de sa carrière avec inquiétude. Dès 1981, il s'entoure des meilleurs pour réaliser deux albums solos « Tug Of War » et « Pipes Of Peace », captés en grande partie à Montserrat, en 1981. George Martin, à la production, Stevie Wonder, Stanley Clarke, Carl Perkins, Steve Gadd et même Ringo. Il collabore également avec celui qui va s'autoproclamer « Roi de la Pop », quelques années plus tard : Michael Jackson. *The Girl Is Mine* est publié sur le disque de tous les records, « Thriller », puis *The Man* et *Say Say Say* sur « Pipes Of Peace ». Les relations entre les deux hommes se détériorent quand Michael achète les droits des chansons des Beatles. Bien que Macca lui ait lui-même conseillé d'investir dans l'édition musicale, il considère que c'est comme une plaie dans sa chair de penser qu'une chanson comme *Yesterday* appartient au jeune artiste américain.

Paul s'investit ensuite dans un projet de film : « Rendez-Vous à Broad Street », qui lui cause moult tracas et qui, au final, ne devient pas un chef d'œuvre du septième art quand il est projeté en 1984. Son album « Press To Play », en 1986, connaît un échec commercial, malgré une production soignée et la présence de Pete Townsend et Phil Collins. Ces années quatre-vingt s'avèrent difficiles à négocier pour bon nombre de musiciens car le public favorise les chansons simplistes, réalisées le plus souvent avec des synthétiseurs. Mais il en faut bien plus pour ébranler le moral de McCartney, qui fait un retour triomphal en 1989 avec « Flowers In The Dirt », pour lequel il s'associe avec le talentueux Elvis Costello. Il décide également de reprendre le chemin des tournées après dix ans d'absence. Il s'entoure d'une formation très expérimentée avec Robbie McIntosh (ex-Pretenders) à la guitare, Hamish Stuart (ex-Average White Band) à la guitare et basse, Paul « Wix » Wickens aux claviers, Chris Whitten à la batterie et Linda aux claviers. Il prend beaucoup de plaisir à retrouver ses fans de la première heure et les plus jeunes qui ne l'ont jamais vu sur scène. Il se replonge avec bonheur dans le répertoire Beatles, mais également dans celui de Wings avec *Jet*, *Band On The Run*, *Live And Let Die* et parfois *Let 'Em In*.

Après ce tour du monde triomphal qui s'achève le 4 juillet 1990 à Chicago, Paul s'atèle à sa première œuvre classique, avec le chef d'orchestre Carl Davis. Pour un musicien qui n'a jamais appris à déchiffrer une partition, composer une telle œuvre représentait un véritable challenge. Le « Liverpool Oratorio » est interprété pour la première fois à la cathédrale anglicane de Liverpool, le 28 juin 1991 pour célébrer le cent cinquantième anniversaire de l'orchestre philharmonique royal de la ville. Le public adhère à cette œuvre classique, mais la critique est moins clémente.

McCartney reprend la route en 1993 pour promouvoir son disque « Off The Ground », avec la même formation à l'exception de Chris Whitten, remplacé par l'ex-Pretenders Blair Cunningham. Il réinterprète deux standards de Wings : *My Love* et *Let Me Roll It*. Après la tournée, il retrouve George Harrison et Ringo Starr pour travailler sur l'énorme production de l'Anthologie Beatles. Ils retracent la carrière du groupe en plusieurs documentaires et trois doubles cd. Mais ils enregistrent également deux nouvelles chansons à partir des démos de John Lennon : *Free As The Bird* et *Real Love*. Grâce à la technique, les fans peuvent entendre les Fab Four, en 1995.

Tout en s'occupant avec attention de son épouse qui souffre d'un cancer, Paul travaille sur l'album « Flaming Pie », sur lequel on retrouve Jeff Lynne (Electric Light Orchestra), Steve Miller, l'inévitable Ringo et James McCartney qui fait ses grands débuts de musicien. Le disque est commercialisé le 5 mai 1997 et sera la dernière collaboration du couple sur une œuvre de Macca. L'artiste récidive dans le registre classique avec « Standing Stone » en septembre 1997 et une représentation au Royal Albert Hall.

Après le décès de Linda, Paul est effondré et ne peut travailler pendant plusieurs mois. Il réapparaît sous le pseudonyme de The Fireman, le 21 septembre 1998, avec l'album instrumental « Rushes ». Après la musique classique, Macca explore désormais un univers plus électronique et dansant. Il collabore depuis 1993, avec Youth, le musicien de Killing Joke. Le duo a déjà publié un premier opus intitulé « Strawberry Oceans Ships Forest » en novembre 1993. Le pseudonyme est un hommage non dissimulé à Jim McCartney qui a été pompier volontaire. Puis, pour se remettre au travail, il reprend des vieux titres de rock de sa jeunesse. Le 1er mars 1999, il réunit David Gilmour (Pink Floyd), Ian Paice (Deep Purple), Mick Green et Pete Wingfield pour débuter les sessions de « Run Devil Run ». Le 14 décembre 1999, il décide de présenter ces reprises sur la scène de la réplique du Cavern Club de Liverpool, qui a été construite à quelques mètres de l'emplacement original, devant plusieurs centaines de spectateurs chanceux et des millions d'internautes.

McCartney qui a retrouvé l'amour auprès de l'ex-mannequin Heather Mills n'oublie pas ses années Wings et produit un documentaire intitulé « Wingspan ». Interviewé par sa fille Mary, il raconte la fabuleuse aventure du groupe qui est illustrée par de nombreuses archives personnelles. Une double compilation des meilleurs titres du groupe est commercialisée au moment de la sortie du film pendant le festival de Cannes, le 9 mai 2001.

Après un album expérimental avec la participation des Super Furry Animals, « Liverpool Sound Collage », et la publication de ses plus belles toiles dans le recueil « Paintings », il est temps que Paul reprenne le chemin des studios. Ce qu'il fait dès le 16 février 2001, entouré du producteur David Kahne et des musiciens américains Abe Laboriel Jr. (batterie), Rusty Anderson (guitares), Gabe Dixon (claviers) et son fils James pour le titre *Back In The Sunshine Again*. Une série de chansons touchantes qui décrivent la détresse après le décès de Linda et la joie d'avoir retrouvé l'amour.

Paul est très choqué par les attentats du 11 septembre 2001, alors qu'il se trouve sur l'aéroport JFK de New York. Il s'implique pour le concert organisé au Madison Square Garden, le 20 octobre et crée pour la circonstance la chanson *Freedom* qui est incluse à son album « Driving Rain », le 12 novembre 2001. Quelques jours plus tard, il est très ému par le décès de son ami George Harrison, survenu le 29 novembre, comme Linda victime d'un cancer.

Après près de neuf ans d'absence, Macca reprend les tournées avec une nouvelle formation dont Wix, qui l'avait accompagné entre 1989 et 1993. Rusty Anderson et Brian Ray assurent les parties de guitare et l'immense Abe Laboriel Jr. maintient le tempo à la batterie. Ce groupe va donner un véritable bain de jouvence à l'ex-Beatle qui entreprend donc un US Tour triomphal, le 1er avril 2002. Les chansons des Wings ne sont pas oubliées avec *Jet*, *Let Me Roll It*, *Band On The Run*, *C Moon*, *My Love* et *Live And Let Die*. Le groupe fait une pause pour jouer pour le Jubilé de la Reine Elisabeth, dans les jardins de Buckingham Palace, le 3 juin et pour permettre à Sir Paul d'épouser Heather Mills, le 11 juin, dans le château irlandais de Leslie.

La tournée, qui reprend entre septembre et novembre 2002, visite les États-Unis, le Mexique et le Japon. L'album et le DVD « Back In The US » immortalisent ces grands moments. Le retour non moins attendu en Europe arrive le 25 mars 2003, avec un concert à Paris Bercy, et se poursuit avec d'incroyables performances au Colisée de Rome et sur la Place Rouge de Moscou, avant un ultime show sur les docks de Liverpool.

Le 28 octobre 2003, McCartney goûte à nouveau aux joies

de la paternité avec la naissance de sa fille Beatrice Milly. À 61 ans, il est un homme comblé et riche, puisque sa fortune est estimée selon Reuters à 1 336 175 000 dollars. Mais la star ne s'arrête pas là et repart pour une nouvelle tournée des stades européens en mai 2004. Le 20 juin, à Saint-Pétersbourg, il célèbre le trois millième concert de son incroyable carrière. Comme si les années n'avaient pas de prise sur lui, Paul enregistre un nouvel album avec le producteur Nigel Goodrich qui lui demande d'enregistrer la quasi-totalité des instruments. Le résultat « Chaos And Creation In The Backyard » ravit les fans par sa qualité et sa cohérence. Le musicien a assurément signé un nouveau chef d'œuvre et démarre une nouvelle tournée américaine pendant laquelle il présente *Too Many People* de « Ram », en précisant que c'est pour les fans de Wings, comme pour confirmer que son deuxième opus solo était déjà une œuvre du groupe. Mais si le musicien tutoie toujours les sommets pour sa carrière, son couple bat déjà de l'aile. Après moins de quatre années de mariage, un communiqué annonce l'inévitable séparation, le 17 mai 2006. Une terrible procédure de divorce dans laquelle tous les coups vont être permis. Heather Mills récupère finalement 33 millions de livres et la garde alternée de leur fille.

Macca se console en musique avec l'album « Memory Almost Full », en juin 2007 et quelques concerts surprise comme à Los Angeles, au magasin de disques Amobea ou à l'Olympia de Paris, le 22 octobre 2007. Quelques jours plus tard, il publie un coffret de DVD intitulé « The McCartney Years », dans lequel on retrouve les vidéos des chansons de Wings et un extrait de la tournée de 1976. Fraîchement divorcé en mars 2008, il part se reposer sur l'île d'Antigua avec sa nouvelle compagne américaine Nancy Shevell. Le 1er juin 2008, il se produit au stade Anfield de Liverpool dans le cadre du Liverpool Sound, alors que sa ville natale était déclarée capitale européenne de la culture. Puis, le 14 juin, il se rend à Kiev, en Ukraine et interprète, pour la première fois sur scène, la chanson de Wings *Mrs Vandebilt*. Le public apprécie tellement les « Oh Hey Ho » que le musicien se décide à l'inclure définitivement dans son répertoire. Le 20 juillet, il donne un concert gratuit sur les Plaines d'Abraham, à Québec, devant plus de 200 000 spectateurs. Il se produit également à Tel Aviv, en Israël, le 25 septembre 2008, tout en n'oubliant pas de visiter des territoires palestiniens et de visiter Bethléem.

Le 10 novembre 2008, McCartney publie un troisième opus du Fireman baptisé « Electric Arguments ». Toujours secondé par Youth, il décide de chanter sur cet album et inclut les titres *Highway* et *Sing The Changes* à son répertoire scénique. Le 3 avril 2009, il rejoint Ringo Starr à l'occasion d'un concert pour la fondation du réalisateur David Lynch. Ils interprètent ensemble quelques morceaux dont *With A Little Help From My Friends* et *I Saw Her Standing There*. Macca enchaîne avec deux shows au festival de Coachella et au Joint de Las Vegas. Pour ce dernier, les tickets se vendent en sept secondes. Un sacré record.

Avec la garde alternée de sa fille Beatrice, le musicien ne peut se lancer dans une grande tournée mondiale. Il privilégie donc quelques dates au gré de ses disponibilités. C'est ainsi qu'on le voit en juillet 2009, à Halifax, au Canada où il interprète *Mull Of Kintyre*, puis au City Fields de New York. Dans le stade de base-ball du Queens, il se produit trois fois et enregistre le CD/DVD « Good Evening New York City » sur lequel on retrouve *Mrs Vandebilt*, *Jet*, *Let Me Roll It*, *My Love*, *Band On The Run* et *Live And Let Die*. Il poursuit ensuite son tour à travers les États-Unis qui s'achève en août, à Dallas.

Le 9 septembre 2009, les Beatles reviennent en force avec la publication de tous leurs albums en version remasterisée et la sortie du jeu Rock Band consacré aux chansons des Fab Four. Puis, Paul entreprend une mini-tournée européenne en décembre 2009 qui passe par Hambourg, Berlin, Arnhem, Paris, Cologne, Dublin et Londres. À l'approche des fêtes, il reprend *Wonderful Christmastime*.

Le 28 mars 2010, alors que son fils James vient de se lancer dans sa première tournée britannique, quelques semaines plus tôt, l'inépuisable McCartney débute son « Up And Coming Tour », à Phoenix dans l'Arizona. Pour le plus grand bonheur de ses fans, il débute le spectacle par *Venus And Mars/Rock-Show* et *Jet*, comme aux plus belles heures de 1976. Il exhume également *Letting Go* et crée pour la première fois *1985*, de l'album « Band On The Run ». Il se produit au prestigieux Hollywood Bowl de Los Angeles, les 30 et 31 mars, puis à Porto Rico et à Mexico.

Le 2 juin 2010, le président américain Barack Obama remet à l'ex-Beatle le Prix Gershwin, dans la bibliothèque du Congrès, à Washington. Un concert est organisé avec Elvis Costello, Stevie Wonder, Emmylou Harris, Jack White et Dave Grohl qui reprend *Band On The Run*. Puis, quelques jours plus tard, Paul emmène son « Up And Coming Tour » en Grande-Bretagne et en Irlande avant de repartir sur le continent américain en juillet.

Le 2 novembre 2010, McCartney débute sa série de remasterisation de ses œuvres solos par « Band On The Run » publié avec des bonus audio et, pour la première fois, le documentaire « One Hand Clapping » de 1974 disponible en DVD. Il célèbre l'événement par un grand concert à Porto Alegre, le 7 novembre, avant de se rendre à Buenos Aires et Sao Paulo. Les 4 et 5 décembre, le bassiste est à nouveau honoré par le président américain, avec le Kennedy Center Honor qui récompense les arts de la scène. Le 13, il se produit dans le mythique Appolo Theater de Harlem, à New York. Dans ce temple de la soul, il décide de reprendre *Hitchike* de Marvin Gaye. Pour les fêtes de fin d'année, on peut le voir à Londres, dans le minuscule 100 Club puis à l'Appolo Hammersmith, le 18 décembre, avant une ultime prestation à l'O2 Academy de Liverpool. Les fans ont bravé le froid et la neige pour assister à ces concerts et beaucoup auront toutes les peines du monde à regagner leur domicile.

Le 13 février 2011, Paul est récompensé avec deux Grammy Awards pour le coffret des albums Beatles remasterisés et pour son interprétation de *Helter Skelter* sur le CD live « Good Evening New York City ». Le même jour, il remet un BAFTA Award à Londres au compositeur Alexandre Desplat pour la bande originale du film « Le Discours d'un Roi » de Tom Hooper. En mai, après ses fiançailles avec Nancy Shevell, il repart en Amérique du Sud pour jouer à Lima, devant 45 000 personnes, puis au Chili et au Brésil. Il inaugure également une nouvelle exposition de photos de Linda à la galerie Phillips de Londres, le 6 juin 2011. Le 10 juin, il clôture la tournée « Up And Coming » par un show au MGM de Las Vegas. Puis, le musicien propose la réédition de ses deux premiers albums solo avec des bonus. Ainsi, sur « McCartney II », figure la version live de *Coming Up* par Wings, enregistrée à Glasgow, en 1979.

Infatigable, il relance un nouveau « On The Run Tour » au Yankee Stadium les 15 et 16 juillet. Beau clin d'œil à l'album de Wings le plus célèbre. Il conclut ce nouveau périple américain, le 4 août à Cincinnati. Le 22 septembre, il présente une nouvelle œuvre classique avec la musique pour le ballet « Ocean Kingdom » dont la première a lieu au Lincoln Theater de New York. Le 2 octobre, il assiste à l'avant-première du documentaire de Martin Scorsese « Living In The Material World » consacré à George Harrison. Le 9, il épouse Nancy Shevell, à la mairie de Marylebone, à Londres, là-même où il s'était marié avec Linda, en mars 1969.

Le 13 novembre, la star donne un concert à Abu Dhabi, dans les Émirats Arabes, dans le cadre du festival Yasalam et du grand prix de Formule 1. Puis il enchaîne avec une tournée européenne débutée à Bologne, en Italie, le 26 novembre 2011. Le 30, alors qu'il entame *Jet* sur la scène parisienne de Bercy, il est surpris par les fans du premier rang qui brandissent des centaines de dessins représentant les mains du symbole de Wings. Le 5 décembre, il est rejoint sur la scène de l'O2 de Londres par son ami Ron Wood. Le 20, il met un terme à cette série de concerts dans sa bonne ville de Liverpool, en reprenant *Wonderful Christmastime* et *Mull Of Kintyre*.

Le 6 février 2012, il publie l'album « Kisses On The Bottom » sur lequel figurent les plus belles chansons de sa jeunesse et deux inédits dont *My Valentine* dédié à Nancy, avec la participation d'Eric Clapton à la guitare. Dans les titres bonus, il propose une superbe reprise de *Baby's Request*, de l'ultime album de Wings « Back To The Egg ».

Le 9 février, il inaugure son étoile sur le Hollywood Walk Of Fame, avec son ami Neil Young. Le 12 février, il est à nouveau honoré par les Grammy Awards pour la réédition de « Band On The Run ». Il interprète sa nouvelle chanson et le medley d'Abbey Road avec son groupe, rejoint par Joe Walsh, Dave Grohl et Bruce Springsteen.

Fin mars, Macca donne quelques concerts à Zurich, Rotterdam, Anvers et Londres, puis il repart en avril en Amérique du Sud, avant un concert gratuit devant 200 000 personnes à Mexico, le 10 mai 2012. Le 4 juin, il participe au concert du Jubilé de la Reine Elisabeth II, devant Buckingham Palace. Pour l'occasion il joue sur une superbe basse Höfner aux couleurs de l'Union Jack. Le 27 juillet, il assure le final de la cérémonie d'ouverture des Jeux Olympiques de Londres, avec un vibrant *Hey Jude* repris par tout le public et tous les athlètes présents. Contrairement aux années précédentes, Paul ne donne pas de concerts aux États-Unis et se contente d'une apparition au gala de soutien à l'Appolo Theater avec Jon Bon Jovi et les Isley Brothers pour une reprise de *Twist And Shout*.

Le samedi 8 septembre 2012, McCartney est décoré par le président de la République française, François Hollande. Devant ses filles, son épouse, son frère Michael, il reçoit l'insigne d'officier de la Légion d'Honneur. Le soir même, il jamme à Londres, avec Damon Albarn de Blur, Johnny Marr, Amadou, Rokia Traoré et John Paul Jones de Led Zeppelin. Ils jouent *Coming Up* et une étonnante version de *Goodnight Tonight* de Wings. En octobre, le musicien reçoit une nouvelle récompense du Broadcast Music Inc pour sa chanson *Live And Let Die* qui a été diffusée plus de quatre millions de fois sur les radios américaines. Encore une preuve formelle que la musique de Wings a marqué son époque et perduré dans le temps. *Yesterday* comptait plus de neuf millions de passages à la même époque. Notons que John Hammel, qui s'occupait déjà des guitares de Paul pendant les tournées Wings dès 1975, est toujours présent à ses côtés et fait également office de garde du corps.

Après avoir travaillé sur de nouvelles chansons avec Mark Ronson, producteur qui a collaboré avec Amy Winehouse,

Adele ou Maroon 5, Macca reprend sa tournée « On The Run », le 11 novembre 2012 avec des concerts à St Louis, Houston, Vancouver et Edmonton. Le 12 décembre 2012, il se produit au Madison Square Garden avec Bruce Srpingsteen, Billy Joel et The Who, pour les victimes de l'Ouragan Sandy qui a ravagé la côte est des États-Unis quelques semaines plus tôt. Il fait sensation quand il invite les membres survivants du groupe Nirvana à le rejoindre sur scène pour interpréter l'inédit *Cut Me Some Slack*. En janvier 2013, il participe avec ses filles Mary et Stella à la promotion de la nouvelle gamme de plats végétariens de Linda McCartney. Infatigable, il collabore avec Martin O'Donnel à la musique du jeu vidéo « Destiny ». En mai 2013, il propose la nouvelle version de l'album « Wings Over America » dans un superbe packaging et lance une nouvelle tournée baptisée « Out There ». Il vient également présenter le film « Rockshow » à Londres. À plus de 70 ans, l'ex-leader des Wings fait preuve d'une belle énergie et a encore tant de choses à partager avec son public. Il continue de composer la bande originale de notre vie avec une passion toujours intacte.

Discographie et Vidéographie

ALBUMS

• Paul & Linda McCartney

“Ram” (15/05/1971)
Too Many People, 3 Legs, Ram On, Dear Boy, Uncle Albert/Admiral Halsey, Smile Away, Heart Of The Country, Monkberry Moon Delight, Eat At Home, Long Hair Lady, Ram On (reprise), The Back Seat Of My Car.

• Paul McCartney & Wings

“Wild Life” (07/12/1971)
Mumbo”, Bip Bop, Love Is Strange (Mickey Baker, Ethel Smith), Wild Life, Some People Never Know, I Am Your Singer, Tomorrow, Dear Friend.
“Red Rose Speedway” (30/04/1973)
Big Barn Bed, My Love, Get On The Right Thing, One More Kiss, Little Lamb Dragonfly, Single Pigeon, When The Night, Loup (1st Indian On The Moon), Medley : Hold Me Tight, Lazy Dynamite, Hands Of Love, Power Cut.

"Band On The Run" (05/12/1973)
Band On The Run, Jet, Bluebird, Mrs Vandebilt, Let Me Roll It, Mamunia, No Words, Picasso's Last Words, Nineteen Hundred And Eighty Five.
"Venus And Mars" (27/05/1975)
Venus And Mars, Rock Show, Love In Song, You Gave Me The Answer, Magneto And Titanium Man, Letting Go, Venus And Mars (reprise), Spirit Of Ancient Egypt, Medecine Jar, Call Me Back Again, Listen To What The Man Said, Treat Her Gently/Lonely Old People, Crossroads.
"Wings At The Speed Of Sound" (25/03/1976)
Let'Em In, The Note You Never Wrote, She's My Baby, Beware My Love, Wino Junko, Silly Love Songs, Cook Of The House, Time To Hide, Must Do Something About It, San Ferry Anne, Warm And Beautiful.
"Wings Over America" (10/12/1976)
Venus And Mars, Rock Show, Jet, Let Me Roll It, Spirits Of Ancient Egypt, Medecine Jar, Maybe I'm Amazed, Call Me Back Again, Lady Madonna, The Long And Winding Road, Live And Let Die, Picasso's Last Words (Drink To Me), Richard Cory (Paul Simon), Bluebird, I've Just Seen A Face, Blackbird, Yesterday, You Gave Me The Answer, Magneto And Titanium Man, Go Now, My Love, Listen To What The Man Said, Let'Em In, Time To Hide, Silly Love Songs, Beware My Love, Letting Go, Band On The Run, Hi, Hi, Hi, Soily.
"Thrillington" (29/04/1977)
Version instrumentale de l'album "Ram".
Too Many People, 3 Legs, Ram On, Dear Boy, Uncle Albert/Admiral Halsey, Smile Away, Heart Of The Country, Monkberry Moon Delight, Eat At Home, Long Hair Lady, The Back Seat Of My Car.
"London Town" (31/03/1978)
London Town, Café On The Left Bank, I'm Carrying, Backwards Traveller, Cuff Link, Chidren Chidren, Girlfriend, I've Had Enough, With A Little Luck, Famous Groupies, Deliver Your Children, Name And Address, Don't Let It Bring You Down, Morse Moose And The Grey Goose.

"Wings Greatest" (22/11/1978)
Another Day, Silly Love Songs, Live And Let Die, Junior's Farm, With A Little Luck, Band On The Run, Uncle Albert/Admiral Halsey, Hi,Hi,Hi, Let'Em In My Love, Jet, Mull Of Kintyre.
"Back To The Egg" (24/05/1979)
Reception, Getting Closer, We're Open Tonight, Spit It On, Again And Again And Again, Old Siam Sir, Arrow Through Me, Rockestra Theme, To You, After The Ball/Million Miles, Winter Rose/Love Awake, The Broadcast, So Glad To See You Here, Baby's Request.
"The Concerts For the People of Kampuchea" (03/04/1981)
Un double album vinyle proposant des extraits des shows de décembre 1979 pour le peuple cambodgien, avec The Who, The Pretenders, Elvis Costello, Queen, Ian Dury, The Specials... La dernière face est composée par les titres : Got To Get You Into My Life, Every Night, Coming Up, Lucille, Let It Be et Rockestra Theme. (Non réédité officiellement en cd)

Avec Mike McGear (nom de scène de Michael McCartney)
"McGear" (27/09/1974)
Paul McCartney a produit l'album de son frère et a joué de nombreux instruments. On retrouve également Linda, Denny Laine, Denny Seiwell et Jimmy McCulloch qui apparaissent sur la photo de la pochette.
Sea Breezes, What Do We Really Know?, Norton, Leave It, Have You Got Problems?, The Casket, Rainbow Lady, Simply Love You, Givin' Grease A Ride, The Man Who Found God On The Moon. (Titres bonus sur réédition CD : Dance The Do, Sweet Baby)
"The Scaffold"
Liverpool Lou / Ten Years After On Strawberry Jam (1974)
Single enregistré pendant les sessions de « McGear » et publié par le groupe de Michael, The Scaffold.

• Paul McCartney

"McCartney II" (16/05/1980)
Coming Up, Temporary Secretary, On The Way, Waterfalls, Nobody Knows, Front Parlour, Summer's Day Song, Frozen Jap, Bogey Music, Darkroom, One Of The Days.

• Linda McCartney

"Wide Prairie" (27/10/1998)
Collection de titres de Linda, dont plusieurs enregistrés avec des musiciens de Wings : Wide Prairie, Seaside Woman, I Got Up, B-Side To Seaside, Oriental Nightfish, New Orleans, Love's Full Glory et Cook Of The House déjà disponible sur « Wings At The Speed Of Sound ».

• Denny Laine

Aah… Laine (1973), Holly Days (1976), Japanese Tears (1980), Anyone Can Fly (1982), In Flight (1984), Hometown Girls (1985), Wings On My Feet (1987), Lonely Road (1988), Master Suite (1988), All I Want Is Freedom (1990), Blue Night (1994), Danger Zone (1995), Go Now (1995), Rock Survivor (1995), Reborn (1996), Wings At The Sound Of Denny Laine (1996), Arctic Song (2000), Reborn… Again (2001), Valley Of Dreams (2010), Sings The Moody Blues & Wings (2011) Lover's Light (2012).
Avec The Moody Blues
The Magnificent Moodys (1965)

• Denny Seiwell

Reckless Abandon (2011), Shabby Road (avec Henry McCullough) (2012)

• Henry McCullough

Mind You Own Business (1975), All Shook Up (1982), Hell Of A Record (1984), Cut (1987), Get In The Hole (1989), Blue Sunset (1998), Failed Christian (1998), Unfinished Business (1998), Live At The FBI (2007), Poor Man's Moon (2008), Shabby Road (2011).

• Geoff Britton

Avec East Of Eden
Ramadhan (1970), The World Of East Of Eden (1971)
Avec Wild Angels
Out At Last (1972)
Avec Dany Kirwan
Second Chapter (1975)
Avec Rough Diamond
Rough Diamond
Avec Champion
Champion (1978)
Avec Manfred Mann
Angel Station 1979
Avec The Keys
The Keys Album (1981)
Avec The Pirates
Still Shakin' (1988), Crossfire (1999)

• Jimmy McCulloch

Avec One In A Million
Double Sight the complete recordings (2009)
Avec Thunderclap Newman
Hollywood Dream (1970)
Avec Stone The Crows
Ontineous Performance (1972)

Avec Brian Joseph Friel (sous le pseudonyme de The Phantom)
Second Hand Dealer (1973)
Avec White Line
The Complete Recording (1994)
Avec The Small Faces
78 In The Shades
Avec The Dukes
The Dukes (1979)

• Joe English

Lights in the World (1980), Held Accountable (1982), Press On (1983), Live (1984), What You Need (1985), The Best Is Yet to Come (1985), Back to Basics : English 101 (1988).
Avec Kingfish
Trident (1978)
Avec Sea Level
On The Edge (1978), Long Walk On A Short Pier (1979), Ball Room (1980).

• Steve Holley

Reluctant Dog (2003)
Avec Elton John
A Single Man (1978)
Avec Julian Lennon
Valotte (1984)
Avec Joe Cocker
Live (1990)
Avec Ian McDonald
Drivers Eyes (1999)
Avec John Oates
Solo : The Album / The Concert (2006)
Avec Ian Hunter

Shrunken Heads (2007), Man Overboard (2009), When I'm President (2012)

• Laurence Juber

Standard Time (1982), Solo Flight (1990), Naked Guitar (1993), LJ (1995), Winter Guitar (1997), Groovemaster (1997), Mosaic (1998), Altered Reality (1999), LJ Plays the Beatles (2000), The Collection (2000), Different Times (2001), Guitarist (2003), One Wing (2005), I've Got the World On Six Strings (2006), PCH (2007), Pop Goes Guitar (2008), Wooden Horses (2009), LJ Plays the Beatles Vol 2 (2010), Catch LJ Live (2013), Under An Indigo Sky (2013).

SINGLES

• Paul & Linda McCartney

Another Day / Oh Woman, Oh Why? (février 1971)
The Back Seat of My Car / Heart of the Country (13 août 1971, Grande-Bretagne)
Uncle Albert-Admiral Halsey / Too Many People (uniquement sorti aux Etats-Unis).
Eat at Home / Smile Away (reste du monde)

• Wings

Give Ireland Back To The Irish / Give Ireland Back To The Irish (Version) (février 1972)
Mary Had A Little Lamb / Little Woman Love (mai 1972)
Hi, Hi,Hi / C Moon (décembre 1972)
My Love / The Mess (mars 1973)
Live And Let Die / I Lie Around (juin 1973)

Helen Wheels / Country Dreamer (octobre 1973)
Jet / Let Me Roll It (février 1974)
Band On The Run /Zoo Gang (juin 1974)
Junior's Farm / Sally G (octobre 1974)
Listen To What The Man Said / Love In Song (mai 1975)
Letting Go / You Gave Me The Answer (septembre 1975)
Venus And Mars / Rock Show / Magneto And Titanium Man (novembre 1975)
Silly Love Songs / Cook Of The House (avril 1976)
Let'Em In/ Beware My Love (juillet 1976)
Maybe I'm Amazed / Soily (février 1977)
Mull Of Kintyre / Girls' School (novembre 1977)
With A Little Luck / Backwards Traveller –Cuff Link (mars 1978)
I've Had Enough / Deliver Your Children (juin 1978)
London Town / I'm Carrying (août 1978)
Goodnight Tonight / Daytime Nightime Suffering (mars 1979)
Old Siam Sir / Spin It On (juin 1979)
Getting Closer / Baby's Request (août 1979)

My Carnival (novembre 1985). La chanson enregistrée par Wings en 1975 apparaît en face B de *Spies Like Us.*
Mama's Little Girl (janvier 1990). Rejeté des séances de « Red Rose Speedway », le titre se retrouve en face B de *Put It There.*
Same Time Next Year (février 1990). Le premier titre enregistré avec Laurence Juber, en mai 1978, est commercialisé sur le cd single de *Put It There.*

• Paul McCartney

Wonderfull Christmastime / Rudolph The Red-Nosed Reggae (novembre 1979)
Coming Up / Coming Up (Wings Live 79) – Lunch Box /Odd Sox (Wings) (avril 1980)
Waterfalls / Check My Machine (juin 1980)
Temporary Secretary / Secret Friend (septembre 1980)

• The Country Hams

Walking In The Park With Eloise / Bridge Over The River Suite (octobre 1974)

• Suzy And The Red Stripes

Seaside Woman / B-Side To Seaside (mai 1977)

VIDÉOS

• Wingspan : An Intimate Portrait (2001)

Dans ce documentaire, Paul McCartney, interrogé par sa fille Mary raconte l'aventure du groupe Wings. De superbes images d'archives illustrent ses propos.

• The McCartney Years (2007)

Dans cette rétrospective composée de 3 DVD, on retrouve les images des chansons de Wings : *Silly Love Songs*, *Band On The Run*, *Maybe I'm Amazed*, *Heart Of The Country*, *Mamunia*, *With A Little Luck*, *Goodnight Tonight, My Love*, *C-Moon*, *Baby's Request*, *Hi Hi Hi*, *Mull Of Kintyre*, *Helen Wheels*, *I've Had Enough*, *Coming Up*, *Wonderful Christmastime*, *Junior's Farm*, *London Town*, *Mull Of Kintyre 2*.

On peut également regarder des extraits du film « Rock Show » qui relate la tournée de 1975 / 1976, avec les chansons suivantes : *Venus And Mars / Rockshow*, *Jet*, *Maybe I'm Amazed*, *Lady Madonna*, *Listen To What The Man Said*, *Bluebird*.

• DVD Band On The Run (2010)

Sur l'édition remasterisée de l'album « Band On The Run » de 2010, on trouve la vidéo de la chanson titre, ainsi que celle de *Mamunia*, un film promotionnel, un documentaire tourné à Lagos, la séance photo pour la couverture du disque et le fameux « One Hand Clapping » de 1974, sur lequel on retrouve Geoff Britton et Jimmy McCulloch.

• DVD Ram (2012)

Sur la réédition de l'album « Ram » de 2012, on retrouve un DVD assez court avec un documentaire de 11 minutes sur les coulisses de l'album, les vidéos de *Heart Of The Country*, *3 Legs* et *Hey Diddle* filmées en Écosse, en 1971, *Eat At Home* joué par Wings à Groningue, en 1972 avec des images de la tournée et en menu musique, une sélection de jingles du disque promo « Brung To Ewe By ».

•DVD Wings over the World (2013)

À l'occasion de la réédition de « Wings Over America » de 2013, le DVD de « Wings over the world » inédit est enfin disponible dans l'édition Deluxe. Le documentaire raconte l'évolution du groupe, depuis les premières démos de la ferme écossaise jusqu'au triomphe américain.

• DVD Rockshow

Le film retrace pour la première fois, l'intégralité du concert de la tournée américaine triomphale de 1976. Les Wings au sommet. Indispensable pour comprendre l'impact du groupe à l'époque.

Bibliographie

Wingspan Paul's McCartney's Band On The Run (Little, Brown Book Group Limited, 2002)

Jeremy Pascall : Paul McCartney & Wings (Phoebus, 1977)

David Gelly : The Fact About A Pop Group Featuring Wings (Fact Books, 1976)

« Hands Across The Water » Wings Tour USA (Paper Tiger, 1978)

Paul Gambaccini : Paul McCartney In His Own Words (Omnibus Press, 1976)

John Blaney Lennon And McCartney Together Alone (Jawbone, 2007)

Bill Harry : The Paul McCartney Encyclopedia (Virgin Books, 2002)

Chet Flippo : McCartney The Biography (Sidgwick And Jackson, 1988)

Peter A Carlin : Paul McCartney A Life (Touchstone, 2009)

Garry McGee : Band On The Run A History Of Paul McCartney And Wings (Taylor Trade Publishing, 2003)

Edward Gross : Paul McCartney 20 years on his own (Pionner Books, 1990)

Danny Fields : Linda McCartney The Biography (Warner Books, 2001)

Peter Doggett You Never Give Me Your Money The Battle For The Soul Of The Beatles (Vintage Books, 2010)

Keith Badman : The Beatles The Dream Is Over Off The Record2 (Omnibus Press, 2002)
Barry Miles, Keith Badman : The Beatles After The Break-Up 1970-2001 (Omnibus Press, 2001)
Geoffrey Giuliano : Blackbird : The Life And Times Of Paul McCartney (John Blake, 1991)
Geoff Emerick : Here, There And Everywhere (Gotham, 2006)
May Pang & Henry Edwards : Loving John (Corgi, 1983)
Philipp Norman : John Lennon, une vie (Robert Laffont, 2010)
François Plassat : Paul McCartney : l'empreinte d'un géant (Hugo et Compagnie, 2010)

Remerciements

Un grand merci à Denny Seiwell, Laurence Juber, Geoff Emerick, Ernie Winfrey, Dan Ealey, Moustapha Sharif, Patrick Thomas d'avoir apporté leurs précieux témoignages pour ce récit.

Merci à mes camarades archivistes : Jean-Luc Leray, Willy « Arty » Hape, Antoine Gali, Philippe Combas, Paul Salley, Benoit Dumetz et à Aurélien Grandfils pour l'assistance informatique.

Toute ma reconnaissance à Catherine Grandfils, Marie-Ange Menet, Philippe Cherel et à l'encyclopédique Philippe Colinge pour les relectures, à Fusako Gapihan pour les traductions nippones, ainsi qu'à Helga Fabrega-Gogniat pour sa magnifique illustration.

Un salut amical à l'équipe de Maccablog et à tous les membres du forum pour la bonne humeur et le soutien sans faille.

Retrouvez le cahier photos interactif sur la page Facebook du livre et toutes les informations sur :

http://www.dominiquegrandfils.com

Dans la collection « STARS »

ANGELA WILDE

Johnny Depp

L'histoire d'un pirate romantique

•

DOMINIQUE GRANDFILS

Beatlemania

Le guide du fan des Beatles

•

HILDEGARD KNEF

Romy Schneider

Le récit passionné d'une légende

Dépôt légal :
Juillet 2013